ALMA SIN EDAD

THOMAS MOORE

ALMA SIN EDAD

La búsqueda interminable
del sentido de la vida
y la alegría

OCEANO

Algunos nombres y las características que pudieran permitir
su identificación han sido cambiados.

ALMA SIN EDAD
La búsqueda interminable del sentido de la vida y la alegría

Título original: AGELESS SOUL. The Lifelong Journey Toward Meaning and Joy

© 2017, Thomas Moore. Todos los derechos reservados.

Imagen en página 326: cortesía de Kwang Jean Park, *Yin & Yang 9811*, grabado en madera y
dibujo a mano en papel Hanji coreano, 99 × 69 centímetros, novena edición, 1998.

Fragmento original en inglés de *Memories, Dreams, Reflections* de C. G. Jung. Derechos de
la traducción © 1961, 1962, 1963, renovados en 1989, 1990, 1991 por Random House LCC.
Utilizado con la autorización de Pantheon Books, un sello de Knopf Doubleday Publishing
Group, una división de Penguin Random House LLC.

Fragmento original en inglés de *The Force of Character and the Lasting Life* de James Hillman, ©1999, James Hillman. Utilizado con autorización de Random House, una división
de Penguin Random House LLC.

Fragmento original en inglés de *The Botany of Desire: A Plant's-Eye View of the World* de
Michael Pollan, © 2001, Michael Pollan. Utilizado con permiso de Random House, una
división de Penguin Random House LLC.

Fragmento original en inglés de "Growing Up in Old Age" de Peggy Freydberg, extraído
de *Poems from the Pond: 107 Years of Words and Wisdom: The Writings of Peggy Freydberg*,
editado por Laurie David.

Todos los derechos reservados. Se prohíbe el uso por parte de terceros de este material.
Los interesados en obtener permiso para reproducir estos textos deben enviar una solicitud
directa a Penguin Random House LLC.

Traducción: Aridela Trejo
Diseño de portada: Cristóbal Henestrosa
Fotografía del autor: Ajeet Khalsa

D. R. © 2018, Editorial Océano de México, S.A. de C.V.
Eugenio Sue 55, Col. Polanco Chapultepec
C.P. 11560, Miguel Hidalgo, Ciudad de México
info@oceano.com.mx

Primera edición: 2018

ISBN: 978-607-527-509-3

Todos los derechos reservados. Quedan rigurosamente prohibidas,
sin la autorización escrita del editor, bajo las sanciones establecidas
en las leyes, la reproducción parcial o total de esta obra por cualquier
medio o procedimiento, comprendidos la reprografía y el tratamiento
informático, y la distribución de ejemplares de ella mediante
alquiler o préstamo público. ¿Necesitas reproducir una parte
de esta obra? Solicita el permiso en info@cempro.org.mx

Impreso en México / Printed in Mexico

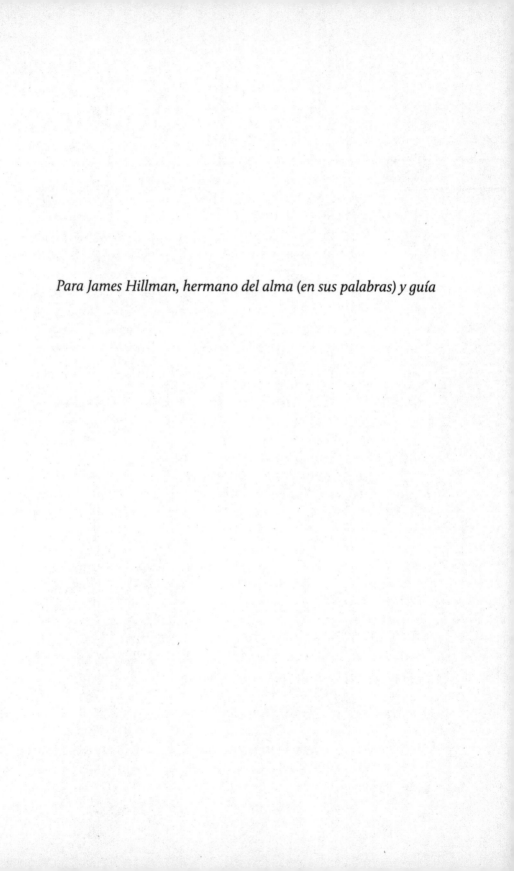

Para James Hillman, hermano del alma (en sus palabras) y guía

Índice

Agradecimientos

Cuando escribo un libro me abro a todas las ideas útiles, incluso a las más minúsculas, las cuales surgen cuando estoy con amigos, colegas y familiares. En general ellos no se dan cuenta de que cuando dicen algo estimulante, lo archivo en una tarjeta mental. Es difícil expresar con palabras mi agradecimiento a las siguientes personas. Me guiaron cuando me hacía falta una idea novedosa o tomar un camino distinto. Mis amigos: Robert Sim, Patrice Pinette, Gary Pinette, Carol Renwick, Hugh Renwick, Judith Jackson, Joel Laski, John Van Ness, Liz Thomas, Pat Toomay y Mike Barringer. Mis colegas (también amigos): Todd Shuster, Denise Barack, Nancy Slonim Aronie, George Nickelsburg y Hugh Van Dusen. Conocidos recientes: Burt Bacharach, Kristan Altimus y Carl Shuster. Los amores de mi vida: Ajeet y Abe. Mi alma gemela: Hari Kirin. También agradezco enormemente a George Witte y Sally Richardson de St. Martin's Press.

Introducción

En una zona hermosa y tranquila de una gran ciudad estadunidense, un joven arquitecto preparaba un jardín zen para la nueva temporada tras un invierno largo. Un viejo monje estaba sentado en una banca en la calle de enfrente viéndolo trabajar. El joven amontonaba las hojas que cubrían el suelo y podaba las plantas y los arbustos. Reunió las hojas en una lona grande, la amarró y la llevó a una zona remota del jardín.

Volteó a ver al monje; sabía que era un reconocido maestro de paisajismo japonés. El monje se puso de pie.

—Es un jardín muy hermoso —dijo el monje.

—Sí —dijo el alumno—. ¿Tengo su visto bueno?

—Le falta algo —respondió el monje. Fue hacia la lona, jaló la cuerda y dejó que las hojas se esparcieran en el jardín y que se las llevara el viento. Después observó el espacio desordenado y sonrió.

—¡Hermoso! —exclamó.

Wabi-sabi es la estética japonesa que considera hermosos la imperfección, la edad, el deterioro y la decadencia. Esto no es extraño para el ojo moderno, que también aprecia los muebles con abolladuras, rayaduras y capas de pintura desteñida. Un granero viejo no dista mucho de una persona que ha tenido una vida plena. *Wabi-sabi* es un concepto pertinente para comenzar a discutir los dos aspectos elementales de un ser humano: el transcurso del tiempo y los misterios intemporales.

También nosotros podemos desarrollar abolladuras y rayaduras y aun así ser hermosos. Al vivir las experiencias satisfactorias e inquietantes de nuestra vida, aún en proceso, es útil tener en mente una frase sencilla: "la belleza de la imperfección". La edad supone cosas buenas y malas. Por ello necesitamos apreciar el valor de una vida imperfecta.

Un maestro zen diría: "El envejecimiento es una realidad". Nuestra labor es ser receptivos a él, sin importar cómo se presente, en vez de luchar contra él. Combatirlo lo convierte en enemigo y entonces parece algo peor de lo que en realidad es. Continúa combatiéndolo y muy pronto habrás perdido la batalla.

El secreto del envejecimiento es aceptar la pérdida de la belleza y la fuerza de la juventud y, a partir de ahí, emplear todos los recursos en tu poder para ser creativo, positivo y optimista. Cuando utilizo la palabra *optimismo* pienso en la diosa romana Ops y en la abundancia que le brinda a la humanidad. Ops era hermana y esposa de Saturno, el arquetipo de la vejez. Ops encarna la abundancia, así que su objetivo es que nuestro envejecimiento sea rico y placentero de la forma más profunda.

Como psicoterapeuta, la mejor manera de ayudar a las personas es alentarlas a estar satisfechas con su situación actual. No me refiero a aceptar una situación negativa que requiera corregirse, como un matrimonio violento; tampoco a rendirse ni resignarse. Sin embargo, si una persona se enfrenta a una situación sin comprenderla, terminará perdiendo.

Por ejemplo, trabajé con una mujer que insistía en que quería terminar su matrimonio pues le parecía intolerable. No obstante, año tras año, seguía sin hacer nada. Me contaba que sus amigos y familiares intentaban convencerla de separarse, pero ella seguía paralizada. Me dio la impresión de que necesitaba comprender la situación a fondo antes de pasar la página. Adopté la estrategia de no hablar en favor de su separación, más bien la ayudé a entender en dónde se encontraba. Con el tiempo, dejó de quejarse y evadirse, y sencillamente se divorció. Más tarde me contó lo feliz que se sentía con su decisión y me agradeció por ayudarla. No obstante, lo único que hice fue acompañarla durante el largo y difícil proceso de tomar la decisión, como si hubiera respirado en sincronía con ella.

El envejecimiento es similar. Si lo combates y te quejas de sus inconvenientes, puedes ser miserable el resto de tu vida porque el envejecimiento no mejora. Si puedes aceptarlo ahora, entonces encontrarás el mismo sosiego dentro de cinco años. Si eres capaz de asumirlo tal como es, entonces cuentas con una ventaja. Te podrás dedicar a actividades para mejorar tu situación. No pierdas el tiempo añorando un pasado dorado y no anheles un futuro distinto. Como en el jardín, permite que las hojas se esparzan sobre tus ideales y contempla la belleza plena de tu vida.

En mi obra, y siguiendo a un extenso linaje de mentores, busco las historias profundas, las mitologías y los temas eternos y arquetípicos que subyacen tras las experiencias ordinarias. No somos personas dominadas por el tiempo y sus efectos indeseados. Somos personas intemporales, también, que participamos en un proceso misterioso y maravilloso en el que nuestro ser eterno, invariable —yo prefiero denominarlo alma— se hace más visible con el tiempo. Ésta es la señal clave de que estás envejeciendo y no simplemente pasando el tiempo: poco a poco descubres tu ser original, tu forma de ser personal y prístina.

El envejecimiento es una actividad. Es algo que haces, no algo que sucede. Cuando envejeces —verbo activo— eres proactivo. Si envejeces de verdad, te vuelves una persona más plena. Si simplemente sumas años, de forma pasiva, empeoras. Es probable que te depare la infelicidad mientras combates en vano el tiempo.

Estamos acostumbrados a considerar el tiempo como una línea que se desplaza de forma monótona e invariable, como una cinta transportadora en una fábrica. No obstante, la vida no es así de mecánica. Ralph Waldo Emerson escribió algo sencillo que podría cambiar tu percepción del envejecimiento:

> Los avances del alma no tienen lugar gradualmente, como puede representarse el movimiento en una línea recta, sino por ascensión de estado, como se representa la metamorfosis: del huevo al gusano y del gusano a la mosca.[1]

Ascensión de estado. Imagina esta ascensión como una serie de niveles, iniciaciones y pasajes. La vida no es una línea recta, sino diversos escalones que llevan de un nivel al otro, y cada nivel dura varios años. Con frecuencia la ascensión a un nuevo nivel será producto de un suceso extraordinario, como una enfermedad, el fin de una relación, la pérdida de un trabajo o una mudanza.

Emerson podría estar hablando de una mariposa que emerge de su capullo, un tema presente en la acepción de *psique* en el griego antiguo, que se refiere tanto al alma como a una mariposa. Iniciamos pequeños y no muy bellos, y en nuestra vejez emergemos con la belleza y las alas de una mariposa.

Creo que para Emerson la "ascensión de estado" significa que experimentamos distintas fases o niveles. Cuando contemplo mi crecimiento en el transcurso de los años me centro en sucesos especiales: salir de casa para estudiar en un internado religioso, concluir mi experimento con la vida monástica, ser despedido de un puesto universitario, casarme, divorciarme, el nacimiento de mi hija, el éxito de mis libros, cirugías. Estos sucesos marcan los escalones, aunque cada uno abarcó un periodo considerable en el que maduré y envejecí. Mi alma afloró tras varios periodos distintos y bien definidos.

Algo más sobre la estructura del envejecimiento: al desplazarte de una fase a la otra no dejas atrás por completo otras fases ya vividas. No desaparecen, siempre están disponibles. Esto da lugar a una vida complicada, aunque también implica riqueza y recursos. Puedes recurrir a las experiencias que tuviste de niño, joven o adulto. Tu juventud siempre está disponible y accesible. Incluso tu personalidad o, más profundamente, tu alma está compuesta de muchas edades y grados de madurez. Eres un ser con capas. Concentras muchas edades a la vez. A todas estas capas las rige una ley: hay algo en ti que es indiferente al paso del tiempo.

¿Qué implica envejecer?

Cuando empleo la palabra *envejecer* me refiero a madurar como persona y descubrir tu verdadero yo a lo largo del tiempo. Me gusta la imagen del queso y el vino. Algunos mejoran con el paso del tiempo. Los dejamos madurar hasta que estén listos. El tiempo los mejora; tal como una alquimia interna e invisible los transforma y mejora su sabor.

Los seres humanos envejecen de forma similar. Si permites que la vida te forme, entonces con el paso del tiempo te vuelves una persona más rica e interesante. Es como la maduración del queso y el vino. En este sentido, tu único objetivo en la vida es envejecer, convertirte en quien eres; en esencia, desarrollarte y permitir que se revele tu naturaleza innata. Permitir que tu yo intemporal, tu alma, se asome detrás de tu yo más ansioso y activo, el que se esfuerza demasiado por ser exitoso, hace planes y trabaja sin cesar.

Con este modo de pensar, el envejecimiento en un sentido profundo puede suceder en cualquier momento. Puedes contar con treinta y cinco años y tener experiencia, aprender cosas o conocer a alguna persona fascinante que te ayude a evolucionar. Envejeces, en mi definición de la palabra, en esos momentos. Tu alma envejece. Progresas un poco más en lo que se refiere a estar vivo, involucrado y conectado con el mundo. Incluso los niños envejecen. Algunos niños de dos años son bastante maduros y algunas personas en la vejez, no tanto.

Crecer sin envejecer

Algunas personas acumulan años, sin embargo sus interacciones con el mundo siguen siendo inmaduras. Permanecen centradas en ellas mismas. Eluden la empatía y el sentido de comunidad. No pueden ser francas con otras personas. Es probable que alberguen resentimiento u otras emociones complejas que arraigaron en ellos desde la infancia. Tienen experiencias, pero no maduran. Cumplen años, pero no envejecen.

Como escritor, a veces me encuentro con personas que no quieren molestarse con el difícil proceso de envejecer. Algún aspirante a escritor o incluso un escritor publicado me pide revisar su trabajo. Leo algún fragmento y me doy cuenta de que sus ideas u oficio aún no maduran. Esto me sucedió hace poco, le aconsejé a una mujer que le vendría bien leer algunos manuales de estilo y gramática. Creo que se ofendió.

Me dijo que asistía a un taller donde prometían no abordar lo básico, sino centrarse en formas novedosas de publicar.

Busqué el sitio del taller y encontré la declaración de principios: "No nos vamos a centrar en las bases aburridas, vamos a poner énfasis en las técnicas para crear una brillante carrera como escritor". Me dio la impresión de que el anuncio iba en contra del envejecimiento. Sin importar tu oficio, es necesario desarrollar tus habilidades. No puedes saltártelas y entregarte a fantasías de gloria y éxito. Para parafrasear a Emerson, no avanzas de un estado a otro sin una iniciación exigente. Tienes que hacer tu tarea.

Soy consciente de que esto último refleja la perspectiva de una persona mayor y entiendo por mi propia experiencia que un escritor joven y aventurero quiera llegar directo a la gloria. Sólo espero que mi visión de la experiencia no sea tan densa que ahuyente a un joven. Idealmente se puede brindar una opinión perspicaz sin herir el entusiasmo juvenil.

El arte de sufrir las consecuencias

Para envejecer bien no es suficiente sumar experiencias, hay que sufrir sus consecuencias. Si vas por la vida indemne, puedes vivir en un estado permanente de inconsciencia, sin reflexionar sobre lo que sucede. Vivir protegido o adormecido o sencillamente no poseer la inteligencia que se requiere para entender qué te está sucediendo. Algunos prefieren la sensación despreocupada e irreflexiva ante el peso de ser una persona verdadera.

Quienes pueden decirle *sí* a la vida y establecer un vínculo con el mundo crecen a cada paso que dan, desde la juventud hasta la vejez. Puedes tener seis meses de edad cuando te sucede algo que saca a relucir tu identidad. O bien noventa y nueve cuando das el salto a una vida seria: la posibilidad de envejecer nunca termina. Quizá creas que estás demasiado viejo para madurar, pero el envejecimiento no tiene límite. El problema es no envejecer nunca, al igual que quedarse estancado en un periodo de tu vida. Me gusta tener a la mano el dicho del filósofo griego Heráclito: "*Panta rhei*", "todo fluye".

Nunca olvidaré a la mujer que entrados los sesenta años entró deprisa a mi consultorio para contarme que ya estaba harta. Se había criado en una familia religiosa rígida y nunca se había sentido bien consigo misma. Sin importar lo mucho que se esforzara por ser buena, sentía que pecaba. También se dio cuenta de que era dura con su marido, se quejaba de las cosas divertidas que él hacía, por mínimas que fueran. Había estado en contra de beber, bailar, los deportes y, en general, pasarla bien.

—Pero ya se acabó —dijo ese día—. He vuelto a ver la luz y tiene otro color. Ya no me voy a esconder y tampoco seré la conciencia de mi marido. Voy a vivir y a dejar vivir a los demás.

Creo que ese día aquella mujer comenzó a envejecer de forma positiva. Tomó una decisión que algunas personas la toman en la adolescencia tardía: no dejarse dominar por actitudes familiares cerradas. En la adultez optó por no dejarse controlar por las normas estrictas que le impusieron de niña.

—Llevo toda la vida siendo una niña de cinco años. Es hora de convertirme en una adulta —dijo ese día.

Este distanciamiento de la mitología familiar es el proceso más importante de la madurez. Muchos adultos aún no lo consiguen y sufren las consecuencias. Aparentan cierta edad, pero emocionalmente pueden tener seis, doce o veintitrés años.

Algunas personas en la sesentena o setentena pueden decidir repudiar la influencia ansiosa, abrumadora y asfixiante de sus padres. Si bien durante años se han bloqueado para evitar madurar, una vez que adquieren conciencia, abandonan el antiguo patrón con entusiasmo. Prueban cómo se siente ser ellas mismas y sienten que vuelven a nacer.

La alegría de madurar

Seamos realistas acerca de las desventajas de envejecer, pero positivos sobre la alegría de madurar. Si lo consideras triste, aterrador o incluso asqueroso, tal vez necesitamos estimular tu imaginación. Podrías encontrar sentido en donde antes sólo había desesperación. Podrías indagar más a fondo y comprender la parábola zen de las hojas: gracias a las vicisitudes, los buenos momentos son hermosos. Te vuelves una persona verdadera, alguien con criterio propio, puntos de vista particulares sobre la vida y valores.

Cuando estás abierto a una experiencia transformadora, sin importar si parece positiva o negativa, florece tu alma. Renace en ti una y otra vez. El alma se refiere a nuestra profundidad y sustancia misteriosas, lo que queda después de que la medicina y la psicología nos han analizado y explicado. Es la conciencia profunda de uno mismo, mucho más allá de lo que se denomina *ego*, y nos ayuda a conectarnos con los demás. El alma nos proporciona un sólido sentido de identidad e individualidad, pero al mismo tiempo supone la conciencia de ser parte de la humanidad. De modo misterioso, compartimos con los otros la experiencia de lo que implica ser humanos y lo hacemos de forma tan contundente que, según relatos tradicionales, compartimos un alma.

Algunas personas no gozan de una conciencia de sí mismas tan integral y no pueden conectar de forma positiva con los demás. Son más máquinas que personas. En estos días, cuando nuestros expertos casi siempre ofrecen explicaciones mecánicas en vez de experiencias, la gente tiende a desarrollar una perspectiva mecánica de sí misma. De modo que cuando tiene una experiencia real, incluso una interpretación de una experiencia, siente que es nueva.

He recibido distintos mensajes de lectores que me cuentan que descubrieron que tenían alma sólo después de informarse al respecto. Requerían una palabra para algo que sentían de forma intuitiva. Necesitaban saber que, durante siglos, las personas han humanizado la cultura al hablar del alma. Una vez que descubren esta alma, su vida cambia y poseen una comprensión de sí mismos muy distinta.

El alma no es un concepto técnico ni científico. Es un concepto antiguo que procede de la idea de respirar y estar vivos. Cuando alguien muere falta algo, una fuente de vida y personalidad, y dicho elemento faltante es el alma. Yace mucho más profundo que la personalidad, el ego, la conciencia y lo reconocible. Como es tan vasta y profunda, se requiere una mentalidad espiritual y psicológica para apreciarla.

Si no nutres tu alma, no estás madurando. Quizá te sientas como un eslabón más en la cadena de la sociedad. Quizá seas activo, pero tu actividad no genera una conciencia ni una conexión intensas con el mundo que te rodea. Cuando envejeces verdaderamente, te involucras con tu entorno, y a partir de dicha participación, tu vida encuentra un propósito, un sentido, los obsequios del alma. Así, el envejecimiento es una experiencia dichosa porque quieres aprender y experimentar, sientes las semillas de tu ser germinando y floreciendo en tu vida en desarrollo.

PRIMERA PARTE

RITOS DE INICIACIÓN

Cuando Lao Tse dice: "Todos son claros, sólo yo soy opaco", eso es lo que siento a mi avanzada edad. Lao Tse es el ejemplo de un hombre con inteligencia superior que vio y experimentó el valor y la imperfección y que deseaba al final de su vida volver a su propio ser, al sentido eterno incognoscible.

C. G. Jung[1]

1. *La primera muestra del envejecimiento*

En la adolescencia, los individuos comienzan a percibir su edad en términos más bien sociales y psicológicos y, de hecho, es común que reporten sentirse significativamente mayores a su edad cronológica. Este proceso continúa en la adultez temprana e intermedia; no obstante, la experiencia subjetiva de la edad empieza a ir en dirección contraria y los individuos reportan sentirse más jóvenes que su edad cronológica.[1]

Esta primera muestra del envejecimiento puede ser inquietante. Después de años sin ponerle mucha atención a la edad, te das cuenta de una rigidez y dolor musculares después de ejercitar. Ya no te puedes poner de pie ni de cuclillas como antes. Descubres algunas arrugas. La gente te trata de forma distinta, ofrece ayudarte y pregunta por tu salud, te dice lo bien que te ves de tal forma que sugiere lo bien que te ves "para tu edad".

Cada década se siente diferente. Cuando cumplí treinta, no sabía que era joven. Nunca le había puesto atención a la edad. Cuando cumplí cuarenta, por primera vez me afectó y me di cuenta de que era mayor que algunos amigos. Era la primera huella de la edad. Cuando cumplí cincuenta, ya no podía negar que estaba envejeciendo. Empecé a recibir boletines para personas de la tercera edad en mi correo. Pero estaba

en buena forma física y no me percaté de muchas señales físicas. Cumplir sesenta no fue fácil. Estaba en Irlanda y un veci-
no celebraba sus cuarenta al mismo tiempo. Me sentí anciano
comparado con él y deseé haber nacido veinte años antes.
Sentirse cómodo con la edad es delicado pues el final puede
cambiar drásticamente.

Cuando reflexiono sobre el envejecimiento recuerdo a
mi amigo James Hillman, una de las personas más extraordinarias que he conocido. Comenzó su vida como escritor y
después se convirtió en psicoanalista, fundó su obra en gran
parte en el pionero del psicoanálisis C. G. Jung, y durante años
fue director del programa de entrenamiento en el Instituto
Jung, en Zúrich.

No obstante, James hizo lo que quiso en una comunidad
que honraba cada palabra que Jung había escrito, y corrigió
lo que le pareció pertinente en la obra de este psicoanalista.
Era un pensador original, siempre revolucionaba ideas viejas
y familiares y le ponía alma a todo lo que hacía. No quiso reducir la terapia al proceso profundo de un individuo. En sus
últimos años le interesó particularmente el alma del mundo y
escribió sobre medios de transporte, la política, el urbanismo,
el racismo, la arquitectura y cuestiones de género.

Cuando James cumplió sesenta años organizó una gran
fiesta para celebrar el cambio tan importante en su vida. Me
contó que a esa edad quería entrar a la vejez de forma consciente y no permitir que el tiempo se le fuera de las manos.
En un pequeño escenario circular al aire libre en su casa rural
en Connecticut organizó un espectáculo de talento, en el que
actuaron algunos amigos suyos, e hizo una parrillada. Él mismo presentó un baile de tap muy animado.

Después de la fiesta no pareció cambiar mucho. Con-
servó su vigor, se mantuvo activo y productivo. Sentía que el

bombo y platillo que había creado había sido prematuro, no obstante, para él los sesenta representaban un paso importante. Tal vez la fiesta fue una forma inconsciente de mantener la vejez a raya.

A mediados de mis sesenta sucedió algo que me obligó a pensar seriamente en la vejez. Estaba en una gira de presentaciones de un libro en San Francisco, subiendo y bajando por las colinas escarpadas, cuando sentí un dolor inusual en la espalda. Fui a Seattle y volví a sentir el dolor, me mareé incluso en una calle plana. Me quedé parado en una esquina, en medio del tráfico pesado de coches y peatones, y me sostuve en un poste unos minutos; la cabeza me daba vueltas. Creí que sería neumonía, pues dos giras antes la había contraído. Al llegar a casa mi doctor sospechó que se trataba de un problema cardiaco y me programó una ergometría.

Resultó que tenía una obstrucción considerable en una de las arterias principales. La limpieza con unas herramientas pequeñas y aburridas y recibir dos *stents* no fue doloroso; sin embargo, la recuperación emocional fue muy difícil. En cuanto llegué a casa del hospital, me acomodé en una cómoda silla reclinable y sentí como si Saturno se sentara en mi pecho. Tuve una depresión ligera. Mi esposa dice que cambié, me ablandé y relajé. Sin duda me sentía mayor.

Incluso ahora, diez años después, parece que esos días de recuperación fueron un punto de inflexión en el que realmente empecé a sentirme de mi edad. La cuesta fue en descenso. La depresión no me duró mucho. Además, me sentí tan bien después del tratamiento que también recuperé cierta juventud. Desde entonces, he tenido una vida activa y productiva, tanto profesional como familiar.

Empecé a practicar golf para hacer más ejercicio y descubrí que es un deporte relajante y divertido. Lo que para algunos es ridículo o exclusivo de los pudientes, me ayudó a relajarme, aportó una parte lúdica a mi rutina y creé nuevas amistades en un contexto alegre y casual. Jugando en campos cercanos a mi casa conocí a una variedad de personas de todos los contextos y disfruté muchas conversaciones profundas y emotivas. El deporte también me ayudó a adoptar un estado meditativo y a veces salía del campo con una historia en mente. Antologué y publiqué dieciocho de estas historias, cada una ofrece una opinión sutil de la naturaleza humana.

Como veremos, sentir la vejez y la juventud al mismo tiempo es señal de que estás envejeciendo bien. Tras mi cirugía me sentí tanto mayor como joven y disfruté los beneficios de ambos. En parte, mi tranquilidad derivó de aceptar la llegada de la vejez, a diferencia de intentar mantenerme joven a como diera lugar. Parece que todo rastro del héroe ambicioso se borró.

A los setenta y seis años, me doy cuenta de cuando alguien en sus cincuenta o incluso cuarenta se queja de envejecer. Me encantaría volver a tener cincuenta y cinco, cuando mi hija tenía cuatro años. Cuando me preguntaba mi edad, me gustaba contarle que tenía "dos monedas de cinco" o cinco-cinco. Me sentía bien y físicamente podía hacer cualquier cosa. No me preocupaba mi corazón ni otros padecimientos. Sin embargo, entiendo que la conciencia de la edad llega en pasos y etapas. Recibes destellos y esas pistas se acumulan hasta concluir en la pérdida de la juventud. La psicología profesional la denomina "envejecimiento subjetivo". Lo considero el envejecimiento del alma.

Juventud efímera

Cuando decimos que la juventud es efímera nos referimos a que pasa rápido y desaparece sin darnos cuenta. No obstante, en la mitología, en esas historias que contienen mucho conocimiento sobre los aspectos eternos y esenciales de la vida humana, los jóvenes son frágiles y con frecuencia su vida es muy corta. No es sólo porque los años transcurren rápidamente; hay algo en la juventud que es breve y vulnerable. La conocida frase "juventud eterna" se refiere a que, cuando somos jóvenes, creemos que ésta durará para siempre. Entonces, cuando empezamos a percibir las señales del envejecimiento nos llevamos una sorpresa. El espejo reluciente de la juventud eterna se agrieta.

En la mitología griega es común que los jóvenes encuentren la muerte prontamente y ese mito sale a relucir cada vez que nos enteramos de la muerte de alguien joven. A Ícaro se le conoce por ponerse las alas fabricadas por Dédalo para volar muy alto y por terminar con las alas quemadas por el sol. Cae y se precipita al mar. Faetón era un joven cuya ambición era conducir el carruaje de su padre, quien hacía que el sol saliera todas las mañanas. Lo intentó, pero chocó trágicamente. Idolatramos a los actores de cine que mueren jóvenes, como "estrellas", y algunos lamentamos la muerte de jóvenes cercanos.

En ocasiones las enseñanzas sobre el alma intemporal son amargas. Hace poco mi hija perdió a un amigo, un joven brillante en su comunidad sij. Cayó por un precipicio mientras hacía un recorrido de una hora de senderismo amateur. Han pasado dos años desde el accidente y la comunidad sigue impresionada. La muerte de un joven prometedor provoca que su ámbito cercano se plantee la naturaleza de las cosas.

Nos vemos obligados a encontrar la forma de apreciar el alma intemporal, el sentido de una vida que no pudo alcanzar la madurez, por no mencionar la vejez. Así como a considerar que la vida del alma puede ser completa y plena sin haber comprendido el periodo que incluye la vejez. La madurez, en el sentido de convertirse en una persona integral, no es lo mismo que sumar años.

En los relatos de la mitología podemos aprender muchas lecciones de la juventud. La primera es equilibrar y moderar nuestras ambiciones. Apuntar demasiado alto puede resultar en una caída dolorosa. Psicológicamente esto podría significar que la juventud y la vejez deberían estar conectadas en la medida de lo posible: nuestro lado maduro debería impedir al valioso lado inmaduro apuntar muy alto, y la juventud animada mantenernos siempre en la aventura, sin darnos por vencidos porque ya estamos envejeciendo.

Cuando tenía veinte años y estudiaba música tuve un profesor que era una especie de Ícaro. Donald Martin Jenni había sido un prodigio musical y también tenía un don para aprender idiomas. Cuando lo conocí, estaba preparando un trabajo de titulación en literatura mundial que implicaba leer todos los libros asignados en sus lenguas originales. Recuerdo que leía *Guerra y paz* en ruso. Se decía que una vez se había ofrecido de último momento para ser intérprete de un orador vietnamita que estaba de visita en la universidad. También era un genio musical con un oído que no era normal para estándares humanos. A veces me pregunto si el motivo por el cual no seguí adelante con mi carrera musical —estudié composición— fue el desaliento por tener un profesor así de genial. Sabía que nunca podría igualarlo.

Don personificaba a uno de esos jóvenes desorbitados de la mitología. Sus dones y talentos eran extraordinarios. Sin embargo, no mostraba señales, al menos no desde mi punto de vista, de apuntar demasiado alto. Pese a todas sus habilidades, también poseía la disciplina para estudiar arduamente y equilibrar su genio con el trabajo arduo. Era más bien distante y algunos dirían, arrogante, pero a mí me parecía extraordinariamente equilibrado y humilde. Fuimos amigos seis años, pero no pude seguirle el ritmo. Yo era un simple mortal, mientras que él había nacido en el Olimpo.

Supe que en su vejez Don mantuvo su perfil estable, aunque siguió asombrando con sus talentos. Sus alumnos lo adoraban, contribuyó de forma importante a la educación y se dedicó con pasión a su arte. Lo menciono como un ejemplo excelente de alguien que de nacimiento desbordaba espíritu juvenil y que, al mismo tiempo, era capaz de teñir su espíritu creativo con atributos propios de un hombre maduro. Puedes hacer lo mismo si no renuncias a tu espíritu aventurero en nombre de la madurez, y te tomas en serio tus planes y realizas el trabajo arduo que se requiere para mantenerlos vivos. La imaginación desbordante de Don lo inspiró a estudiar mucho, investigar y prepararse para conciertos exigentes.

No importa que no seas un genio y que aún poseas un espíritu juvenil dinámico. Debes enriquecer ese espíritu juvenil lo más pronto posible con una debida seriedad y disposición a conectar con el mundo, relacionarte con la gente y realizar el trabajo arduo, a veces rutinario y poco interesante. Cuando se presente la primera muestra del envejecimiento podrás preocuparte por él, si quieres, pero también darle la bienvenida. Entiende que tiene mucho que darte y que puede ser una forma de prepararte para la otra mitad de la vida, la que has descuidado con los caprichos de la juventud.

Puede ser que con esa primera muestra del envejecimiento te des cuenta por primera vez de tu cuerpo y tu alma, que la juventud que habías dado por sentado es efímera. No lo sabías cuando aún reinaba ella, pero ahora nunca lo olvidarás. Esa primera probada es un punto de inflexión sin retorno. Seguramente ahora apreciarás tu juventud más que nunca, pero no te des por vencido. La puedes conservar para siempre.

Estaba en una fiesta de mi barrio haciendo fila para la comida, reflexionando sobre este tema, cuando el hombre delante de mí se presentó. Me di cuenta de que tenía canas en la sien y que su esposa parecía menor que él. Le conté que estaba escribiendo un libro sobre el envejecimiento. De inmediato frunció el ceño y me dijo: "Tengo cuarenta y cinco años y apenas me di cuenta de que estoy envejeciendo. Decidí que tengo que empezar a hacer algunas cosas para estar en forma cuando llegue a la vejez. Tengo que comer bien, ejercitarme y disfrutar mi juventud mientras la tengo".

La fila se detuvo mientras este hombre perturbado describía su problema con la edad. No era la mejor ocasión para mencionarle que planeaba combatir la vejez con demasiada energía. Era claro que le preocupaba lo que él consideraba la pérdida de su juventud y estaba haciendo todo lo posible para combatirla en un estado de ansiedad.

Con frecuencia intentamos mantener a raya la edad haciendo lo que la sociedad dice que nos mantendrá jóvenes. Sin embargo, tal vez sería mejor darle la bienvenida a la vejez y honrar la juventud al mismo tiempo. Mi comensal estaba intentando ser astuto y bloquear el proceso del envejecimiento. Defendía la juventud, pero quería frustrar el envejecimiento. Esperaba que dijera algo positivo sobre la vejez. ¿Acaso había olvidado que la juventud también tiene aspectos negativos?

En la misma fiesta hablé largo y tendido con mi amigo Gary. Los dos vemos la vida prácticamente en los mismos términos y a veces comparamos notas y nos reímos de la condición humana. Le interesa saber qué haremos como sociedad cuando los sistemas laboral y monetario que conocemos colapsen porque no hemos cuidado el planeta ni a la mayoría de sus habitantes.

—Sí, estoy escribiendo sobre el envejecimiento como un asunto personal, pero es el mismo problema como sociedad. No nos estamos preparando para la vejez y no estamos envejeciendo bien, tal como yo lo entiendo. No estamos madurando como se debe ni resolviendo nuestros problemas de manera inteligente. Simplemente estamos asumiendo que en el futuro las cosas saldrán bien de forma automática.

—Negación —comentó Gary.

—Lo estamos eludiendo.

—Es una tragedia.

Gary se despidió y cuando fue por su abrigo me dio algunos títulos muy buenos sobre el problema cultural de hacerle frente a un sistema en decadencia. Decidí centrarme en los problemas individuales del envejecimiento, con la esperanza de que este primer paso ayude a la sociedad.

Las etapas del envejecimiento

El envejecimiento te alcanza poco a poco y en etapas. La primera muestra es el inicio de un proceso que avanza por niveles. Primero descubres algunas canas o ya no puedes caminar o correr tanto como antes. Te preocupas un poco, pero quizás aún no sientes el envejecimiento en toda su magnitud. Empiezas a buscar otras señales. En las conversaciones te interesa el tema del envejecimiento. Escuchas con atención. Te empiezas a preguntar, tal vez por primera vez, qué edad tienen tus amigos. Comienzas a contar los años que han transcurrido entre tus matrimonios. Cuando tienes pensamientos que no te puedes quitar de encima, entonces la edad se ha convertido en un tema central para ti.

Como todos sabemos de forma intuitiva, y como muchos estudios han demostrado, lo que constituye la vejez cambia de una a otra cultura y de una época a otra. Hoy muchos afirman que los sesenta son los nuevos cincuenta y muchos más consideran que a los setenta y cuatro comienza la vejez, lo que para algunos otros es la senectud. Sin embargo, como lo he recalcado, determinar la edad es mucho más complicado. Cada individuo tiene una sensación especial y subjetiva del envejecimiento según su enfoque. Incluso entonces, la sensación de ser más joven o mayor cambia según la etapa en su vida y las circunstancias.

En el periodo que dediqué a escribir este libro, encabecé un debate con un grupo de psiquiatras durante el cual mi anfitrión se refirió a mí, estoy seguro de que con la intención de concederme cierto honor, como uno de los mayores de mi campo. No esperaba que me llamaran "mayor". Era la primera vez que alguien empleaba esa palabra para referirse a mí y me impresionó mucho. Fue mi primera probada de la senectud. Reaccioné con un comentario gracioso con un toque de ansiedad que sólo empeoró las cosas.

Creí haber lidiado muy bien con la idea de envejecer, sin embargo, ese momento incómodo, motivado por una palabra positiva y nada conflictiva, indica que tengo mucho por delante. Me pregunto si algún día terminará: ¿siempre tendré una nueva experiencia al entrar en otra etapa de la vejez? Mi amigo el doctor Joel Elkes —más adelante entraré en detalle— me contó que él tenía muchas ganas de cumplir cien años para poder seguir con su vida y no centrarse tanto en la edad. Cuando mi padre celebró su centésimo cumpleaños, me dio la impresión de que disfrutó mucho su fiesta, pero que después le alegró volver a la cotidianidad. El envejecimiento es un hecho. Está bien honrarlo y reflexionar sobre él, pero no hace falta obsesionarse.

Fases del envejecimiento

Aunque hay múltiples formas de determinar las fases en el proceso del envejecimiento, para mis fines considero que las siguientes cinco son elementales:

1. Sentirse inmortal
2. Primera muestra del envejecimiento
3. Sentirse cómodo en la madurez
4. Desplazarse hacia la vejez
5. Dejar que las cosas sigan su curso

En el transcurso de aproximadamente un cuarto de siglo no piensas mucho en la edad y no te imaginas un final. La primera muestra provoca una conmoción, pues la juventud en sentido literal ha quedado atrás. La siguiente fase es un proceso gradual que implica años, a medida que creas estructuras para tu vida y te conviertes en otra persona. En la cuarta, poco a poco te das cuenta de todas las cosas para las que ya no eres joven y tienes que acoplarte a muchos cambios; te puedes poner la vejez como un abrigo hecho a la medida, y entonces te identificas como una persona mayor. La última fase es casi mística: te olvidas de la edad, te centras en tus problemas físicos de manera práctica y te permites vivir sin emitir juicios ni limitarte. Puedes desarrollar un enfoque más místico de la vida y el envejecimiento y preocuparte menos por lo que piensen los demás.

Un colega mío tiene cuarenta y tantos. Hace poco me dijo que ya notaba señales de que envejecía: tiene que alejarse textos a la altura del brazo para leerlos. Me lo contó como si se tratara de una tragedia menor. De hecho, es una primera muestra que te saca de la juventud con una sacudida, te brinda una sensación más amplia del tiempo y mayor conciencia del arco que traza tu vida. Este cambio crucial en tu vida, la conciencia de envejecer, puede revelarse a la hora de ajustar tus medicamentos o comprar unos anteojos para leer. En un nivel más profundo, estos momentos, por triviales que parezcan, son verdaderos ritos de iniciación.

Para los griegos, Hermes es nuestro acompañante en el viaje de la vida, nos ayuda a madurar primordialmente mediante la sorpresa. En la mitología, el asombro que sientes cuando te das cuenta de que envejeces podría ser un regalo de Hermes, un paso hacia tu destino. Esa sensación de asombro te puede ayudar a madurar con control y conciencia.

Necesitas por lo menos una sacudida para sentir el impacto y que no pase de largo. Una sacudida es un despertar y es cierto que, sin estas sacudidas, seguiríamos en la ignorancia, dejaríamos pasar los años irreflexivamente y sin emitir respuestas constructivas. En esos puntos de inflexión, en apariencia insignificantes, cuando sientes que la edad toma el control, es tentador regodearse en la triste realidad del envejecimiento. No obstante, puede ser el mejor momento para apreciar la juventud que posees. La primera muestra es una punzada de la psique para que seas consciente de que la vida está en marcha y que algo está sucediendo. Has llegado a un momento revelador, a los primeros pasos en la toma de conciencia sobre el envejecimiento. Ahora puedes comenzar a pensar que tu vida traza un arco mucho más extenso y amplio e imaginar que se acercan cambios importantes.

La primera muestra puede ser impresionante porque antes asumías cómodamente que siempre serías joven. Como hemos visto, es parte del arquetipo de la juventud: imaginas que durará para siempre. Cuando sientes que se aproxima la vejez, notas ciertas diferencias. Desencadena un proceso de cambios serios respecto a la orientación. Esto se puede sentir como una descarga eléctrica y puede inquietarte. Pero no tienes que cederle toda tu atención. Toma nota, en serio, y continúa disfrutando tu juventud. Alárgala en la medida de lo posible, hasta el final, si es posible.

Hace poco estaba sentado en la silla de mi dentista a punto de que me pusiera un implante para reemplazar un diente de leche que había tenido unos setenta años. El dentista dijo que era el diente más viejo que había visto y esa noticia no me gustó, sobre todo viniendo de un hombre mucho más joven. Él había llegado un poco tarde a la cita y antes de empezar a taladrarme la boca, señaló una venda en su mejilla.

"Hoy en la mañana me extirparon tejido cancerígeno", me contó frustrado. "Tengo cuarenta y seis años. Estoy muy joven para esto. Ahora tengo que cuidarme del sol y usar protector solar." Su primera muestra del envejecimiento, pensé. Una iniciación. Un cambio serio. Cuesta trabajo acostumbrarse.

Parece que esta primera muestra ocurre automáticamente en los cuarenta. Sin embargo, tengo un recuerdo de la infancia en el que un día mi tía tuvo un ataque de llanto. La familia intentó consolarla, pero le costó mucho trabajo calmarse. Estaba agobiada porque se dio cuenta de que estaba envejeciendo. Tenía dieciséis años.

Cuando mi hija nació y estuve en la sala de parto con su madre, recuerdo haberla cargado a pocos minutos de haber nacido y pensar que ya estaba creciendo, que enfrentaría retos, enfermedades y, desde luego, la muerte. No era mi intención albergar estos pensamientos, simplemente me asaltaron. El primer vistazo de un padre a la existencia completa de su hija.

En ese momento los pensamientos sobre la maduración inevitable de mi hija recién nacida me hicieron apreciar la belleza y alegría de ese momento. Almacené esos pensamientos y sensaciones, y veinticinco años después puedo seguir recurriendo a esa alegría.

Ahora, una de las cosas que nos gusta hacer a mí y a mi hija es ver un video casero de cuando era pequeña y está en la tina de nuestro hermoso y enorme baño de aquel entonces. Tiene los pies cruzados y apoyados en el borde de la tina color blanco aperlado. Yo estoy mirando por la ventana, a la vista que teníamos en esa época. Ella me pregunta —con su habla graciosa de una niña de cuatro años— cuál es mi animal favorito.

Adoraba tanto a esa niña pequeña que vernos disfrutando de un día cualquiera en la tina me da un placer enorme. Nos permite visitar un momento similar al Edén en el pasado. La sigo adorando igual, pero poder atesorar esos momentos en la mente —su nacimiento y su baño— me recuerda y me remonta a la intemporalidad del amor de un padre. Si ese momento en el baño no es espiritual, entonces no sé qué lo sea.

Mis pensamientos durante el nacimiento de mi hija también visualizaron la vida completa desde el principio. Hoy tendemos a ver todo de forma lineal, horizontal. Consideramos que el ser humano está en una gráfica numérica que va de la izquierda a la derecha, del cero más o menos al cien. Sin embargo, en mi mente mi hija no se ubicaba en el cero. En ese preciado momento de su nacimiento, encarnó todas sus edades a la vez.

Como hoy en día pensamos de modo lineal, tratamos a los niños como si no fueran nada, cero, y a los ancianos como si ya ni siquiera contaran y, por tanto, fueran inútiles. Nos da miedo envejecer cuando desde un punto de vista más sutil hemos sido viejos desde el principio. Apenas estamos descubriendo nuestra edad o poniéndola en práctica. Desde esta perspectiva, el envejecimiento es una culminación de lo que somos, no un deterioro.

De cualquier forma, esa primera probada del envejecimiento produce una punzada de dolor. Mientras se te identifique por tu juventud, nunca tendrás que pensar en serio sobre la vejez. Pero una muestra del envejecimiento marca el inicio de una salida de la juventud, que la mayoría preferiría no tomar. En todo el mundo, la gente ha reconocido la importancia de este pasaje en particular, de la juventud a la adultez, y ha inventado rituales para facilitar la transición.

Tenemos nuestros propios rituales como tramitar la licencia de conducir, votar por primera vez y graduarnos de la preparatoria. Cualquiera de estas experiencias brinda la sensación rotunda de que has dado un paso importante, hacia delante y entrado en territorio desconocido.

Podríamos aprovechar dichos rituales durante toda la vida porque el paso a la madurez y la vejez sucede en muchas etapas y distintas experiencias marcan las transiciones. Una enfermedad, un trabajo nuevo, una relación nueva, el fallecimiento de un familiar o amigo cercano, o incluso un suceso importante en la sociedad puede llevarte a otro lugar en tu travesía. Date cuenta de que cada una de estas experiencias podría suponer cierto dolor.

Esta punzada de dolor es parte importante de madurar, no necesariamente de envejecer. Si no nos damos cuenta de nuestros límites, nuestras personalidades no estarán equilibradas. Nos identificaremos únicamente con la juventud y no gozaremos los beneficios del arquetipo de una persona mayor,

con su sabiduría y peso. Quizá conozcas a personas que emocionalmente son muy jóvenes. No han madurado. No se toman
la vida con seriedad. No saben cómo estar en el mundo, conservar un trabajo serio o relacionarse con la gente con gracia.

Cada paso en la vida implica una punzada. Te despierta
y te anima a poner atención. Si evitas la punzada o intentas
ahuyentarla o ignorarla, no envejeces, y esto es una tragedia.

Historia de dos plomeros

Mientras escribía estos últimos párrafos, dos plomeros acudieron a mi casa a reparar nuestro sistema de calefacción sin
tubos de ventilación. Uno, el mayor, aunque no muy mayor,
se presentó y se ofreció a revisar el condensador. Su colega
más joven no dijo nada, no saludó y tampoco conversó. Me di
cuenta de que estaba mirando habitaciones que no tenía por
qué revisar. Estaba siendo entrometido y no decía nada. El
mayor preguntó si podía revisar nuestra habitación, mientras
el más joven entró al baño en silencio. Esperaba que mi esposa no se estuviera cambiando porque era temprano por la mañana. Echó un vistazo y permaneció en silencio, lo cual no me
sorprendió pues no tenía nada que hacer en el baño.

Cuando los plomeros se fueron, tuve ganas de llamar al
dueño de la empresa y decirle que no quería volver a ver al joven en mi casa. Me pareció amenazante, aunque bien pudo
haber sido simplemente inmaduro. ¿Cuál era su problema?
Pensé que tal vez no había sentido la punzada de la vejez. Se
regodeaba en su juventud eterna sin el beneficio de los moda-
les, la responsabilidad o un sentido de los límites. Me hubiera
gustado creer que el hombre mayor le enseñaría cómo comportarse en el mundo de los adultos pero, aunque era mucho

más maduro, no parecía tener la capacidad para ser un mentor. Todavía no podía guiar al joven. Me di cuenta de que habían visitado mi casa dos jóvenes eternos de distintas edades, que aún no eran iniciados en la adultez.

Quizás el mundo en general sufre de un fracaso generalizado a la hora de lidiar con la juventud prolongada. Tememos la vejez y no parece que lleguemos a ella con gracia, de modo que nos mantenemos superficialmente jóvenes. Necesitamos envejecer. Necesitamos apartarnos con naturalidad de la juventud persistente de esta era y adoptar una personalidad más compleja y rica compuesta tanto por la edad como por la juventud. Envejecer nos permite habitar este mundo con solidez, como personas maduras, capaces de empatizar con los otros, motivadas y con ánimo de contribuir.

Envejecer no se limita a sumar años a nuestra estancia en la Tierra. Es un proceso de humanización, de volvernos más complejos en el terreno espiritual y cultural. Nos permite ponernos en acción y hacer que la vida valga la pena. Con el transcurso de los años, también implica la mezcla de la experiencia valiosa con la esperanza y ambición propias de la juventud. Es el proceso mediante el cual los dones naturales y potencial de un individuo toman forma y se vuelven algo real y sutil. Jung lo denominó "proceso de individuación". Para Keats era "hacer alma". Para mí es entender la materia prima de una personalidad.

Como mencioné, la primera muestra del envejecimiento empieza como un recordatorio sutil —por ejemplo algunas arrugas o canas— y crece hasta convertirse en la preocupación por una enfermedad o la pérdida de la movilidad. Al igual que cualquier ansiedad, la preocupación aumenta rápidamente y en poco tiempo sentimos que se nos acabó la vida. Para algunos, envejecer es un trastorno de ansiedad y puede dominar sus emociones. Debemos encontrar formas de aliviarla, de preferencia ante la primera muestra del envejecimiento, antes de que se convierta en una molestia más grande.

Podemos lidiar con esta ansiedad de manera individual un día a la vez, estando presentes ante lo que el presente tiene que ofrecernos. Si no padecemos ninguna enfermedad ni tenemos un problema real, entonces podemos disfrutar el día. Algunos se proyectan en un futuro debilitante y viven con la ansiedad que les provocan los problemas que imaginan. Como mencioné en la introducción, la primera regla para manejar el envejecimiento es estar en paz con la realidad, incluso si es negativa. A veces somos un poco masoquistas —los seres humanos tenemos esta tendencia peculiar de disfrutar el dolor— y preferimos preocuparnos antes que disfrutar.

Otro principio que entra en juego es la idea elemental de que la juventud y la edad deben estar siempre presentes al mismo tiempo, influyéndose la una a la otra para no caer en la inocencia e ingenuidad exageradas de la juventud aislada o la desesperación e irritabilidad de la vejez.

La primera muestra nunca termina

La sensación de que estás envejeciendo nunca termina. Incluso como persona mayor puedes despertar un día y de repente darte cuenta de que ya no eres joven. A los sesenta desearías tener cincuenta, a los setenta desearías tener sesenta. Sí, ya has tenido muchas veces esta sensación de envejecer, pero sigue asaltándote. Está fuera del tiempo, es arquetípica, uno de esos recordatorios intemporales del sentido de la vida.

La sensación de envejecer es mucho más profunda de lo que creíste. Es un descubrimiento de tu propia mortalidad, de las propias leyes de la vida. Debes aceptarla, de lo contrario vivirás en negación. Eludirás la importantísima realidad de que, por joven que seas, estás envejeciendo.

Es la ley de la vida: naces, vives tu vida y envejeces. Es una ilusión creer que puedes disfrutar tu vida y no envejecer. Si puedes evitar esta ilusión podrás disfrutar del envejecimiento, sobre todo si identificas señales de que la vida te ha enseñado algo, no sólo de que estás acumulando años, sino que estás mejorando.

Un aspecto curioso de madurar tiene que ver con la sexualidad. Puede ser que tu experiencia sea distinta a la mía, pero cuando veo a una mujer joven y hermosa, a mis setenta y seis años, puedo apreciar su atractivo de forma objetiva, pero no tengo ningún interés en ella. Antes sí lo tenía, pero ahora encuentro más atractivas a las mujeres mayores, mujeres en sus sesenta o setenta. Antes me preguntaba si al envejecer querría estar con una mujer de mi edad. La respuesta es sí. Mi esposa me parece sumamente atractiva a sus sesenta. En cambio, las jóvenes universitarias me son indiferentes.

Las mujeres mayores me parecen atractivas, pero sí me producen envidia los hombres con vientres planos y cabello oscuro. Al ver fotos mías recientes me veo la cabeza y la barba completamente canas y me asombro. Parezco una versión masculina de la novia de Frankenstein. Durante una época consideré teñirme el pelo castaño oscuro, pero ahora es demasiado tarde. Me vería ridículo. Entonces intento conformarme con el blanco luminoso. ¿Te das cuenta de que mi propio envejecimiento me puede provocar momentos breves de locura?

El envejecimiento puede ser tan inquietante que sucumbimos a fantasías absurdas como si de pronto fuéramos presas de un complejo psicológico. De este modo, el envejecimiento se podría comparar con los celos. Dejamos de pensar y reinan las emociones. Perdemos la capacidad para racionalizar las cosas y mantener a raya nuestras emociones.

Siempre me han intrigado tres hermanas de la mitología griega, las Grayas. Se dice que son tan viejas que ni siquiera recuerdan su juventud. Comparten un ojo y un diente entre las tres. Cuando el héroe Perseo se prepara para enfrentar a las Gorgonas, roba el ojo y lo intercambia por un consejo. Jung las describe como la imagen de una madre sombría y negativa.

Ésta es otra forma de pensar en la vejez: tiene su propia visión efectiva, incluso si es limitada, y sus propios recursos, también limitados. Como Perseo, en ocasiones necesitamos un punto de vista maduro para hacerle frente al lado malo de la vida en este planeta. En otras, necesitamos sentirnos centenarios para tolerar y sobrevivir los horrores que presenciamos.

Envejecer también es algo hermoso. Te diriges a tu apoteosis, a la emocionante culminación de todo. Ya no hay nada de qué preocuparse. El cuerpo debe decaer. Necesitas una invitación para partir. Debes renunciar a esta existencia física. ¿De qué otro modo podrías alcanzar la autosuperación?

No qué supone la muerte ni qué sucede. Nadie lo sabe. Sin embargo, sé que he vivido una vida que cada vez se vuelve más interesante y significativa. He aprendido a amar la vida, en especial la vida que albergo. La naturaleza me trajo aquí y confío en que ella me cuide en mis últimos años y en lo que sigue.

Me alegra tener recordatorios de que estoy envejeciendo. Si no estuviera envejeciendo, me preocuparía. Es como un río, como dice el taoísmo, que fluye y encuentra su propio curso. Lo único que tengo que hacer es flotar y dejarme llevar por la corriente. No tengo que encontrar las orillas del río de la vida que fluye en mi interior. Si no nos esforzáramos tanto por hacerlo bien, podríamos disfrutar del proceso.

Cuando me convertí en padre, deseé poderle ahorrar a mi hija el conocimiento de que la vida implica envejecer y morir. No obstante, como estudioso de distintas religiones, sabía que Buda se convirtió en Buda hasta que salió de su caparazón y vio el sufrimiento y la muerte. Entonces comenzó su carrera como mentor y creó una comunidad modelo.

El descubrimiento de Buda de una humanidad que sufría fue su primera muestra del envejecimiento y el mundo se benefició de ella. Buda es otro arquetipo del progreso humano. Si todos pudiéramos sentir el sufrimiento de la humanidad nos convertiríamos en las personas que estamos destinadas a ser. Pero solemos protegernos de este conocimiento transformador. Fingimos ser niños en una guardería, lejos del mundo real.

¿Cuál es el secreto mejor guardado de la vida y trayectoria de Jesús y Buda? Los dos eran sumamente compasivos, una palabra que significa "identificación ante los males de alguien". Identificaron el sufrimiento de otros y a partir de dicha experiencia desarrollaron una forma de vida que pudiera minimizarlo. Admiramos a estas dos figuras, pero en general nos negamos a seguir su ejemplo.

Si Buda hubiera permanecido en su entorno protegido, tal vez habría sido más dichoso, pero no se hubiera convertido en Buda. De igual modo, si queremos ignorar los cambios de la vida, siempre estaremos apartados de nuestro ser más profundo. Por eso aceptar el envejecimiento es tan importante. Debemos asumirlo, no desear que fuera de otro modo.

Madurar como persona requiere que rompamos las cortinas protectoras que nos han impedido sentir el sufrimiento del mundo. Tal vez éste sea el secreto esencial de envejecer. Envejecemos con introspección cuando dejamos de vivir una vida irreal, segura e impráctica definida por la negación, cuando sentimos la corrupción en el corazón de la humanidad y decidimos hacer algo al respecto.

Envejecer puede ser lacerante y poderoso, pero para aprovechar sus virtudes, debemos atrevernos a acercarnos a las Gorgonas con la conciencia de que albergan una vejez inimaginable. A veces, para lidiar con el temor a la vejez, debemos adentrarnos en las profundidades de su significado, ponérnosla como un abrigo y llevarla como unos anteojos antiguos y mágicos: como el ojo de las Grayas.

2. Cuerpos viejos, almas nuevas

Mi imaginación es un monasterio y yo soy el monje.
JOHN KEATS a Percy Bysshe Shelley, seis meses antes
de la muerte de Keats a los 26 años de edad

Hace poco nos mudamos y dediqué dos semanas a cargar cajas de libros de una casa a la otra, una de las desventajas de ser académico y escritor independiente. Le dije a mi esposa que estaba cansado y adolorido. Ella me contestó: "Tienes setenta y seis años, ¿qué esperabas?".

Durante unos segundos sentí el transcurrir del tiempo. ¿Tengo setenta y seis? Se me había olvidado porque siempre me siento de cuarenta. Los años intermedios se me habían pasado volando, y estaba atascado en el Shangri-La de la mediana edad.

Creerán que estoy en negación, que no acepto el hecho de que estoy envejeciendo. Sin embargo, es mucho más complicado. Me identifico con mis cuarenta. No me importa lo que diga el calendario. Tengo un componente juvenil bastante notorio y con frecuencia esa persona en sus cuarenta parece habitar mi cuerpo. Incluso cuando me veo al espejo a veces percibo más al hombre de cuarenta que al de setenta y seis. Siempre he albergado ilusiones.

Mi padre era parecido en este sentido. Murió a los cien años; sin embargo, incluso entonces parecía tener cincuenta y tantos. Alguna vez me contó que le costó trabajo madurar y siempre tengo presente esa confesión. También me ha costado envejecer y cuando rememoro mi vida me avergüenza lo inmaduro que me he comportado en ocasiones; es el precio de disfrutar una juventud eterna.

Se habla casi con reverencia sobre la fuente de la juventud; no obstante, parece olvidarse que la juventud tiene sus desventajas. De joven puedes hacer cualquier cosa físicamente, pero es probable que no tengas idea de cómo vivir tu vida y que cometas muchísimos errores. Todos somos diferentes a este respecto: algunos parecen muy maduros de jóvenes mientras que otros, como yo, padecemos una adolescencia prolongada.

Sin embargo, es extraño cuando estoy brindando terapia a otros y me siento como si tuviera doscientos o trescientos años. Me siento inteligente, experimentado y a veces incluso perspicaz. Sé que ésta podría ser una ilusión peligrosa, pero también creo que habita en mí un hombre centenario. Cuando mi parte juvenil no es demasiado extravagante ni exagerada puede florecer mi personalidad más madura.

Puer y senex

Mi amigo James Hillman comenzó su carrera como un joven errante, vivió años en Francia, Irlanda e India y viajó a Grecia, Egipto e Italia entre sus estancias. Lo conocí a mediados de los setenta, cuando decidió regresar a Estados Unidos. Nuestra amistad floreció pronto y en el transcurso de ésta, como estaba fascinado con su enfoque de la psicología, puse atención a su forma de vida.

A veces percibí en él una combinación asombrosa de juventud y madurez. En ocasiones deseé que tomara con mayor seriedad las cosas y otras, me daba la impresión de que se comportaba como un anciano. Lo considero a la par de Platón o cualquier genio, aun así, estaba convencido de que no se posicionó en el mundo como hubiera podido. Parecía faltarle cierta seriedad. Decía que poseía la juventud eterna y yo lo consideraba un diagnóstico.

Al principio de su carrera James escribió ampliamente sobre la interacción de la juventud y la vejez en los individuos, incluso en las instituciones o sociedades. Empleaba términos en latín para referirse a estos dos espíritus que dominan la vida: *puer* (niño) y *senex* (viejo). Pueril y senil provienen de estas raíces en latín. Los vocablos latinos son neutros, se refieren a la juventud y la vejez.

Hillman estimó importante entender que la edad es relativa, algo que imaginamos y que no es tan literal como creemos. O en otras palabras: todos albergamos a una persona joven y a otra mayor. En ocasiones sentirás que se manifiesta el joven, lleno de energía e ideas y, en otras, el mayor busca orden y tradición.

Un joven gerente en una empresa puede desempeñar su papel con entusiasmo juvenil y un espíritu de aventura, pero cuando se familiariza con el sistema puede empezar a comportarse con madurez, siguiendo las reglas y tradiciones. Tarde o temprano el espíritu de la madurez supera al joven idealista y aventurero del principio. A veces los conceptos de *puer* y *senex* funcionan así: intercambian la dominancia.

Por otra parte, algunos emprendedores nunca pierden su juventud. El propietario de una empresa puede ser aventurero y creativo, mientras sus gerentes más jóvenes insisten en las formalidades, la autoridad y mentalidad tradicionales. El

punto es que la edad puede tener menos que ver con los años
con que cuenta una persona y más con cómo vive.

Los biógrafos responsables de *El libro de Steve Jobs*, Brent
Schlender y Rick Tetzeli, describen al genio de la computación
como un "librepensador singular cuyas ideas solían ir en contra de la sabiduría convencional de cualquier comunidad en la
que operaba".[1] Demuestran que se moderó en algunos aspectos
a medida que fue adquiriendo experiencia y madurando, pero
nunca perdió su espíritu juvenil, en ocasiones extravagante.

Para Hillman, una mezcla de juventud rebelde y viejo
cascarrabias, es crucial apreciar la naturaleza imaginativa del
envejecimiento. Decimos que las personas mayores están en
conflicto con los jóvenes; sin embargo, no nos damos cuenta
de que podemos llevar dentro tanto a un joven rebelde como
a un viejo tradicionalista. No se trata exclusivamente de atributos de nuestra personalidad, sino de presencias espectra-
les que pueden perseguirnos e inspirar nuestras acciones. No
sólo son dos complejos entre muchos, son puntos de vista que
definen e influyen todo lo que hacemos. A veces nos identifi-
camos con uno u otro. A veces sentimos su presencia y efecto en nuestra vida.

Una vez, a mediados de mis cuarenta, solicité un puesto
de profesor en una universidad cercana. Tenía una cita con el
director de la facultad. Me había mudado recientemente de una
escuela en Texas, en donde era habitual vestirse formal para
reuniones de ese tipo. Así que me puse traje y corbata —era
un día cálido de mediados de julio en Massachusetts— y llegué a la entrevista. Me sorprendió encontrar al director en
shorts, una camisa polo y zapatos deportivos. Me miró de pies
a cabeza como si fuera un ave exótica que había llegado de la
selva sudamericana, aunque de aspecto mucho más apagado.
La reunión salió bien y me contrataron.

Resultó que el director era una de esas personas que no aparentan su edad. Tenía un espíritu juvenil, y al mismo tiempo era excelente a la hora de gestionar el programa académico y mostraba pocos rasgos de inmadurez. Cuando estaba con él sentía aquella sensación limítrofe: el encuentro de la juventud y la vejez, una condición creativa, responsable, transitoria, a la que yo sólo podía aspirar. En otras palabras, me daba la impresión de que el espíritu de la juventud y el de la madurez llevaban una buena relación en su psique.

El espíritu de la juventud y el de la madurez tienen un papel fundamental en cómo experimentamos el envejecimiento. Si el espíritu de la juventud ha estado muy presente durante toda la vida, puede continuar en la vejez y seguir haciéndonos sentir jóvenes. Por el contrario, si es débil o inexistente, la edad podría estar completamente en el dominio del espíritu viejo, el *senex*, y ser una carga dolorosa, no por los años sino por el peso excesivo del espíritu viejo en la psique.

El renacimiento inesperado de la juventud

Si un espíritu juvenil está presente, en la medida que envejeces puedes de hecho rejuvenecer de maneras inesperadas. Trabajé con un hombre de ochenta años que lo confirmó. Tras la muerte de su esposa, creyó que su vida empeoraría gradualmente hasta llegar a la muerte. En cambio, empezó a evocar su juventud en sueños, su época de profesor universitario. Al principio no estaba seguro de qué implicaban estos sueños. Pero a medida que continuaron y comenzó a tener ideas para proyectos, le quedó claro que, en espíritu, volvió a esa etapa temprana de su vida en la que iniciaba su carrera. Era como si ahora a sus ochenta estuviera en las mismas circunstancias o similares a las de su juventud. Tenía un espíritu aventurero semejante y de hecho experimentaba con una nueva identidad. Era un regreso a su juventud, en espíritu aunque no físico. No lo definía la vejez, la tendencia de asentarse, sino el espíritu inventivo de la juventud.

He visto este desarrollo inesperado en otras personas. ¿Acaso todos tenemos la oportunidad en la vejez de regresar a un periodo creativo y decisivo en nuestra historia para empezar de nuevo? ¿Acaso dicho regreso a la juventud es un suceso natural que ignoramos porque no lo esperamos?

En resumen, tu alma conserva su juventud al no convertirte en un fósil. Te mantienes al corriente con el mundo. Tus interpretaciones y valores se mantienen renovados. Aceptas las invitaciones de la vida. Mantienes tu corazón activo al amar al mundo, en vez de odiarlo. El odio crónico es una buena manera de estancarse en una vejez irascible.

También puedes seguir siendo joven evitando los mismos hábitos de pensamiento y comportamiento. Al intentar cosas nuevas y resistir la comodidad de las costumbres de siempre. Sí, puedes disfrutar de las tradiciones de antaño, pero no permitas que te dominen. No te aferres a ellas por principios, combínalas con las nuevas.

Cuando la gente piensa en conservar su juventud cuando envejece, con frecuencia se centra demasiado en el físico y lo material, de forma demasiado literal. Se hace estiramientos faciales, pero no de personalidad. Se deja hundir sin reflexión en la vejez sin hacer nada para tener una presencia joven en todo lo que hace.

Tal vez sea mejor mantenerse joven desde dentro. Para algunos la actitud emocional precede la condición física. Si tu espíritu juvenil es fuerte, quizá lo veas reflejado también en tu cuerpo. No dudo que mi padre parecía joven, incluso a sus cien años, debido a su espíritu juvenil. Así que para quienes se esfuerzan mucho por verse jóvenes, sugeriría revivir su juventud interna, un aspecto de su personalidad y un entendimiento de la vida.

Puedes indagar más profundo y tomar conciencia del espíritu de la juventud que siempre has tenido desde el principio. No tienes que hacerte joven porque ya lo eres, por dentro. Sólo necesitas liberar esa juventud. Por lo que he visto en las personas mayores a quienes he tratado, la resurrección de la juventud en nuestra vejez puede suceder de manera muy sencilla. No es preciso fabricarla, sino darle la bienvenida, recibirla y permitirle influir en cómo vives.

Sugiero aceptar las invitaciones de la vida. No siempre se trata de asuntos externos, como mudarse o conseguir un trabajo nuevo. Pueden ser internos, como percatarse de señales de algún impulso juvenil que quiere que te arriesgues o emprendas una aventura.

Por ejemplo, en estos días estoy pensando en viajar menos para dar clases y conferencias y mejor quedarme en casa y dar cursos en línea. Sólo lo lograré si soy capaz de conjurar la identidad juvenil necesaria para emprender una nueva aventura. La próxima vez que aparezca tu juventud puede ser en algo pequeño y ordinario. Si eres receptivo a estas descargas de vitalidad *puer*, en apariencia mundanas, conservas la juventud del alma y, al final, eso es lo que importa.

Creo que casi toda mi vida he albergado el espíritu *puer*. Como ya mencioné, me tardé en madurar. Una vez, mi mamá me visitó y observó mi casa y muebles rentados y me dijo: "Tom, ¿cuándo vas a tener tus propios muebles?".

Había cumplido cincuenta y no me preocupaba vivir en una casa rentada ni tener mis propios muebles. No ganaba mucho, pero lo suficiente para pagar la renta y disfrutar de placeres modestos. Durante esos años también tenía muchos sueños relacionados con volar, relacionados con la psicología *puer*. En especial, soñaba con aviones que intentaban despegar o que sobrevolaban cerca de una ciudad grande, entre rascacielos, y que aterrizaban en las calles de la ciudad.

Ahora veo que esos sueños reflejaban mis esfuerzos por mantener la libertad de mi espíritu mientras hacía frente a las exigencias de una vida ordinaria. Con el tiempo comencé a ganar más dinero y me casé, tuve un hijo y me tomé más en serio mi escritura. Es interesante, los sueños de los aviones cesaron. Nunca he tenido otro desde entonces.

Recuerdo un momento a principios de mis cuarenta cuando dirigía un grupo de análisis de sueños para estudiantes de psicoterapia en mi casa. Una tarde presenté uno de mis sueños, en los que, como siempre, estaba a bordo de un avión grande intentando despegar. Mi padre también se encontraba en el avión.

Ahora, desde mi perspectiva, me doy cuenta de que, en aquella época, el alcance de mi trabajo era muy limitado. Más tarde, mis libros se vendieron en todo el mundo y renació mi esperanza. Pero entonces no podía despegar y sabía que mi padre había tenido que conformarse con una carrera profesional que había sido demasiado limitada para él. A mi parecer, él sucumbió ante las limitaciones de su formación educativa, cuando pudo haberse liberado de ellas y encontrar más alegría en su trabajo.

El esfuerzo de mi padre por encontrar su lugar en el medio profesional me acompañaba "en el avión". Todo parecía indicar que había heredado este patrón y que me estaba manteniendo estancado. Por lo que sabía, mi padre era feliz, pero percibía cierta resignación o por lo menos disposición a aceptar sus limitaciones. Cuando comencé a prosperar, él se interesó en mi carrera y me apoyó; no obstante, sentí un abismo cada vez más grande entre los dos. Mis límites se estaban expandiendo, mientras él estaba satisfecho con su trabajo. Esta interesante dinámica nos acercó y distanció al mismo tiempo, pero no perjudicó nuestro amor. He amado a ese hombre todos los días de mi vida.

Cuando tuve la primera probada de la vida de escritor, sentí que el avión tocaba tierra. Para mí, madurar y dejar atrás una condición *puer* —más infantil que aventurera— fue liberador, aunque ahora tenía que lidiar con los detalles prácticos de la vida ordinaria. Cuando ese espíritu infantil me abandonó, maduré, y al hacerlo me quité el peso de tener en poca estima mis habilidades y posibilidades. En aquellos días, creía que varios de mis amigos eran los escritores de verdad, y les dejé a ellos los temas importantes. Esa poca autoestima cambió y con ello llegó la madurez significativa y fructífera. Hoy estoy feliz y agradecido por haber aceptado el papel de escritor serio y recibo con los brazos abiertos el alcance internacional que han tenido mis libros.

Destaca una plática que tuve con un amigo cercano en mis cuarenta. Creo que queda claro que desde que conocí a James Hillman lo he idolatrado. Un amigo sugirió que, algún día, mi obra podría ser más eficaz que la de Hillman. Me reí ante la idea. "Nunca. No tengo una pizca de su genio", respondí.

Desde entonces he pensado en esa conversación muchas veces. No me preocupa en sentido literal. Aún estoy convencido de que el genio y estilo de escritura de Hillman son inigualables. No obstante, siento que ahora he reivindicado mi propio genio, el espíritu creativo que obra a su manera. En esas declaraciones de mis cuarenta, se puede percibir la juventud y la falta de autoconocimiento. Encontrar y valorar mi propia chispa me hizo envejecer de la mejor manera.

Ahora me gusta sentirme mayor y no regresaría a esos años *puer* por nada del mundo. En todo caso creo que, en general, el espíritu juvenil que me resulta tan familiar influye en mi vejez. Quizá sea más preciso decir que conservo el espíritu *puer* aunque se ha transformado. Ya no es el *puer* niño quien me inspira hoy en día, sino la frustración *puer* frente a la autodestrucción intransigente del mundo. Quiero una sociedad más idealista.

Sugiero que las figuras del alma pueden cambiar y madurar, es parte del envejecimiento. Es posible observar que el espíritu que te impulsa te lleva de una etapa de tu vida a la otra. Un espíritu *puer* más precoz me mantuvo infantil, pero el más desarrollado me acompaña en la madurez.

También puede ser importante recordar que el alma es el parque de juegos o el Olimpo en el que evolucionan distintos espíritus en el transcurso de tu vida. El espíritu *puer* de la juventud es uno entre muchos y sólo prosperará si no es el dominante. En el Renacimiento, los científicos decían que debíamos evitar la "monarquía" de un espíritu habitante. Por ejemplo, la tendencia depresiva de Saturno y la reflexión son valiosas, pero si te dominan, te vuelves una persona depresiva. Y ése no es el objetivo.

Algunas personas parecen creer que para envejecer bien deben someterse a la vejez y comportarse como ancianos, aunque dicha personalidad les deprime. No es así. Se puede envejecer bien conservando buena parte del entusiasmo e imaginación de la juventud, incluso mientras se adapta a la madurez. Como lo he planteado en estas páginas: para envejecer bien hay que ser absolutamente viejos y absolutamente jóvenes.

En esa conversación que tuve con mi madre en mi casa rentada con mis muebles rentados, estaba en el estado apropiado para quien era en ese entonces. Me identificaba con el joven inocente, aunque tal identificación puede ser una defensa contra dicho espíritu. La paradoja es que en apariencia era el ejemplo típico de *puer*, aunque fue más tarde, cuando mi obra ocupó un papel formal en la sociedad, que mi espíritu *puer* se encumbró. Entonces dejé de soñar con volar.

Pon atención a este patrón: mi espíritu juvenil me permitió escribir ideas novedosas que se popularizaron, pero al mismo tiempo estos escritos me conectaron de forma más directa con el mundo y me permitieron asentarme. En ocasiones la juventud y la edad trabajan juntas para formar una vida completa.

Con este intento, un poco pobre, para analizarme quiero demostrar que el alma alberga este patrón de la juventud y la madurez y cómo influye y moldea tu vida. Puedes ser aventurero y estable al mismo tiempo; es una condición que producen dos orientaciones fundamentales: una es un espíritu de innovación y creatividad, a veces sutil, y la otra una postura seria sobre tu lugar en el mundo.

El piloto interior

En ocasiones quienes gozan de una psicología juvenil sueñan con volar y les gusta la aventura arriesgada, los experimentos creativos extremos y las novedades de todo tipo. Quieren vivir sin limitaciones y cadenas y crear desde cero. También pueden parecer frágiles y sensibles, ser amados y cuidados por los demás. La gente suele enamorarse de jóvenes de este tipo, quiere salvarlos de sus locuras y cuidarlos en sus momentos de debilidad.

Empecé a tener sueños relacionados con el vuelo desde joven. Consistían en que me encontraba en una habitación, volaba agitando los brazos y flotaba en el techo. La sensación era emocionante y cada que despertaba me decepcionaba. Después mis sueños cambiaron a los que ya mencioné: aviones comerciales que intentaban despegar o aterrizaban en las calles transitadas de una ciudad. Después, hace más o menos diez años, dejé de tener estos sueños.

Las mujeres con un alma joven también resultan atractivas; su estilo y aspecto suele ser andrógino, es un tipo que se denomina Artemisa, la diosa griega de la integridad, cuya labor era proteger a las jovencitas. Katharine Hepburn, la famosa actriz de la época dorada de Hollywood, tenía la belleza insolente, independiente y encantadora que invita a acercarse a ella. Una fotografía clásica de su madurez la retrata sonriendo junto a un letrero frente a su casa que dice "Propiedad privada" y otro debajo que advierte "¡No pasar!". No se trata de una mera anécdota, la fotografía revela un rasgo en el alma de Hepburn, su necesidad de ser ella misma, un aspecto interesante del espíritu juvenil femenino que la acompañó toda su vida.

Sin embargo, el mítico joven o jovencita, una de las mancebas de Artemisa, tiene sus desventajas. No son personas confiables, estables o con los pies en la tierra. Son sumamente sensibles, rebeldes y en general, inmaduras. A la persona que por dentro es joven no la sustenta la tradición y le suele desagradar la autoridad. Vive sobre la marcha y, por tanto, tiende a ser narcisista. Puede ser tanto adorable como molesta.

Debido a estas cualidades, cuando una persona con una marcada psicología pueril se encuentra con personas que se aferran a su madurez, se le dificulta ser civilizada y ceder. Estas dos clases de personas libran muchas batallas, encabezadas por sus espíritus, no por sus egos. Puede que no sean conscientes de la naturaleza del desencuentro debido a que sus fuertes espíritus se ocultan bajo la superficie.

Si eres esta clase de persona, como yo, debes relacionarte con ese niño interno como si se tratara de otra persona, no quien eres sino alguien que habita en ti. Él posee autonomía y si le permites tener su existencia independiente, te llevarás bien con él. No basta con identificarte plenamente con él. Debes ser más complejo y, a la vez, darle espacio en tu vida.

A lo largo de mi vida, la figura del niño ha sido un compañero constante. Lo siento en mi tendencia a esperar que la gente sea buena y me trate bien. Me molesto mucho cuando me menosprecian y engañan. Muchas veces no entiendo por qué las personas no ponen en práctica mi idea más reciente para cambiar el mundo. Tengo muchas obras, novelas y guiones que no he terminado, otra señal del niño. También siento su presencia cuando no puedo llevarme bien con el tipo sumamente maduro.

Un ejemplo: una vez, un grupo de empresarios con el que me reuní planteó una pregunta: supongan que heredan cien mil dólares. ¿Cómo los invertirían? Cada uno de estos hombres serios y experimentados presentó sus planes financieros. Cuando me tocó, respondí que los utilizaría para vivir tres o cuatro años y continuar escribiendo. No era una mala idea, sólo muy infantil. Los hombres sabios sonrieron ante mi inocencia.

Ya no imagino invertir dinero en tiempo para escribir. Ahora escribir es parte de mi trabajo y me pagan por ello. Hoy mi espíritu juvenil me tiene que mantener al día y creativo y evitar que recicle el mismo material de siempre.

Puedes diagnosticar qué perfil emocional tienes y resolver si estás perdiendo contacto con la juventud que albergas. Si estás preocupado por envejecer o te descubres comportándote como una persona mayor o repudiando tu juventud interior o la de los demás, puedes buscar la juventud que tenías.

No hay nada más trágico que descuidar tu espíritu juvenil para ser aceptado.

La niña de la psique

Volvamos a Artemisa, la diosa virgen que los romanos denominaban Diana. Mora en el bosque y rara vez sale, vive rodeada de jóvenes acompañantes y en su corte también hay hombres jóvenes. Se le ha denominado una figura *puella* (niña en latín), un concepto similar a *puer*.

Artemisa representa un aspecto importante de la psique tanto masculina como femenina, pero sobre todo femenina. Simboliza el espíritu que no quiere que se le identifique mediante su relación con otra persona. No quiere casarse e intenta mantener su integridad intacta como individuo, y es fuerte a la hora de defenderse. La suya es una figura volátil y agresiva, por lo menos cuando se está protegiendo. También puede ser vulnerable y sensible. Para los griegos era la protectora de las jovencitas —las niñas de nueve años pasaban un rito de iniciación en su nombre— y de las mujeres que dan a luz.

Tanto la psique femenina que habita en los hombres como la más literal que reside en las mujeres, brinda felicidad y sensibilidad y apertura de cara a las experiencias. Con frecuencia posee un alto grado de inocencia y vulnerabilidad para la sociedad masculina y para los propios hombres. Dafne era una de las jóvenes de Artemisa que no quería casarse y tuvo que protegerse de las atenciones de Apolo, el dios de la medicina, la música y cultura en general. Al final, su padre la convirtió en un árbol para preservar su inocencia. Hay algo en nosotros, sobre todo el aspecto femenino del alma, que prefiere vivir en contacto con la naturaleza y no en el mundo de

Apolo, caracterizado por ideas brillantes, música refinada y compañía civilizada.

Quiero resaltar lo mismo sobre Artemisa que acerca del caso de *puer*: es un espíritu que pese a todas sus complejidades puede mantenerte joven a medida que envejeces. Honra tu espíritu que no se identifica con tu esposa o pareja. Conserva tu naturalidad, no sacrifiques todo en pos de la cultura, sin importar lo buena que sea. Protege tu identidad personal, incluso si debes ser agresivo para lograrlo.

Muchas personas confunden los espíritus de Artemisa y Dafne y los relacionan con la ira y la agresión neurótica. Sin embargo, detrás de tus intentos frustrados por no dar una importancia exagerada a la educación, no ir al médico y no ser parte de la sociedad se oculta una diosa. Hay algo en la profundidad de esa parte de ti que no quiere darlo todo por ser una pareja o estar casado. Ese espíritu que tiene atributos femeninos y masculinos te mantiene joven.

La juventud por ósmosis

Por supuesto que hay otros métodos para volver a conectar con tu juventud. Puedes realizar cosas que hacías antes, por lo menos las actividades que todavía te resultan posibles y cómodas: consultar fotografías antiguas de tu juventud y visitar lugares de esa época; retomar proyectos que dejaste pendientes en tu juventud y hacerlos con la inteligencia y conciencia de tu edad.

C. G. Jung era bueno para curar su psique de manera concreta. Cuenta la historia de cómo en su adultez revivió sus once años, edad en la que identificó que provenían sus problemas emocionales, y de hecho jugó con juguetes de esos años. Dijo que le resultó vergonzoso y difícil hacerlo, pero que le ayudó.

Así describe Jung este proceso: "Apenas terminaba de comer, jugaba hasta que llegaban los pacientes; y por la tarde, si el trabajo acababa bastante temprano, volvía a mis construcciones. Con ello se aclaraban mis ideas y podía aprehender las fantasías cuya presencia vagamente sentía".[2]

Jung no solo se remontó en el tiempo para entender su comportamiento actual. Intentaba revivir el espíritu que tenía en aquel entonces, su manera de ver el mundo, e incluso cómo solucionaba problemas difíciles. Regresó en el tiempo para resucitar un aspecto de su juventud en el presente. También empleaba una frase esclarecedora: "Se aclaraban mis ideas". Es una enseñanza para nosotros. Al recurrir a momentos particulares de nuestro pasado, se pueden esclarecer nuestros pensamientos actuales. Tal vez podamos salir de la confusión en la que nos encontramos, inconscientes de que la raíz del problema se ubica en un momento específico en el pasado.

Una advertencia: no puedes revivir al niño mítico sin evocar su sombra. A veces la gente malinterpreta este punto sobre la sombra del alma. Acepta que todo tiene un lado oscuro, pero cree que debe conquistarse para liberarse de él. El hecho es que tienes que permitir que cierta sombra acompañe cualquier manifestación del alma, incluyendo el espíritu de la juventud. No puedes tener la presencia de una persona joven sin librarte de cierta inmadurez. Para combatir la sombra no se requiere músculo, sino una expansión del yo.

Hemos visto este principio en acción en todos los aspectos del envejecimiento: aceptas la vida como es, no como la imaginas, perfecta. Si bien es difícil comprenderlo, la sombra tiene mucho que ofrecer, igual que el lado bueno. También en el caso de la juventud. Cuando te permites mantenerte joven, también conservas cierta inmadurez, ingenuidad, aventura y narcisismo. Aunque la juventud eterna no es perfecta, puede tener sus ventajas.

De niño pasé muchos veranos en la granja de mi tío al norte de Nueva York. Mis padres iban una o dos semanas y después regresábamos juntos a casa, en Detroit. Recuerdo que la vida de la granja era una mezcla de trabajo arduo y narraciones apacibles. Mi padre contaba con muchas habilidades y cuando visitaba la granja, pasaba sus días pintando, reparando y tapizando la casa. Después mi tío intentaba enseñarle trucos para recolectar paja suelta del campo. Mi padre pasaba sus vacaciones trabajando en la granja.

Un verano, mi papá, a quien le encantaba el golf, puso un pequeño *putting green* frente a la casa. Cavó algunos hoyos y sacó su palo y pelotas de golf para jugar mientras mis tíos y otras personas lo veían. Al principio a todos les parecía que el juego era ridículo y una pérdida de tiempo, y comentaron lo de siempre: "¿Por qué la gente adulta persigue una pelotita hasta meterla en un hoyo?".

Sin embargo, mi papá continuó jugando y dejaba los palos en el jardín cuando terminaba. Dentro de poco los tíos y las tías estaban golpeando las pelotas de hoyo en hoyo y mi padre les enseñaba cómo sujetar el palo. Todos se aficionaron al juego.

En este pequeño escenario vemos cómo se desarrollan muchos aspectos de la juventud y la madurez. El criticismo *senex* del juego, el énfasis cultural en el trabajo y, por último, el atractivo irreprimible de un juego juvenil e inútil. Mi padre no sucumbió ante las críticas. Se mantuvo fiel a su pasatiempo, lo cual es una buena forma de evitar la sombra de la juventud y no ceder ante los juicios de valor. Se tomó su juego juvenil en serio y triunfó.

En las mujeres, la figura juvenil que se presenta de vez en cuando puede ser tanto el niño, el *puer* andrógino y extensivo a cualquier género, o la *puella*. A veces se percibe la *puella* en los hombres, que se traduce en una apertura maravillosa frente a la vida, una sensibilidad emotiva delicada y una timidez que puede ocultar una abundancia de vitalidad y deseo.

Estas figuras juveniles del alma son una fuente de la juventud, una fuente de inmadurez, ingenuidad y asombro cándido que mantienen viva nuestra esperanza. Sin ellas, podríamos sucumbir a la vejez, de forma completa y literal, y caer en la depresión. Con el espíritu de la juventud no te pesarán tanto los años y los achaques del cuerpo. Es cuestión de no tomarse las cosas con literalidad, negarse a considerar el envejecimiento como deterioro físico. Continuar viviendo una vida espiritual, en donde lo no físico y lo invisible te mantienen joven y te permiten madurar al mismo tiempo.

En una entrevista que otorgó a sus ochenta años, a Igor Stravinsky le preguntaron si era diferente ser compositor en la vejez. ¿Era más difícil encontrar inspiración? Él sonrió como solía hacerlo y respondió que ellos, los reporteros, lo estaban viendo como un viejo, pero que él no se sentía así. Así que la pregunta no tenía sentido.

Da una lección importante: no aceptes la perspectiva típica y limitada de los que te puedan ver mayor de lo que te sientes. Mantente fiel a la edad de tu alma, no a los números, tampoco a la debilidad ni la enfermedad. Para el alma, carecen de sentido.

Permíteme continuar con Stravinsky. Como músico de formación clásica me he dedicado a estudiarlo durante cincuenta años. Para mí hay dos compositores en la historia que encarnan el genio completo y rotundo: Johann Sebastian Bach e Igor Stravinsky.

Una de las historias memorables sobre Stravinsky narra el debut de *La consagración de la primavera* en París en 1913. Debido a su disonancia y pulsación en el ritmo suscitó un caos en el público. Después, su siguiente pieza importante, la suite *Pulcinella*, fue casi dulce, creada más como una pieza para el entretenimiento de la corte francesa de la Ilustración. El público no sabía qué esperar de él. Su estilo pasó de un periodo histórico a otro, se negaba a quedarse estancado. Éste es el hombre que no entendía por qué los reporteros le preguntaban qué se sentía ser viejo.

El lado profundo, mítico y juvenil del alma es la verdadera fuente de la juventud que muchos han buscado. Mantente en contacto con la juventud de tu alma y no sentirás el peso de la vejez. El problema de muchas personas es que cuando envejecen se toman la edad con demasiada literalidad. Sí, según el calendario tienen ochenta y cinco años, pero la condición de su alma puede estar más cerca de los cuarenta. ¿No sería maravilloso que todos pudiéramos responder como Stravinsky?: "No sé qué significa ser viejo".

3. Los pasajes de la vida

> En el fondo sólo me parecen dignos de contar los acontecimientos de mi vida en los que el mundo inmutable incide en el mutable.
>
> C. G. Jung[1]

Aunque estoy a favor de la idea antigua de que los seres humanos nacemos con un alma, llena de los puntos esenciales y las semillas de una personalidad, aun así empezamos en bruto. Es sorprendente lo mucho que tenemos que aprender de los demás y lo mucho que seguimos aprendiendo a medida que envejecemos. La mayoría nos volvemos más sabios y capaces con el transcurso de los años y desarrollamos una personalidad marcada y un grado de individualidad, pero se requiere esfuerzo, persistencia e inteligencia.

En mayor medida aprendemos y nos volvemos personas más sutiles y complejas a través de la experiencia y de nuestros errores, incluso. La vida nos lastima —un trabajo fallido, una enfermedad, una relación personal disuelta— y en ese dolor nos volvemos más conscientes y preparados para los retos futuros. El dolor emocional puede ser un catalizador del pensamiento y el carácter. Nos puede despertar, aunque sea por un momento.

No obstante, como psicoterapeuta que ha trabajado a fondo con la gente en el transcurso de cuarenta años, puedo afirmar con seguridad que todos nos desarrollamos a nuestro propio ritmo. Quienes han tenido experiencias traumáticas en la infancia, ya sea abuso sexual o físico, encontrarán más difícil enfrentar los pasajes hacia la adultez. Suelen estancarse en un lugar en su memoria. Las imágenes del trauma siguen vivas y aparecen cuando se suscitan problemas. Muchos hemos tenido retos menos exigentes, pero incluso éstos se entrometen en el desarrollo constante, en el proceso de convertirnos en personas centradas, sensibles, conscientes y maduras. Todos parecemos estar en diferentes etapas o momentos en nuestros viajes individuales y muchos llegamos a la vejez no del todo preparados.

Permítame subrayar una de las ideas principales de este libro: para poder disfrutar y prosperar en nuestra vejez, con una actitud positiva y creatividad en todos los aspectos de nuestra vida, debemos madurar en todas las etapas de nuestra existencia. Incluso los niños deben esforzarse mucho para crecer, atraviesan distintas fases y se enfrentan a los guardianes aterradores que resguardan las rejas de otro punto más en su camino hacia la vejez. Tienen que descubrir cómo lidiar con los acosadores, los amigos exigentes, cómo llevarse bien con sus padres a pesar de sus imperfecciones, cómo sobrevivir en una cultura que muchas veces no sabe qué hacer con los niños. Recuerdo que de niño pensaba: "Cuando sea adulto voy a recordar cómo es ser niño y voy a tratar a los niños con paciencia".

Todos maduramos y cómo lleguemos a la vejez depende en mayor medida de la manera en que hemos respondido en momentos decisivos y en los pasajes en el transcurso de nuestra vida. Por tanto, el envejecimiento no se reduce a los años de la vejez sino a la vida en su totalidad. No sólo incumbe a la

gente mayor sino también a los jóvenes, quienes tienen la opción de vivir plenamente o eludir los retos de la vida. Es importante seguir adelante, desarrollar tu potencial, convertirte
en un individuo verdadero, querer a la vida cada vez más y llegar a la vejez preparado para más de lo mismo.

La labor consiste en aconsejar y guiar a los jóvenes mientras intentan esclarecer quiénes son en esencia. Como veremos,
la obra de la vida de una persona madura es ser alguien mayor
y dejar un legado para el futuro. Pero puedes lograrlo sólo si
has madurado adecuadamente en todas las etapas de la vida.

Permíteme regresar al pasaje en el ensayo de Ralph Waldo Emerson, "La superalma", que me ha guiado durante años.
Lo citaré aquí en toda su extensión para que también te sirva de guía:

> El alma sólo conoce al alma; la red de acontecimientos es la
> ligera toga con que va vestida. El índice de su progreso ha
> de calcularse según su propia ley y no por la aritmética. Los
> avances del alma no tienen lugar gradualmente, como pue-
> de representarse el movimiento en una línea recta, sino por
> ascensión de estado, como se representa la metamorfosis:
> del huevo al gusano y del gusano a la mosca.[2]

Este fragmento es muy revelador. No dejes que el estilo de escritura decimonónica de Emerson te desaliente. Léelo despa-
cio. Por ejemplo, la psicología moderna cambiaría de la noche
a la mañana si se tomara en serio la línea sobre los acontecimientos con que el alma va vestida. Esto quiere decir que las
experiencias que tenemos, la vida en la superficie, tienen sentido en relación con el alma que éstas mismas contienen. No
basta con cambiar los patrones vitales. Tienes que ver y tocar
los asuntos del alma que éstos contienen.

Emerson afirma que no nos desarrollamos en línea recta de la infancia a la vejez. En cambio, pasamos por fases, un
nivel después del otro. El cambio de uno a otro no se parece
a un arroyo en flujo constante sino a un río lleno de esclusas,
en donde los botes deben hacer una pausa para que los eleven
o desciendan a otro nivel. Emerson denomina este proceso
"ascensión de estado". No emplea la metáfora de crecimiento constante, como nosotros, más bien subraya momentos
transformadores. Puedes vivir con normalidad cuando algo
te hace darte cuenta de que tienes un llamado superior. He
conocido a muchas personas que de pronto renuncian a sus
trabajos para atender sus almas de forma más directa.

Sin embargo, el desplazamiento de un nivel al otro no
sucede de manera automática. Debes cooperar y experimentar la transformación de gusano a mariposa. No es un pasaje
sencillo. Debes enfrentarte a ti mismo y permitir que se sus-
citen cambios significativos. Por ejemplo, puede que no sea
fácil que un alumno recién egresado de la universidad deje la
seguridad y comodidad de la escuela para empezar una vida
de trabajo y productividad. Ésta es una ascensión de estado,
un progreso mediante metamorfosis que, pese a su dificultad, tiene sus recompensas. Algunos prefieren ser estudiantes
eternos; otros, no madurar nunca.

El punto paralizante

La mayoría llegamos a un punto de estancamiento. El río de
la vida se congela en un invierno de incertidumbre y ansiedad. Lo veo en los rostros de amigos y personas que conozco durante mis viajes. Noto la preocupación en su mirada, la
tristeza de un punto muerto en sus labios, la desilusión en

el encorvamiento de los hombros porque la vida no resultó como hubieran esperado.

Muchísimas personas son talentosas, hábiles y brillantes, no obstante, algo en ellos, o en toda su vida, se ha paralizado. Las miras y casi todo lo que ves es atractivo y alegre, pero hay una parte que no se mueve, que parece petrificada por el miedo o la duda.

Con frecuencia esta parálisis es tan potente que se convierte en un lastre para todos los aspectos de la vida y la persona nunca consigue lo que quería, siempre se siente frustrada y le inspiran celos aquellos en su entorno que no han sucumbido a la duda. Estas vidas no son un completo desastre, pueden ser exitosas hasta cierto punto. Tal vez por eso no han podido superar la parálisis: la situación no les molesta tanto como para hacer algo importante. Pueden seguir adelante con relativa tranquilidad, de modo que no hacen el esfuerzo necesario para romper el anquilosamiento. Parecen en parte resignadas y la resignación es una de las soluciones más infelices ante un problema.

La supresión de aunque sea una parte mínima de potencial creativo puede generar ira. La tristeza que identifico en algunas personas que tienen paralizada una parte de su alma suele estar rodeada de cierta ira que, si bien nunca estalla, está siempre presente con su frialdad. La ira puede ser útil, pero en este estado sólo sirve para mantener dormida una parte vital de la vida. Interfiere con las relaciones y arruina la felicidad.

Cuando encuentro una parte muerta en una personalidad de otro modo animada, me gusta hacer algo. Animo a mis amigos a tomar riesgos. Les recalco el talento que identifico en ellos. Un ejemplo es un amigo escritor que no ha superado los sentimientos de incompetencia. Tiene pocas expectativas

de sí mismo y por tanto siempre está decepcionado, envidio-
so y, sí, resignado. Intento fomentar el proceso de reflexión y
renovación en estas personas.

Con esto no quiero decir que yo he tenido éxito mientras
otros han fallado. Conservo mis propias zonas gélidas que desearía se derritieran. Por ejemplo, a veces me gustaría que mi
voz fuera más pública e influir en la política y el gobierno.
Soy consciente de que provengo de una familia que disfrutó
de su humildad y prefirió mantenerse en el fondo. Tengo al-
macenado ese rasgo familiar en el clóset de mis recuerdos; es
un lastre que me mantiene callado. Necesito procesarlo. Por
otra parte, mi estilo tranquilo tiene sus propios beneficios y
me ayuda a convencer a la gente de despertar su alma y no
resignarse.

La resignación equivale a cerrarse, tal vez a sentirse tan
desanimado que, en vez de emprender una batalla a largo plazo, uno se da por vencido. Conozco a muchas personas resignadas y su falta de energía y placer por la vida es evidente. Se
percibe en la atmósfera.

El muchas veces citado pasaje de *Walden*, de Henry David Thoreau, que explica por qué el autor acudió al lago, con-
textualiza la resignación: "No quería vivir lo que no fuera
vida, siendo el vivir algo tan preciado; como tampoco quise
practicar la resignación, a menos que fuese absolutamente
necesario".[3]

El ego confiado

Envejecer con alma implica navegar por los distintos pasajes
que la vida nos depara. A veces parece que existe un plan di-
señado para cada uno, que debemos superar cada reto para

convertirnos en quien estamos destinados a ser. Sin embargo, a veces la gente no acepta dicha invitación. El *statu quo* es demasiado cómodo, así que no madura. Acumula años. Envejece sin haber madurado y su vida parece una tragedia llena de promesas que no se cumplieron.

Puedes imaginar la vida como una serie de pasajes. Parece que siempre experimentamos algo. Pero al recapitular nuestra historia es probable que identifiquemos puntos de inflexión o problemas específicos que contribuyeron a nuestra madurez. Cuando reflexiono sobre mi propia vida, de inmediato reconozco una docena de momentos decisivos. En cada caso pude haberme negado a progresar, como cuando decidí dejar la vida monacal después de trece años. Más adelante lo abordaré a detalle, junto con otros episodios que experimenté.

No me considero una persona sumamente decidida ni de temperamento heroico. Al contrario, soy callado e introvertido. No obstante, hay algo en mí que siempre estuvo dispuesto a cambiar y dar el siguiente paso. En algunos casos a mis amigos les pareció imprudente mi disposición, y a mí mismo; sin embargo, seguí adelante casi a ciegas. Si albergo una figura mítica y arquetípica es Parsifal, el joven caballero de la Mesa Redonda del rey Arturo, quien tenía una relación excesivamente cercana con su madre y se comportaba como un tonto la mayor parte del tiempo. Aun así, tuvo un papel relevante y al final encontró el Santo Grial. Es mi héroe.

No estoy sugiriendo ser heroico en este proceso de envejecer. No creo que se requiera un ego y una fuerza de voluntad descomunales. Sin embargo, sí considero que se debe amar la vida y confiar en ella, aunque con cautela. Ser observador para dilucidar cómo funciona la vida y darse cuenta de que se tienen dos opciones: la vida o la muerte. Se puede seguir el principio de la vida, por medio del cual se progresa y se aceptan sus invitaciones y así se obtiene mayor vitalidad. O bien, se puede elegir el principio de la muerte, es decir, eludir ideas y experimentos vitales nuevos. El camino de la muerte —es decir, de la muerte del alma, no de la muerte literal— es mucho más seguro y, de cierta forma, más cómodo. Es predecible y no requiere cambios. Pero la muerte es la muerte. No te sientes vivo y la vida no tiene sentido ni propósito.

El proceso del envejecimiento

Permítame ser más específico sobre los ritos de iniciación y el proceso de convertirse en una persona con profundidad y sustancia, lo cual considero un prerrequisito para madurar, no sólo para envejecer. La clave es la palabra *proceso*. El envejecimiento es un proceso mediante el cual te conviertes en alguien real y vivo. El proceso es constante, pero en ocasiones se intensifica. Puedes elegir no realizarlo. Puedes hacerte a un lado y vegetar un rato o para siempre, si tienes mucho miedo.

Como terapeuta, he observado a las personas que acuden a mí para recibir terapia. Suelen expresar entusiasmo por trabajar en su vida y conocerse mejor. Con frecuencia tienen un problema puntual que los está molestando mucho o haciendo daño. Otras no saben en qué consiste la terapia, así que les enseño cómo es la experiencia.

Ahora bien, muchos lo asimilan bien y se involucran a fondo. Son generosos y reflexivos, se esfuerzan. Otros parecen rechazar el proceso. Mantienen su distancia, incluso cuando acuden a consulta. Entiendo que temen revelarse, admitir alguna debilidad o abrir una caja de Pandora. No los juzgo para nada. Espero que encuentren un tipo de terapia que les permita entrar en el proceso.

A quienes sí lo hacen les suele sorprender el tiempo que implica. No es mi intención acelerarlo porque no creo que me corresponda marcar el ritmo. Una persona que en su infancia fue golpeada con regularidad no va a superar ese trauma de la noche a la mañana. Les pido paciencia. La mayoría de mis pacientes permanecen un periodo decente, y progresan, si ésa es la palabra adecuada.

A veces un individuo elude un momento particularmente desafiante y tengo la tentación de objetarlo. Me doy cuenta de que enfrenta un reto mayúsculo y creo que la paciencia sería importantísima. Hace poco un hombre acudió a consulta con problemas comunes y corrientes en su matrimonio. Sin embargo, al adentrarnos en sus sueños descubrimos algunas presiones procedentes de la infancia que aún albergaba en el alma. También manifestaba síntomas físicos de dicha carga. Cuando creía que nos acercábamos al meollo del asunto, me dijo que quería terminar la terapia.

Intento no adoptar un complejo de dios en este trabajo, así que no asumo que sé qué era lo mejor para este hombre. Él tomó una decisión y yo voy a respetarla. No puedo evitar pensar que se acobardó, pero ¿quién sabe? Tal vez haya encontrado otro tipo de terapia, pero abandonó el proceso en el que se encontraba y ahora podría dejar de madurar para limitarse a envejecer. Espero que enfrente problemas clave para que pueda ascender a otro nivel.

Envejecer requiere valor. Es una decisión activa. Vives la vida en adelante. Aceptas sus invitaciones. Interpretas las señales. Te enfrentas a todo. No te echas para atrás. No inventas pretextos. No huyes buscando un refugio.

Todos tienen problemas a causa de una experiencia pasada que necesitan analizarse. Los considero aspectos elementales que conforman la vida y la personalidad. La alquimia denomina la materia acumulada de nuestras experiencias *prima materia*, en latín, o materia prima. Pero para trabajar con este material se requiere valor y perspicacia. Muchos lo evitan porque les mueve demasiadas emociones.

Voy a dar un ejemplo de cómo funciona.

Llamémosla Brenda. Es una profesionista. En la superficie, parece tener pleno control de su vida. Ha sido exitosa y posee un entendimiento psicológico considerable. Su problema es que constantemente permite que los demás se aprovechen de ella. Sin embargo, a juzgar por nuestra conversación, da la impresión de que también le gusta que los demás se sientan en deuda con ella. Primero los cuida, les paga cosas y después desearía que no fueran una carga para ella. Tiene poco tiempo para ella, se siente agobiada y un poco deprimida.

Le pregunto sobre sus padres. No reduzco todos los problemas adultos a la influencia de sus padres, sin embargo, ayuda identificar patrones de la infancia que persisten en la adultez.

—Mi padre siempre me dice qué hacer —responde.

Ella tiene cerca de cincuenta años.

—Desde que tengo memoria, él siempre ha sabido qué es lo que me conviene y se niega a hablar de cómo me siento o cómo podríamos entendernos mejor. No le gusta hablar de cosas íntimas.

—¿Todavía lo ves con frecuencia?

—Lo veo varias veces a la semana. Le pido consejos.

No me gusta reducir los conflictos adultos a relaciones pasadas con sus padres, pero es interesante que muchos adultos todavía repiten antiguos patrones con ellos. La complejidad de la relación se les podrá escapar porque parece sutil en comparación con su infancia. De todas formas, sigue presente y es importante.

Hablamos de los patrones de la infancia y de la relación adulta y escucho con atención muchas historias de ambos periodos. Pero escuchar no siempre es suficiente. Soy consciente de la dinámica entre nosotros y a veces percibo el conflicto: no quiero molestar a mi paciente de modo tal que ya no quiera explorar sus emociones, sin embargo sé que debo profundizar. Así que me arriesgo y la confronto.

—¿Todavía te gusta ser una niña con tu padre?

—No estoy siendo una niña. Es mi padre. Parece que es él quien no puede salir de su papel. Él es quien me trata como una niña de tres años.

—Pero ¿cómo lograrlo a menos que tú también estés interpretando tu papel en ese drama? ¿No buscas su protección y aprobación?

Ella hace una pausa, baja la cabeza y reflexiona.

—Eso parece, ¿verdad? Acudo a él igual que lo hacía de niña. Me quejo, pero lo sigo haciendo.

Estamos dando un paso pequeño para adentrarnos en sus emociones profundas, elementales y no identificadas. Ella se percata de algo por primera vez. Así se procesa la vida, con frecuencia un paso a la vez. Pero pronto los pasos pequeños suman y alcanzan un momento crítico. Puede suscitarse un cambio importante. Sucede constantemente en un entorno de terapia y puede suceder en la vida cotidiana, si el proceso continúa.

Este pequeño descubrimiento de un patrón debilitante motiva a esta mujer a madurar. Se libera, aunque sea un poco, de un patrón que la ha mantenido como una niña e inmadura a la hora de tomar decisiones. Madura y ahora representa más su edad. Se podría decir que la edad de su alma corresponde más a su edad física. Aún le quedan muchos más descubrimientos y tendrá que regresar a éste en particular una y otra vez hasta que el cambio sea rotundo.

El problema con el envejecimiento es que además de resistirnos a envejecer físicamente tampoco queremos madurar emocional, intelectual y espiritualmente. No nos ocupamos de la expansión del alma. Si fuéramos a envejecer en cuerpo y alma, aceptaríamos nuestra madurez y ya no tendríamos ese conflicto entre el tiempo y el carácter personal. La congruencia del alma y el cuerpo facilitaría envejecer.

Puntos de pasaje críticos

En la mayoría de los viajes, desde viajes en barco hasta el senderismo en el bosque, se suscitan crisis que ponen a prueba al viajero. La *Odisea* de Homero trata sobre esos puntos críticos en el camino. No son sólo obstáculos sino experiencias terribles. Si pasas la prueba, experimentarás un cambio positivo y dejarás de ser la misma persona. El calvario te transforma y gracias a él, maduras.

Recuerda que, si no emerges transformado, permanecerás en un estado inalterable, inmaduro y sin haber envejecido, en el sentido que le doy a la palabra. Es preciso que todos transitemos el pasaje hacia el envejecimiento con cierta regularidad para tener la suficiente madurez que se requiere para desarrollar una identidad y creatividad. Sin estas dos cosas, nuestra alma está débil o incluso ausente. Estamos vacíos e intentamos llenar ese vacío con adicciones inútiles y comportamientos superficiales. La carencia de identidad conlleva la falta de objetivos y una depresión existencial, mientras que la incapacidad de ser creativo genera depresión e ira. Es crucial madurar.

El matrimonio es un rito de iniciación

Un paso frecuente que la mayoría experimentamos es el matrimonio. Supongo que a la mayoría se le dificulta articular qué es el matrimonio y de qué se trata. Es una expresión vital, una vida compartida, una relación comprometida. Aunque también es una iniciación en un nuevo estado vital. Los matrimonios enfrentan altibajos porque las parejas los consideran un estado, el estado marital, y no un pasaje. El matrimonio puede ser difícil porque a cada uno se nos exige ser un tipo de persona muy distinto del que éramos antes de casarnos. Se nos pide pensar distinto sobre la vida, ya no en términos de "yo" sino de "nosotros". El transcurso del "yo" al "nosotros" es épico, un cambio fundamental en la realidad individual.

El cambio, del "yo" al "nosotros" puede tomar mucho tiempo. Los desafíos son vastos, con muchas incógnitas. Existe la necesidad de ser fiel a uno mismo y, al mismo tiempo, ser francos con los demás. También el reto de ceder de forma parcial frente a la visión y modo de vida de la otra persona. Es un hecho conocido que un matrimonio es rara vez la unión de dos seres iguales. Casi siempre se trata de una unión con diferencias fundamentales. Con razón a veces a una pareja le toma décadas transformarse lo suficiente para habitar el estado marital a fondo.

Muchos se estancan en tierra de nadie, en donde están medio casados y medio no. Experimentan un estado doloroso: están casados, pero no quieren estar casados o están casados con una persona, pero desearían estarlo con alguien más.

Si una persona casada vive intentando suprimir su deseo de no estarlo, entonces puede ser que el matrimonio nunca sea por completo satisfactorio y que dicha persona nunca acepte el matrimonio. Así tenemos una condición como la que describo, en la que una persona no acepta del todo la vida que se le ha otorgado. Se resiste a la vida y por tanto no madura. El tiempo transcurre, pero la vida de esa persona no profundiza. Permanece estancada en un sitio vacío en donde el tiempo no tiene la tracción de la madurez. En ese caso, el matrimonio no es una empresa que *haga* alma.

He visto muchos ejemplos de matrimonios estancados. Por ejemplo, una mujer de nombre Joanie se casó con un hombre que le agradaba, mas no amaba, y tuvieron un hijo. Me contó que ella sabía que se había casado con él para tener seguridad y una vida cómoda. Ella provenía de una familia que no era solvente y la seguridad y la comodidad le eran imprescindibles. Ella y su esposo eran amigos y le pareció que podía vivir sin amor, sentía que en muchos casos no era un sentimiento tan real. No obstante, con el paso del tiempo descubrió que su matrimonio cada vez se sentía más vacío. Se había equivocado: incluso para ella el amor era esencial.

El amor es una de las experiencias primordiales que permiten madurar, sentir que la vida marcha e importa. Cuando acudió a verme, Joanie era muy infeliz. Sentía una distancia emocional en su matrimonio y se estaba dando cuenta de que el amor es importante. No quería divorciarse porque sería un fracaso serio. Nadie en su familia se había divorciado y no quería herir a su hijo. Estaba en un callejón sin salida que aflige a tantas personas, un punto en donde se sienten estancados e incapaces de tomar una buena decisión.

Cuando me enfrento con un punto muerto en una relación, algo que veo con frecuencia en terapia, intento no entrar en el juego de la persona de considerar una solución tras otra. Este enfoque hace que el *impasse* sea más palpable y exasperante. En cambio, exploro las historias vitales de la persona, del matrimonio, sus temores, deseos, sueños y esperanzas.

En general mi enfoque en la terapia consta de cinco elementos principales:

1. Historia: escuchar con atención las historias vitales.
2. Sueños: rastrear sueños para ver el alma y la cronología.
3. Perspectiva: expresar tu opinión, por ejemplo, no juzgar cuando el paciente se juzgue a sí mismo.
4. Enfrentar a los demonios: confronta tus propios problemas.
5. Espiritualidad: mantente receptivo a preguntas fundamentales y de misterio: la dimensión espiritual.

La finalidad de la terapia no es encontrar una solución racional y lógica a un problema, sino explorarlo de distintas maneras para, con el tiempo, llegar a un nuevo punto de vista y, tras la intensa reflexión, surja una solución.

La terapia puede contribuir con el proceso del envejecimiento al permitir a una persona reconectar con la vida y superar los callejones sin salida. Por ejemplo, un hombre y una mujer pueden tener un matrimonio real o divorciarse. Otros aspectos de la vida requieren acciones similares, como renunciar a un trabajo o carrera que ya tenemos superado o mudarse a otro lugar.

He descubierto que, en la superficie, la gente dice querer cambiar, como el caso del divorcio de Joanie. Como el cambio es aterrador, inventan razones excelentes para no hacerlo. A veces el razonamiento es tan sencillo y convincente que tardo en darme cuenta de lo que sucede. Lo retrasan y defienden con toda la inteligencia que pueden exhibir. Quieren cambiar, pero al mismo tiempo les aterra.

Joanie decidió que su única salida era el divorcio y aunque le tomó mucho tiempo el proceso de separación, con el

tiempo se encontró soltera y con una vida nueva y promete-
dora por delante a la que se sentía conectada. Esto tras años
de dificultades e infelicidad. Esos años fueron productivos internamente, al menos hacia el final, y ahora vivía su existencia al máximo y se sentía satisfecha. Volvió al camino de la
madurez. Una vez más el tiempo y la vitalidad confluyeron.

El pasaje hacia la vejez

Otro pasaje que deberíamos considerar es la primera muestra
no del envejecimiento, sino de la vejez. Una cosa es envejecer
en distintos puntos de tu vida y otra es acercarse a la vejez.
Para mí cumplir setenta años fue una iniciación real en la vejez. Empecé a verme distinto, en parte por cómo me trataban
los demás. Comenzaron a relacionarse conmigo como si fuera un anciano. Por dentro no me sentía viejo, pero tuve que
ajustarme a un mundo que quería que lo fuera.

Después me tomó por lo menos cinco años acostum-
brarme a ser una persona mayor. Todavía no he logrado esto
por completo porque creo que soy un joven de setenta y seis
años. Pero sé que es hora de adoptar otro papel en la vida, incluso si hago lo posible para mantener mi juventud. En otras
palabras, aún me siento joven pero estoy dispuesto a ser una
persona mayor en la sociedad. No quiero ser viejo en mi matrimonio, ahí no me siento de mi edad. El viejo surge más en
la vida pública, en donde la gente suele responder de forma
convencional.

En todo caso llegar a la vejez, cuando sucede, es un rito
de iniciación tan importante como uno de los primeros cambios en la identidad. Exige reacomodar tu pensamiento, comportamiento y adoptar el papel de una persona realmente

mayor. Quizá recordarás a personas mayores que conociste, algunas de edad avanzada, y ahora te encuentras en ese mismo momento.

Hace poco estaba viendo una película con mi esposa, apareció una mujer que se veía bastante mayor a la que trataban como una anciana. Era el punto de la historia. Después alguien mencionó su edad; era la mía. Me tomó varios segundos procesarlo. Aunque no tenía su aspecto y estilo, sí tuve que hacer las paces con la vejez nuevamente.

No se transita un pasaje una sola vez. Se tienen varias experiencias que aturden brevemente, que motivan a repensar la vida e identidad, a estar en el mundo de otro modo. Cada momento de pasaje implica un ligero movimiento, obliga a caer en la cuenta de algo nuevo. Cada momento, sin importar lo insignificante que parezca, envejece adecuadamente. Tu labor es aceptar el paso del tiempo y el destino y, al mismo tiempo, disfrutar esa juventud que albergas, que no se deja superar por la vejez. No puedes tener dicha juventud si te niegas al paso del tiempo. La juventud interior y el envejecimiento literal son dos caras de una misma moneda, una cosa respalda a la otra.

Los pasajes no siempre son sencillos. Tal vez decidas que es demasiado para ti y te conformes con estancarte en una fase cómoda. En mi profesión conozco a muchos escritores quienes, desde mi punto de vista, no están listos. Quieren el éxito inmediato y parecen desesperados por que se reconozca y alabe su obra. Me piden ayuda, pero sé que no están dispuestos a escuchar si les digo que es preciso que maduren como escritores. No sucede de forma automática. Hay que hacer el trabajo, vivir ciertas iniciaciones y crecer personalmente. Sí, pueden ser exitosos. Algunos escritores inmaduros ganan la lotería. Sin embargo, tal vez nunca disfruten la alegría y satisfacción que brinda el buen trabajo creativo. Por supuesto no puedo aconsejarles que "maduren", aunque me gustaría.

Padecer un altibajo que mine tu progreso, una etapa incómoda que exija un cambio parece esencial para todos a medida que envejecemos. Puede ser difícil ver el crecimiento que se lleva a cabo en una situación adversa. Una filosofía personal del envejecimiento, un enfoque que has reflexionado y para el que te has preparado, te pueden ayudar a ver las ventajas de los desafíos difíciles. Te pueden ayudar a entender la vida como una mezcla de dolor y placer, buenos y malos momentos, para que no te sumes en la desesperación cuando la vida te obligue a adaptarte. El envejecimiento real comienza cuando aceptas el reto y te atreves a superar otro pasaje más.

SEGUNDA PARTE

CONVERTIRSE EN UNA PERSONA MÁS SABIA CON LA EDAD

Los límites del alma no lograrías encontrarlos, aun recorriendo en tu marcha todos los caminos: tan honda es su razón.[1]

HERÁCLITO

4. Melancolía: un camino a la felicidad

Permanecemos como huellas, persistimos en nuestra ligereza como las líneas apenas visibles en una serigrafía china, capas microscópicas de pigmento y carbón que aún pueden retratar las profundidades sustanciales de un rostro. Persistimos no más que una melodía breve, una composición única de notas disonantes, mas haciendo eco mucho después de haber partido. Ésta es la ligereza de nuestra realidad estética, esta imagen vieja y muy querida que persiste.

James Hillman[1]

Así que te entristece envejecer. Te acercas al final de la vida. Tu cuerpo ya no es igual de fuerte y flexible. Tus amigos están muriendo y te preocupa tu salud. Te falla la memoria. ¿Qué te podría gustar de este aspecto de la vejez? La melancolía es un estado de ánimo igual de natural que la nostalgia y la alegría, y si no puedes aprender a apreciarla es probable que tampoco reconozcas la felicidad cuando la experimentes.

La tristeza es un componente natural del envejecimiento. No tienes que medicarte ni esforzarte por inducir una felicidad artificial para superarla. De hecho, si aceptas esta tristeza existencial y natural puede que no resulte agobiante, sino que sea un estado de ánimo como tantos más. Cuando aceptas las emociones y estados de ánimo que te asaltan, te puedes sentir más vivo, menos a la defensiva y más presente.

Recomiendo que evites denominar esta tristeza, tan adecuada y natural, como *depresión*. La palabra *depresión* es un concepto clínico que hoy en día exige de forma automática una respuesta alópata, en general una pastilla. O peor, te conduce a pensar que tu melancolía por los años que pasan es una enfermedad, algo que se debe curar.

Hay alternativas para no emplear esta palabra. Una de ellas es ser claro a la hora de definir tus emociones. Si estás triste, llámala tristeza. Si te sientes nostálgico, llámala nostalgia. Si estás enojado, demuéstralo en tu tono de voz y exprésalo con claridad. Resolveríamos muchos problemas emocionales si dijéramos con claridad qué sentimos.

La otra alternativa es emplear el concepto mucho más antiguo que ya no se utiliza mucho: melancolía. La melancolía no es clínica. No acudes a un médico o farmacéutico cuando te aqueja. No existen letreros que enlisten las señales de advertencia para detectarla. Puede ser un tipo de tristeza amarga y una pérdida de vitalidad, pero no es una enfermedad.

Existe una tradición centenaria que vincula el envejecimiento con la melancolía. La palabra tiene raíces medievales: *melanis* quiere decir negro y *choly* es uno de los humores clásicos o rasgos de la personalidad. Los escritores de esta época denominan la melancolía *bilis negra*. No es agradable, pero sí natural.

El mal humor de la melancolía no es una enfermedad, sino un estado, un rasgo de la personalidad o estado de ánimo creado por la situación. También puede ser resultado de cierto estilo de vida. Marsilio Ficino, el sabio renacentista cuya obra consulto con frecuencia, escribió un libro de tres tomos titulado *De vita* o *Sobre la vida*. El primer volumen, *De vita sana* (Sobre la vida sana), brinda consejos para hacerle frente a la bilis negra. Sugiere muchos alimentos y buena música, así como "contemplar aguas de manantial y objetos verdes o rojos. Recomiendo caminar por jardines, arboledas, ríos y prados hermosos. También sugiero cabalgar, hacer alpinismo, navegar, así como una variedad de otras actividades: tareas agradables, trabajo diverso y despreocupado y la compañía constante de personas agradables".

Las actividades sencillas y ordinarias tienen la capacidad de mejorar tu salud y aliviar la bilis negra de melancolía que padecen muchas personas mayores. Camina en el bosque, busca un lago o río y no pases mucho tiempo con personas negativas. Hoy hemos perdido la sabiduría de un doctor renacentista como Ficino. No nos damos cuenta de lo importante que es depender de la naturaleza para mejorar nuestra salud y estado de ánimo, reflexionar qué tipo de gente nos rodea y entender la importancia de los valores y los árboles. Por cierto, cuando Ficino sugiere caminar cerca de agua de manantial, los minerales son importantes. No basta con cualquier agua. Planea tu caminata en consecuencia.

Si el transcurso de los años te entristece, no deberías reprimir ese sentimiento. Compártelo con alguien. Después llena tu vida de experiencias inspiradoras que contrarresten la melancolía. Si padeces depresión clínica, recomiendo llegar a la raíz de la depresión. Pero si se trata de melancolía, está bien buscar consuelo y ánimo en experiencias positivas en la naturaleza y entre personas amigables.

Como la melancolía es algo natural, incluso si se trata de un rasgo de tu personalidad, puedes dejarla fluir. Cuando no la reprimes conservas sus fronteras y límites naturales. Si sucumbes a ella, se convierte en un problema. La idea es aceptar la tristeza como una emoción entre tantas otras. No debe dominar ni volverse la norma emocional en tu vida. Considera que se vincula con los demás acontecimientos y así la mantendrás a raya.

Mi amigo Hillman siempre expresaba su ira cuando hacía falta. Al ver un retrato suyo es probable identificarla, incluso si está sonriendo. En su forma de sentarse se nota que está listo para pelear. En mi caso yo expreso mi tristeza. Tengo una vena melancólica. No interfiere con mi felicidad ni sentido del humor, pero está presente, alimenta mi imaginación del mismo modo que la ira alimentaba la de Hillman.

Hace poco vi una foto mía y al principio me sorprendió. Me llamó la atención la mirada triste. A veces me pregunto si se debe a que a los cuatro años casi muero en un accidente en barco.

Nos parecemos a las vacas, rumiamos los recuerdos del pasado, intentamos comprenderlos y hacer las paces con ellos. Hace poco le dije a mi esposa: "No hay una sola semana que no recuerde cuando casi muero en ese lago y que mi abuelo sacrificó su vida para rescatarme". Es cierto, recuerdo mucho lo que sucedió a mis cuatro años y me pregunto cuál es su significado. Me pregunto si es el motivo del miedo que a veces siento. Sin duda me afecta cuando quiero remar tranquilamente en un lago o nadar de forma relajada. Cuando nado en —lo que creo— un estilo relajado, quienes me observan deben percibir mi pánico.

Aunque también me pregunto qué me dejó esa experiencia peligrosa y aterradora. A veces creo que determinó el rumbo de una vida dedicada al estudio y la reflexión. La cercanía con la muerte te puede empujar a centrarte. También es similar a la experiencia de los chamanes quienes, con frecuencia, tras una enfermedad o una herida, se convierten en líderes espirituales. No sugiero que yo sea un chamán, salvo en el sentido de que todos tenemos el potencial de un chamán para percibir los misterios de la vida.

Mi abuelo paterno me llevaba a un lago pequeño para pescar en un pequeño bote de remos. Una vez nos aventuramos a un lago más grande y nos tocó un vendaval que volcó el bote. Mi abuelo hizo todo lo posible por evitar que me ahogara en el oleaje; desesperado, me detuvo en el fondo invertido del bote volteado. Se ahogó y a mí me rescataron a tiempo. Sin duda en esta época él no inspiraría simpatía, no era políticamente correcto y tenía un fuerte lado femenino. Era un hombre tosco pero sensible, muy bueno. Y sacrificó su vida por mí. ¿Qué hay de su capacidad para ser generoso? Tal vez ese día aprendí a no juzgar a todos los hombres por ser miembros del tan difamado patriarcado, sino defender a los hombres negándome a achacarles todos los males sociales por su condición de hombres.

El accidente también me acercó a la muerte. Tenía cuatro años y recuperé la conciencia recostado en una cama enorme arropado con sábanas y cobijas apretadas. Escuché que alguien mencionó a un director de funeraria y naturalmente asumí que estaba muerto. No me podía mover debido a lo constreñido de las sábanas; las voces en la habitación eran silenciosas y sombrías. Era como uno de esos niños sobre quienes escriben los antropólogos, aquellos que en ritos de iniciación entierran debajo de las hojas y cuya muerte lamentan, para después emerger y asumir un nuevo papel en la comunidad. Mi iniciación a los cuatro años me preparó para una vida dedicada al espíritu.

Este accidente a tan temprana edad me obligó a madurar. Luego de éste dejé de ser como los otros niños en mi familia. Por supuesto que conservé cierto toque infantil en mi carácter e identidad, pero creo que mi acercamiento a la muerte me brindó una seriedad que no era frecuente. Nueve años después, salí de casa con la idea de convertirme en sacerdote.

No creo que nunca llegue a una conclusión sobre el significado y las implicaciones del accidente, pero reflexionar sobre él durante setenta años ha sido parte importante de mi envejecimiento, de alcanzar mi plenitud como individuo. El relato del accidente es un fragmento de la materia prima que la vida me ha dado en el curso de siete décadas de experiencia. Destaca como un episodio importante. Pienso en él a menudo y me pregunto de qué formas me afectó. Esa sola pregunta constituye el trabajo que dedico a mi alma, mi forma de procesar la vida.

También me pregunto si mi tristeza sutil, aunque constante, es un residuo de la nostalgia severa que sentí cuando salí de casa a los trece años para acudir a un seminario. ¿O es simplemente mi disposición? Sin importar sus orígenes, la melancolía me funciona. Me mantiene en un estado tranquilo que me agrada. Si la rechazo o me esfuerzo demasiado por controlarla, creo que perdería mi pasión y alegría. La melancolía es el camino a la felicidad.

El poeta Wallace Stevens escribió: "La muerte de un dios es la muerte de todos". Creo que este sabio precepto también es pertinente para las emociones. Si eliminas tu tristeza, tu vida emocional lo resentirá. Las emociones son parte de un paquete, no puedes elegir la que más te agrade y rechazar el resto.

Nacido bajo Saturno

En la literatura del Renacimiento temprano se decía que la bilis negra tenía sus beneficios. Debemos recordar que, según la naturaleza de las cosas, el negro es bello. Primero te otorga seriedad, dignidad. Muchas personas no sienten la seriedad de su vida. Se toman la vida con ligereza. La melancolía te obliga a reflexionar. Una imagen tradicional de la bilis negra, con frecuencia denominada el humor saturnino, es el de un hombre que recarga su cabeza en las manos. *El pensador* de Rodin es un ejemplo célebre. Este gesto, una especie de postura *mudra*, espiritual y expresiva, muestra lo que la persona que padece melancolía debe hacer. Debe tomarse tiempo para reflexionar sobre la vida y así adquirir seriedad.

La melancolía ayuda a que el espíritu saturnino, necesario para una buena vida, se impregne poco a poco en la personalidad, las actitudes y las acciones. Tal vez empezarás a sentir tu propia autoridad, en vez de permitir que los demás decidan sobre tu vida. Confía en tu conocimiento, intuición y experiencia cada vez más mientras te haces cargo de tu vida. En *El libro de la vida* Ficino dice que los antiguos tallaban imágenes de Saturno en zafiro, lo retrataban como a un anciano sentado en un trono o un dragón vestido con un manto oscuro y la cabeza cubierta con un paño de lino también oscuro, levantando las manos sobre la cabeza y sosteniendo una hoz o peces.

Aquí tenemos algunas pistas sobre la melancolía. Nos puede poner en el trono de nuestra vida, al mando, en vez de sufrirlas de forma pasiva. El anciano lleva la cabeza cubierta con un paño. En el Renacimiento se animaba a las personas a mantenerse en interiores y usar sombreros de ala ancha para no exponerse a la emocional luz solar. Saturno es un planeta distante, lo cual sugiere silencio y lejanía. De seguir los consejos de Ficino cuando sintamos la melancolía de la vejez, podríamos cubrirnos la cabeza de algún modo, encontrar lugares de retiro del mundo y asumir mayor autoridad sobre nuestra vida.

Aunque en ocasiones esta pesadez puede ser agobiante y hay que contrarrestarla. Ficino recomienda ponernos ropa blanca, escuchar música animada y pasar mucho tiempo al aire libre. Considero que podríamos hacer las dos cosas al mismo tiempo: aceptar la melancolía, tomarle gusto, y también encontrar formas de atemperarla con actividades más animadas y atractivas.

Siento la melancolía debido a la edad casi a diario. Desearía poder vivir eternamente. No me gusta la idea de la muerte para nada. Me obliga a ajustarla de algún modo y no me gusta. La vida puede ser difícil, pero es hermosa. De cualquier forma, ¿tenemos otra alternativa? Para hacerla todavía más frustrante, no sabemos nada sobre la muerte. Nos queda esperar que haya vida después de la muerte. Muchas personas inteligentes dirían que la vida después de la muerte es una ilusión para consolarnos.

Es célebre esta frase de Woody Allen: "No me da miedo la muerte, pero no quiero estar presente cuando suceda". Siento exactamente lo mismo, aunque lo extendería a la senectud. La valoro en teoría, pero no tengo paciencia para ella.

En una ocasión Hillman me vio a los ojos y me dijo, como si me estuviera retando: "Soy materialista con respecto a la muerte. Creo que es el fin". Éramos amigos muy cercanos, pero nunca le gustó el monje que llevo dentro. Me dio la impresión de que le hablaba a él cuando anunció su materialismo, al hombre que había dedicado buena parte de su vida a oponerse al estilo de vida materialista.

Hay buenos motivos para ser melancólico a medida que se va envejeciendo. Mi esposa me cuenta que ella se siente melancólica por las noches y esta sensación es parte de su envejecimiento. Somos opuestos en casi todo, así que yo me siento melancólico por la mañana, cuando me pregunto cuántas mañanas me quedan. La melancolía es individual y no hay reglas al respecto.

En mi caso la siento, como ya confesé, cuando veo a hombres que tienen una melena tupida de color natural. Recuerdo haber tenido pelo así, grueso, oscuro y sedoso. Se trata de una sensación pasajera, pero es suficiente para ponerme melancólico. Desearía tener mi juventud, mi pelo castaño, mañanas eternas.

Al buscar una forma de deshacerme de esta melancolía molesta, me doy cuenta de que debo asumirla. No desaparecerá. Es parte de envejecer y no hay una alternativa mejor. Debo sentir la melancolía, dejar que me impregne, que me transforme en una persona mayor y genuina que no intenta hacer lo contrario. La edad triunfa. Es imposible ganarle. Deja que fluya. Asume tu edad con indolencia. Sin pretextos, sin negación, sin trampas.

Impartí un taller durante el fin de semana y una mujer mayor sentada en la primera fila, quien demostró su vitalidad y su mente alegre, afirmó: "Envejecer no es para los débiles". Su queja principal fue que ha perdido a la mayoría de sus amigos cercanos y lo seguirá haciendo a medida que siga envejeciendo. Cuando lo afirmó con sentimiento recordé a mi padre a sus cien años hablando de todos los amigos que tenía y que habían partido antes que él. Es triste.

No obstante, la otra cara de esta triste realidad es que estás vivo. Cuentas con el regalo de la vejez. Tienes nuevos amigos y oportunidades para vivir experiencias que tus amigos fallecidos no tuvieron. Aún hay motivos para alegrarse. También puedes encontrar placer al estar en armonía con tu destino, con los años que el universo te ha otorgado. No hace falta caer en la tristeza y regodearte en ella.

En todo sentido, y no sólo en lo que se refiere a la vejez,

ser tal quien eres, con tu personalidad, historia, capacidades, debilidades, conocimiento e ignorancia, es clave para vivir sin neurosis intensas. La mayoría de las personas encuentran formas sutiles de subestimar su naturaleza y experiencias. Las ocultan, dicen mentiras piadosas sobre ellos, fingen ser alguien más y se esconden tras el sentido del humor. No hace falta hacerlo, una buena forma de gestionar la melancolía de la vejez es permitiendo que la gente te vea.

Hay un dicho en la filosofía: existir es ser percibido. Para ser dueño de tu ser, vida y vitalidad, es preciso ser visto. Cuando te dejas ver tal cual eres, eres dueño de tu ser. Tu ser te otorga existencia. Sientes tu vida, tu presencia. Cuando te ocultas por vergüenza, no estás presente, ni siquiera para ti. Estás disminuido.

De modo que una buena estrategia para envejecer es ser visto. Haz pública tu edad. No te escondas. No pongas pretextos. Permite que los demás te vean por quien eres, incluso si tu pelo castaño oscuro ahora es cano.

Hace un par de años un grupo considerable de gente se amontonó en un sótano de nuestra pequeña biblioteca pública para escuchar una ponencia del poeta Donald Hall. Estaba en sus ochenta y mientras lo escuchaba y me percataba de lo importante que era su presencia para la gente, reconsideré una decisión que había tomado de no participar en la vida pública cuando cumpliera ochenta. Tenía planeado ocultar mi edad y no parecer débil ni enfermizo. Pero la generosa presencia de Donald Hall en esa situación me alentó a imaginarme haciendo mis cosas: dictando conferencias e impartiendo clases hasta que pudiera. ¿Por qué no ser visto a los ochenta?

En estos días se habla mucho sobre la importancia de la mirada, de cómo necesitamos ver todos los detalles de este mundo con intensidad. Sin embargo, también debemos ser vistos. Debemos ser el objeto de dicha mirada. En este proceso de convertirnos en personas reales, necesitamos a los demás. Es un proceso comunitario. Y necesitamos que la comunidad nos vea por lo que somos, en todo nuestro esplendor y con todas nuestras imperfecciones.

También deja que tu estado de ánimo melancólico sea visible. Te puede brindar una existencia y presencia más plenas. Sin él tu presencia sólo es parcial porque la melancolía es parte de quien eres. No nos inventamos a nosotros mismos. Somos inventados. Debemos mostrar en quiénes nos hemos convertido, no quienes queremos ser. Y al mostrarnos, nos convertimos en quienes somos.

La melancolía debe ser sombría

Cuando dices que estás melancólico, es posible que te invadan otros pensamientos cómplices: *Debería estar alegre. Qué me pasa. No le voy a caer bien a nadie.* Tendemos a tratar la melancolía como una patología, creemos que es un problema y no un estado de ánimo legítimo. No obstante, sospecha de quienes siempre están alegres. Nadie tiene una razón legítima para estar feliz constantemente. De hecho, en mi opinión, la felicidad constante e impenetrable es un trastorno emocional.

Con la melancolía descubrirás cosas sobre ti mismo o el mundo que no son visibles en un entorno festivo. El tono sombrío puede ayudarte a advertir que tienes que cambiar algunas cosas, que no eres feliz en tu situación actual, que ciertas relaciones no son buenas para ti y que tu creatividad está inactiva. El estado de ánimo triste es como un filtro que te permite ver las cosas que el sol oculta y esa conciencia puede ser útil. Le puedes sacar provecho a la melancolía.

El *Tao Te Ching* dice: "La felicidad nace de la miseria". Se podría decir que la alegría nace de la melancolía. No sólo los dos estados de ánimo exigen ser parte de la vida de cualquiera, la melancolía es la madre de la felicidad, su raíz y origen. Si puedes darle su lugar, tienes mayores posibilidades de ser realmente feliz.

Permíteme explicarlo con más detalle. Lo que algunos llaman felicidad se reduce a un esfuerzo por evitar la tristeza. O en términos un poco más psicológicos, en ocasiones la felicidad puede ser una defensa contra la infelicidad. No queremos ser infelices ni mostrar tristeza, así que nos ponemos una máscara alegre que no es real o que por lo menos no es profunda. Esta felicidad impostada no es satisfactoria; aunque se sienta mejor, es transitoria.

El pasaje taoísta continúa con otra reflexión que es pertinente para nuestros fines:

> Aquel que es sabio es astuto mas no mordaz,
> incisivo mas no lacerante,
> directo mas no descontrolado,
> brillante mas no cegador.

Podríamos añadir: "melancólico mas no deprimido".

Con frecuencia, cuando expresas tu estado de ánimo, éste no es tan pronunciado como cuando intentas ocultarlo. El *Tao Te Ching* sugiere expresar el estado de ánimo, pero sin exagerar. Es una técnica sutil e interesante para expresar tus emociones sin darles demasiado protagonismo. Es yang y yin: expresión moderada de tus sentimientos reales.

El primer paso para hacerle frente a la melancolía puede ser caer en la cuenta de que no hace falta combatirla ni curarla. Puedes expresarla frente a los demás y aceptarla. También puedes diseñar tu vida en torno a ella, en vez de utilizar tus decisiones de vida para mantener un falso sentido de alegría. Puedes rechazar invitaciones a fiestas o reuniones, y convertirte en una persona solitaria, al menos de manera temporal. No quiero decir que deberías rodearte de melancolía y convertirte en misántropo. Me refiero a reconocer la melancolía hasta que forme parte de tu vida. Quizá sea necesario que la trabajes un tiempo.

Escribir sobre mi melancolía en este libro es una estrategia terapéutica. Como mencioné anteriormente, tengo una tristeza perdurable, misteriosa y compleja. Me da la impresión de que puedo escribir sobre el envejecimiento en un tono positivo y al mismo tiempo confesar que me parece triste. También me parece creativo y satisfactorio. Cuando abordamos nuestras emociones, las tenemos en mente. Puedo reconocer el dolor de envejecer y al mismo tiempo sentir una felicidad general por convertirme en una persona real, un aspecto esencial de la madurez. Cuando digo que hay que envejecer con alma me refiero a que uno envejece con una rica variedad de emociones que a veces se contradicen. Una persona expresiva puede albergar diversas emociones sin sentirse agobiada. Es un arte esencial, una habilidad imprescindible.

Recuerda el fragmento del *Tao Te Ching*: el sabio, tú, haciendo tu mejor esfuerzo, es incisivo mas no lacerante. Lacerante sería ir demasiado lejos, pero no reacciones con debilidad. Sé incisivo. Es similar con la melancolía. Puedes estar triste de forma natural y tolerante sin estar deprimido e ir esparciendo tu depresión por todas partes. No es fácil convivir con una persona deprimida, pero un melancólico puede ser reconfortante.

He tenido dos o tres amigos con altibajos emocionales, algunos días están alegres y otros melancólicos. Me gustaban los dos estados de ánimo, pero prefería la melancolía serena. Parecía haber más espacio para la amistad en momentos de tristeza que durante la alegría extrovertida. Esto no quiere decir que la tristeza sea mejor que la alegría, sino que hay que valorar cuando no estamos "animados" siempre.

Otra enseñanza del *Tao Te Ching* es seguir la dirección del estado de ánimo apremiante, ya sea tristeza, ira o deseo, pero no llevarlo al extremo. Cuando honras el estado de ánimo que te aqueja, expresándolo y permitiéndole estar presente, puedes adaptar tu vida en consecuencia, al menos moderadamente. Si estás molesto, permite que la ira se note en tu tono de voz, sólo no dejes que se salga de control.

Puedes tomar el ejemplo de Ficino y vestirte en armonía con la melancolía: ropa oscura, sombrero, bufanda y velos taciturnos. Camina solo, escucha música contemplativa y ten a la mano una buena fotografía en blanco y negro de la naturaleza. Duerme más tiempo, demora tus movimientos y habla menos. Estas actividades te ayudarán a estar en armonía con tu estado de ánimo melancólico. Lo respetan sin sucumbir completamente a él.

El arte de la melancolía

A la mayoría no nos gusta la idea de envejecer. Anhelamos el pasado y los cuerpos que alguna vez tuvimos, extrañamos a amigos, amantes, familiares y colegas de trabajo. La tristeza que sentimos es natural y comprensible. También es incurable. Es parte de la experiencia vital.

El magnífico golfista Arnold Palmer participó en su último torneo másters en 2004. Afirmó: "Fue una semana difícil, terminar mi carrera como jugador profesional aquí, sabiendo que ya no voy a seguir compitiendo para ganar. Sí, envejecer es horrible".[2]

Sin embargo, no tiene por qué derrotarnos. Podemos hacer algo al respecto. No hay que aceptarlo tal cual es y rendirse. Nunca tienes que rendirte por completo ante un sentimiento. Gestionar las emociones es un arte. De hecho, el arte puede ayudarte.

De algún modo Arnie fue igual de eficiente en su retiro como en su carrera. Llevó el golf a un nivel de distinción muy alto y fue mentor de jóvenes jugadores que no lo conocieron en la cima de su carrera.

Podrías aprender de la música y la pintura melancólica. Si te sientes triste, escucha el *Adagio para cuerdas* de Samuel Barber o el *Aria para la cuerda de sol* de Johann Sebastian Bach o las diversas canciones melancólicas country. Una canción que me conmueve debido a su tristeza y romanticismo es "Wonderful Tonight" de Eric Clapton. "September Song" de Willie Nelson es otra melodía popular que vincula la melancolía con el amor, así como "Suzanne" de Leonard Cohen. No obstante, la música es personal y tienes que encontrar las canciones o piezas que te acompañen en tu tristeza sin contradecirla.

Las artes visuales también tienen la capacidad de transportar tus emociones al ámbito de la imaginación, en donde son menos problemáticas. La imagen le resta cierta potencia al sentimiento, le da forma e incluso le otorga algo de sentido. Los sentimientos verdaderamente difíciles son los que nos asaltan con fuerza y sin razón. Una imagen no explica la emoción, pero la cubre con un velo comprensible y cercano.

Un ejemplo visual es la película *El show de Truman*, sobre un hombre cuya vida entera es parte de un *reality*. Él no sabe que millones de personas siguen todos sus movimientos en la televisión. Todo en su vida está arreglado y los personajes que conoce siguen un guion. Al final descubre una puerta que conduce al cielo, por medio de la cual puede escapar y al fin vivir su propia vida.

Esta película podría ayudar a muchas personas a descubrir su propia vida y dejar de vivir según los estándares que la sociedad aprueba y respalda. Incluso podría hacerles ver la importancia de ser uno mismo y la sensación de soledad que invade a la gente cuando sigue al rebaño. Algunas películas te pueden ayudar a ver patrones importantes que suelen ser invisibles y que interfieren con la alegría de la vida.

Vivimos con el arte visual durante años y a veces toda una vida. Respiramos sus enseñanzas y conocimientos. Por eso escuchamos una canción o pieza una y otra vez, para que se nos meta a la cabeza y haga su labor. Cuando te sientas triste, el arte puede materializar tu sentimiento con una imagen y hacerlo digerible, elevarlo incluso. El arte alivia sentimientos intensos al ponerlos en perspectiva, sin reprimirlos.

Es todavía mejor crear tu propio arte o componer y tocar música. Tan sólo cantar puede aliviar tu pesadumbre. Dale rienda suelta a tu voz para improvisar una canción. Esta forma de cantar es curativa. A medida que vas expulsando tus emociones conflictivas poco a poco y se materializan en una pintura, una canción o un poema, sentirás cierto alivio. Podrás verla y escucharla sin sentirte obligado a llevarla dentro. El arte puede lograr que el sentimiento sea tolerable y con el tiempo incluso creativo.

El envejecimiento te aparta de una vida activa y te obliga a adoptar una vida más contemplativa y expresiva. La melancolía no sólo es tristeza, implica cualidades serenas y contemplativas que pueden ser útiles e incluso necesarias. Cuando te asalte la melancolía retírate de tu vida activa para contemplar y sentir cosas. En esta época es difícil tener la ligereza de espíritu necesaria para mantenerte al día con la turbulencia de la vida.

La melancolía y la genialidad

El historiador del arte Erwin Panofsky exploró la idea de la melancolía en el arte de la Edad Media al Renacimiento. Trazó el movimiento del momento en que se entendía como una enfermedad hasta cuando se reconoció como una señal de genio artístico. Se puede llegar a una conclusión similar mediante el sentido común. Piensa en personas que conozcas que siempre estén alegres. Tal vez percibas en ellos una falta de madurez. Tal vez no reconocen los retos difíciles de la vida o que algunas veces tiene sentido sentirse miserables.

Si puedes aceptar la melancolía como parte de tu experiencia sin sucumbir a ella por completo, puedes ser una persona reflexiva que tiene algo que decir. Y ésta es la base del arte de vivir. Debes haber reflexionado sobre la vida, incluido su lado negativo, antes de empezar a construir una vida sutil y sabia. Esta regla es también pertinente para el envejecimiento. Tu genialidad emergerá cuando dejes de intentar ser entusiasta en todo momento y empieces a apreciar las dificultades de una vida bien vivida.

Junto con el entusiasmo excesivo, el sentimentalismo también puede obstaculizar el envejecimiento inteligente. Al poner la juventud en un altar, le das demasiada importancia y olvidas que también tiene sus dificultades. Cuando hablo de mi cabello castaño y frondoso corro el riesgo de sonar sensiblero. Si exagero, puedo pasar por alto la belleza del envejecimiento. La única posibilidad radica en aceptar las necesidades melancólicas de una vida generosa y seguir adelante como una persona transformada que está familiarizada con la tristeza.

Esta frase conmovedora del *Mesías* de Handel, que a su vez proviene de Isaías y se refiere a Jesús, lo explica: "Fue despreciado por los hombres; un varón acostumbrado a sufrir". Quienes están habituados al dolor resucitan y viven una vida alegre. Su familiaridad con el dolor les dará una apariencia más confiable e incluso más atractiva.

Al final te encuentras con una paradoja. Aceptar la melancolía, sin permitirle que se convierta en depresión, es una estrategia efectiva para tener una vejez alegre. Aceptar no es regodearse en ella ni eludirla. La expresas sin glorificarla ni idealizarla. La dejas fluir sin preocuparte de forma excesiva por ella. Sin duda no haces esfuerzos heroicos por mantenerla a distancia.

Es triste envejecer, desde luego, y tal vez te acompañen punzadas de melancolía a medida que vas envejeciendo. Quizá te duela, te haga más lento y disminuya tu alegría. Pero también puede hacer más profunda tu vida, brindarte perspectiva y aguzar tu comprensión de las cosas. Es uno de esos regalos agridulces tan frecuentes y a los que tenemos que acostumbrarnos mientras aprendemos en qué consiste ser humano.

5. Procesar las experiencias vitales

Sí, olvidar puede ser una maldición, sobre todo a medida que envejecemos. Sin embargo, olvidar también es una de las cosas más importantes que realiza un cerebro sano, casi igual de importante que recordar.

MICHAEL POLLAN[1]

Estoy con un paciente, un hombre de sesenta y cinco años que también es terapeuta. Me impresiona lo bien que entiende la naturaleza humana y la ausencia de conflictos en su vida en este momento. Parece haber resuelto muchos problemas de su pasado y se le nota cómodo consigo mismo. Tiene muchos amigos cercanos y le interesan la ciencia, las artes y la vida espiritual. A medida que lo escucho hablar sobre su papel en su familia —por supuesto, sus hijos son adultos y están casados—, admiro la tranquilidad de su alma y la riqueza de su vida. Me gustaría ser su amigo, aunque sé que no es fácil tener una amistad cuando también eres el terapeuta. Dedicamos la mayoría de nuestras sesiones a centrarnos en sus sueños, los cuales sugieren cómo podría lidiar con algunos dilemas actuales. Sin embargo, no hay derramamiento de sangre, miedo, paranoia, construcción ni divagaciones, el contenido de los sueños de muchas personas. Incluso su vida interna parece estar tranquila y en orden. No está sucediendo gran cosa.

Un día me contó un sueño: está dando clase a un grupo
de jóvenes cuando un miembro del "consejo" aparece y le dice
que éste no da el visto bueno a su clase. Han decidido despe-
dirlo y él se entristece por dejar a sus alumnos. Le encantaba ser profesor, pero no puede hacer nada si el consejo no lo
apoya.

Hablamos un rato sobre el sueño y extrañamente no sé
qué decirle. Con este hombre y la mayoría de mis pacientes
suelo llegar a un punto en donde el sueño explica algún aspecto de la vida. No pretendo resolver el sueño ni ponerlo en
práctica de modo final y evidente. Pero esta vez no tengo idea
de lo que el sueño pueda sugerir, cómo se relacione con la vida
de mi paciente ni qué tema general o verdad pueda expresar.

Sabía que mi paciente tenía un historial de conflictos con
organizaciones como iglesias, escuelas y grupos similares. Era
un alborotador discreto, tomaba posturas que no eran populares entre personas conservadoras. Me daba la impresión de
que era un rebelde reacio a quien habían despedido varias veces por sus posturas públicas.

Sin embargo, ahora está jubilado y ya no responde a ninguna organización. Ningún consejo que lo atormente. Es libre
y ya no debe rendirle cuentas a nadie. ¿Entonces qué podría
indicar el sueño?

No creo que los sueños carezcan de sentido. Es error nuestro no entender su significado. Me dije: esta sesión le parecerá
un desperdicio a este hombre quien, jubilado, no tiene dinero
de sobra para pagarle a un terapeuta que no puede ayudarlo.
Lo tomé como un reto.

Entonces examiné la historia de vida de este hombre
y me di cuenta de que surgía en diversas ocasiones el tema
de adoptar posturas poco populares y ser amenazado por un
consejo. Tal vez en la jubilación ya no viva este patrón. Tal vez

sigue intentando resolverlo como parte de su pasado. Tal vez sigue albergando la emoción de ser rechazado, aún no la resuelve, aún le causa incomodidad.

Al reflexionarlo, se me ocurrió otra cosa, algo más propio de la imagen de un sueño. Había sido demasiado literal sobre el consejo. Todos tienen un consejo en la mente al que tienen que responder y al que a veces decepcionan o con el que se equivocan. Ese consejo no nos permite sentir satisfacción por lo que hemos hecho. Me pregunté si mi amigo estaba triste por todos los rechazos de la vida, como si se trataran de un castigo general.

En sesiones posteriores tuvimos la oportunidad de abordar de forma más directa los sentimientos de mi paciente de ser un fracaso. No eran dominantes. En general era una persona feliz y satisfecha. Pero pese a su comodidad quizá tenía material pendiente de su pasado. Eso concluí de su "consejo", un remanente de aquellos días y que aún incomodaba su felicidad actual. Pudimos resolver la historia personal y llegar a un lugar de mayor satisfacción.

Digerir experiencias pasadas

Envejecer con alma implica encontrar tu esencia. Repasar continuamente tus experiencias con asombro, relatar tus historias una y otra vez. Conocerte mejor y actuar a partir de dicho conocimiento. A medida que relatas tus historias comprendes mejor tu destino y encuentras tu identidad. Nada de esto es superficial. La identidad no tiene nada que ver con el ego; emerge gradualmente de la profundidad del alma.

Tal vez mi amigo, el que soñó con darle explicaciones al "consejo", deba reflexionar sobre sus experiencias en el campus universitario del mismo modo que yo sigo pensando en mi accidente casi mortal en un bote con mi abuelo. El significado de dichas experiencias pasadas no es obvio para ninguno de los dos, tampoco cómo ni por qué siguen afectándonos. Lo que queda claro es que piden algo. Lo único que podemos hacer es recordar, sopesar, explorar y tomarlas en serio. Es lo que los mayores hacen cuando están sentados en silencio.

La materia prima esencial

Algunos sucesos requieren más reflexión que otros. He identificado este principio en terapia. Algunos sucesos le dan a la experiencia vital de una persona cierta dirección o tono. Para algunos es un problema emocional con alguno de sus padres, un suceso traumático, maltrato de algún tipo, un pariente o maestro que los apoyó, una enfermedad seria, un accidente o mudarse a otra zona geográfica. Las posibilidades son muchas, pero todos pueden contar una historia de vida e identificar puntos de inflexión o influencias importantes.

Trabajar estos sucesos, sobre todo los inquietantes, es fundamental a la hora de envejecer, en el sentido que le estoy dando a la palabra. Si no hacemos nada al respecto, tienden a bloquear el flujo de la vida e interferir con el proceso de envejecimiento y madurez. Estos pensamientos y sueños siguen surgiendo en conversaciones, reclaman atención.

En mi terapia he trabajado con una serie de mujeres en sus cuarenta y cincuenta años a quienes se les ha dificultado encaminar su vida en la dirección correcta. No pudieron mantener una relación sentimental estable o un trabajo satisfactorio. Lo que todas compartieron fue la incapacidad de sus padres para estar felices juntos.

Normalmente los padres no supieron cómo permanecer en una relación comprometida y expresaron su frustración adoptando actitudes controladoras con toda la familia, por tanto, privaron a sus hijos de amor y también los convirtieron en víctimas de una autoridad vacía e ira crónica. Con frecuencia las madres eran conciliadoras, no defendieron a sus hijas o se refugiaron en el materialismo de un hogar adecuado y cómodo.

Aunque generalizo, esta descripción sintetiza muchas historias vitales que he escuchado. Se podría decir que es una imagen de la vida occidental moderna. No somos buenos con la dinámica del matrimonio y nuestros hijos heredan dichas dificultades, quienes con el tiempo descubren el efecto de una crianza ineficiente. La dificultad de los padres con el matrimonio es parte de la historia de vida de un niño y a veces evita que el niño madure.

Queda claro que necesitamos replantearnos la institución del matrimonio y las actitudes en torno a la crianza. Hoy en día estos roles importantes se cumplen inconscientemente, por lo que se imitan muchos patrones que suponen obstáculos para los niños. De adultos, estos hijos todavía tienen que lidiar con el efecto de matrimonios y crianzas inconscientes. Sería mejor adquirir conciencia de los problemas serios.

A algunas personas les gusta dividir su vida en mitades: la primera mitad de la vida presenta sus dificultades y la segunda va en otra dirección. Prefiero imaginar que toda la vida se desarrolla en distintas fases.

Tal vez mi propia experiencia me influye, he tenido una vida llena de sorpresas y muchos puntos de inflexión. Tuve una etapa prolongada de aprendizaje: salí de casa a los trece años para embarcarme en una vida singular y muy comprometida en un monasterio. A la gente le suele intrigar esta parte de mi historia, aunque a mí no me parece tan significativa, quizá porque en la década de 1950 no era tan inusual. Estuve varios años deambulando, buscando un camino personal y después me centré gracias a mis estudios doctorales en religión. Naturalmente fueron una extensión de mi vida monástica, aunque también expandieron mi horizonte y me condujeron a mi obra de vida definitiva: escribir sobre el alma. Mi doctorado en la Universidad de Syracuse me enseñó varios mundos y después mi formación con James Hillman y su comunidad complementaron dicha educación, así combiné psicología y espiritualidad.

A los cincuenta años estaba listo para "graduarme". Me casé por segunda vez, tuve una hija y un libro exitoso, *El cuidado del alma: cultivar lo profundo y lo sagrado en la vida cotidiana*. Mi vida cambió radicalmente, si bien de forma tardía. La mayoría de mis colegas tuvieron hijos y éxito en sus carreras profesionales mucho antes. Identifico cinco o seis puntos de inflexión en el arco de mi vida.

Los primeros cincuenta años tienen segmentos bastante claros: inconsciencia general propia de la infancia con una probada de la muerte; el cambio a una vida más intensa de espiritualidad y estudio; un periodo de incertidumbre y divagación; más estudio y experiencia para conjuntar el alma y el espíritu o la psicología y la espiritualidad; y, por último, una vida productiva y satisfactoria como esposo, padre y líder espiritual.

En los cincuenta consumé diversos experimentos. Logré transformar una infancia feliz en una crianza feliz y la aspiración de mi juventud de ser sacerdote en un sacerdocio seglar, peculiar e inesperado como escritor y profesor espiritual. Las mujeres en terapia que mencioné anteriormente cumplieron cincuenta con la sensación de que era hora de asentarse profesional y sentimentalmente. Pero sus infancias difíciles se interponían. Tuvieron que trabajar mucho su materia prima antes de dar el giro y envejecer bien.

Una de mis pacientes recuerda constantemente un episodio de cuando tenía doce años, su padre le gritó a todo pulmón por haber transgredido una de sus reglas menores e irritantes. Este padre impaciente, intolerable e insensato que descargó su furia con ella es uno de los primeros episodios que definieron su lugar en la vida. De adulta ha progresado gracias a distintos tipos de terapias, a que ha encontrado sus propias "reglas" y no ha cedido ante diversas figuras paternas en su vida. Sin embargo, aún no termina y sigue luchando contra este patrón. Para esta mujer, ser un individuo que ha envejecido bien implicaría aprender a tener una relación con un hombre en la que este patrón estuviera muy relegado. Nunca se puede esperar una solución completa o la perfección.

Todos tenemos materia prima que necesitamos resolver. Cuando empleo la palabra *resolver* tengo en mente la alquimia que Jung estudió exhaustivamente y empleó para esclarecer muchos procesos vitales que pueden conducirnos a una vejez feliz. La alquimia se refiere al proceso de convertirse en una persona madura, La Obra. Esta obra no es un esfuerzo exigente del ego para darle sentido a la vida y actuar correctamente. No, se trata de vivir un proceso y los ritos de iniciación necesarios para madurar, así como emplear de forma consciente diversos métodos de reflexión que nos puedan liberar de hábitos represores.

La alquimia es el proceso de convertirse en la persona que puedes ser y encontrar el ser dorado oculto detrás de tantos obstáculos. La alquimia es un proceso del mismo modo que un experimento de química es un trabajo cuidadoso sobre las propiedades y posibilidades de varios materiales. En este caso, la propia vida te procesa con la promesa de transformarte en una persona real y única.

Cómo gestionar la materia prima

Reflexión es una palabra rica. Significa "volver atrás". Así que cuando reflexionamos sobre el pasado, retrocedemos para analizar qué ha sucedido. Es el caso de un espejo. Vemos la imagen frente al espejo que retrocede al chocar con la superficie y se refleja. Nos vemos desde otro punto de vista, apreciamos las muchas facetas del ser.

Cuando reflexionamos sobre nuestras experiencias vitales, retrocedemos, nos situamos en el pasado. El pasado es nuestra bodega de imágenes y narrativas que hacen que el presente sea significativo y posible. A veces le tememos por el dolor que ha causado, pero somos más fuertes de lo que creemos y podemos llevar ese pasado al futuro, de tal forma que el presente se compone de muchas capas.

¿Cómo retrocedes y reflejas? Teniendo conversaciones significativas con la gente, para empezar. Muchos de nuestros encuentros son pequeños y protectores por el miedo que le tenemos al pasado. Tener una conversación franca en la que compartamos nuestras historias sin excesiva censura es una forma de reflexión y una muy efectiva porque escuchamos el relato y lo hacemos público. Es sencillo diferenciar entre un momento de revelación personal en un relato sobre tu vida y ocultar detalles que temes muestren demasiado.

También puedes reflexionar al rememorar viejos tiempos una y otra vez. Puedes reunirte con un amigo cercano o familiar con el fin de contarle algo sobre tu vida que sea revelador. La revelación es un primer paso para reconocer lo que te ha ocurrido en el transcurso de tu vida. Podría incluso ser un descubrimiento. Comienza el relato de manera familiar y después menciona detalles que habías olvidado o reprimido. Hacerte responsable de tu pasado te permite sentir el peso de tu propia experiencia. A partir de ahí puedes ser tú mismo con mayor rotundidad que si te ocultas y niegas rasgos de tu identidad.

Cuando alguien afirma: "Nunca le he contado esto a nadie", se trata de un momento especial. Lo que sigue es una revelación y ésta puede ser útil para quien está por expresarla. Él o ella están derribando una barrera para abrirle paso a algo nuevo. Aunque no parezca así en ese momento, dicha confesión es una especie de reflexión. Este avance te permite reflexionar sobre sucesos que habías ocultado. Es un paso adelante.

Como mencioné anteriormente, Jung empleó las imágenes de la alquimia para referirse al proceso de hacer alma o entender la materia prima individual. En el latín de los alquimistas la materia recibía el nombre de *prima materia*. *Prima* quiere decir "primero", aunque también "primaria" o "prima". Por eso la llamamos "materia prima".

El alquimista reunía materia prima en sentido literal, diversas sustancias que vertía en recipientes de cristal, donde podía mezclarlas con otros materiales, calentarlas y observarlas. Es tal y como hacemos con nuestros recuerdos y pensamientos. Los sacamos de su escondite y los ponemos en un recipiente donde pueden ser visibles. Una conversación franca es dicho recipiente. Nos permite seguir incorporando material a la colección para procesarlo y nos permite verlo de cerca, reflexionar sobre ello. Otros recipientes pueden ser la psicoterapia formal, una reunión familiar o escribir un diario.

La psicoterapia es una conversación particularmente intensa en la cual te centras en el material del alma: recuerdos, ideas, emociones, relaciones, éxitos y fracasos. Todo entra en la mezcla de la reflexión, donde se puede observar, recalentar con análisis intenso y transformar. Necesitamos recipientes que guarden el material de nuestra vida, que nos permitan observarlo y que motiven el calor emocional y la transformación.

En terapia el primer problema podría ser crear dicho recipiente. Un día una mujer acudió a consulta, le entusiasmaba descubrir qué podía obtener de la terapia. En la primera sesión entró al consultorio, se sentó y no hizo nada. No dijo una sola palabra. Le pregunté una serie de cosas que sólo despertaron gruñidos o respuestas monosilábicas. No sucedió nada. Luego de una hora no había material en el recipiente. Nunca regresó.

Tal vez otro terapeuta hubiera gestionado mucho mejor la situación que yo, sin embargo me dio la impresión de que la mujer estaba en un momento en el que no podía sincerarse. Sin material no podíamos hacer mucho. Imagino a mi esposa intentando convencerla de dibujar o hacer posturas de yoga para soltarse, pero yo no tenía esos recursos. Además, no me pareció adecuado asumir el papel de confesor. De hecho, percibí que el material era precisamente la razón por la que esta persona no estaba lista para asomarse a su alma. Tal vez yo no era la persona adecuada para ayudarla. Respeté dicho material al no obligarla. La terapia se convirtió en el lugar donde no pasaba nada.

Hoy en día parece que no a muchas personas les interesa llevar una vida reflexiva. La vida moderna está dedicada a la acción o a los planes para actuar. Podríamos evaluar lo que hemos hecho para que nuestras futuras acciones sean mejores. No obstante, esto no es reflexión, no es retroceder al pasado, sino emplear el pasado para un futuro mejor.

La reflexión cumple su labor sin servir de evaluación o plan. Por sí misma, intensifica nuestro ser. Nos volvemos más reflexivos y dicha transformación es parte del envejecimiento.

En el breve periodo que viví en el monasterio, nos reuníamos como comunidad después de un suceso para hablar al respecto; con la dirección de un prior, joven pero sabio. Nuestro fin no era evaluarlo con la esperanza de hacerlo mejor la próxima vez, sino simplemente reflexionar. Creíamos que nuestra comunidad se beneficiaría del puro acto de conversar sobre una experiencia en común.

La reflexión fomenta el ser y no el hacer, y el envejecimiento tiene más que ver con quien eres y no con lo que haces. Si continúas teniendo experiencias llanas sin analizarlas, desarrollas tu vida exterior, no la interior. Con la reflexión, te acercas a tus emociones y al significado de los sucesos.

Entiendo que en la escala de la acción y la reflexión hay variedad de posturas. Yo soy más reflexivo y admiro a las personas que contribuyen de forma más activa a la sociedad. Pero debido a que la cultura en general es dada a la acción y no entiende la reflexión, yo me centro en lo segundo.

Una persona reflexiva desarrolla una vida interior. ¿A qué me refiero? Tener una vida interior es la capacidad de sentir una emoción sin actuar, percibir sus matices, significado y tono, relacionarla con otras experiencias y apreciar su valor. Es la capacidad de pensar en las cosas, en su profundidad.

Cuando tienes vida interior eres alguien. Eres más que una personalidad de cartón. Eres complejo, tienes capas y eres sofisticado, genuino. Más atrás utilicé estas palabras para describir lo que implica madurar con alma. Desarrollar una vida interior es lo mismo que envejecer.

En última instancia es como si fueras dos personas distintas: la que es visible para los demás y la menos visible, aunque igual de importante. Una personalidad oculta no tiene nada de malo. Puede ser una vida interior serena que no se muestra con frecuencia. Este interior oculto puede hacerte interesante y darte dimensión.

Uno de mis amigos más cercanos —nos conocimos en la década de 1980— es Pat Toomay, un antiguo jugador profesional de futbol americano. Cuando salgo con él, la gente suele percatarse de su anillo del Super Tazón y le emociona esta parte activa de su vida. Sin embargo, Pat y yo nos conocimos por nuestro interés común en la magia del Renacimiento europeo. Cuando descubres ese lado tan diferente de Pat, te das cuenta de que es un hombre muy inteligente con un conocimiento y profundidad asombrosos. Pat tiene dos "identidades", muy distintas la una de la otra: una destaca en los deportes y el entretenimiento y la otra es menos visible pero ahora es la fuente primordial de la obra de vida en su madurez.

Algunas personas pasan por una crisis depresiva o por lo menos se desaniman cuando su vida pública termina. No obstante, la naturaleza intelectual interior de Pat llegó a su cúspide cuando se retiró del futbol. Es un buen ejemplo de cómo envejecer bien porque tiene una vida interior que comenzó a florecer a medida que fue envejeciendo. Éste es el patrón al que aspiro: a medida que envejeces tu vida se vuelve más activa que nunca en ciertos aspectos y envejecer implica que la vitalidad aumenta, no disminuye. Sin embargo, esto funciona mejor cuando la vida interior tiene cimientos y puede volverse más importante a medida que transcurren los años.

Pat es una persona reflexiva, no sólo a la hora de escribir sobre sus experiencias en el futbol, sino también cuando se plantea preguntas más esenciales sobre los mitos, los símbolos, la religión y el arte. Las personas suelen debatir sobre asuntos externos: la política, el entretenimiento y el clima.

Estas conversaciones pueden suponer cierta reflexión, aunque podrían ser más sustanciales si incluyeran preguntas más relevantes sobre el sentido de la vida, la historia y la justicia social. Todos podríamos ser filósofos en la vejez, pensar más y hacer menos.

Es difícil para cualquiera envejecer con alma si la vida intelectual está estancada. No obstante, piensa en las cosas de las que hablamos, los libros que leemos y las películas que vemos. En su mayoría son externas y de forma inconsciente representan los asuntos que nos ocupan en nuestra vida, sobre todo los que implican poca reflexión como la sexualidad, la violencia, el poder, el amor y la intimidad.

La vejez es el momento perfecto para reflexionar con más frecuencia, de forma más profunda y seria sobre aspectos importantes de la vida. Desde luego debemos comenzar con estas reflexiones desde la juventud, pero pueden llegar a su mayor hondura en la vejez. Ser parte de una cultura que ha perdido el interés en las ideas profundas y en la reflexión intensa sobre la experiencia dificulta el envejecimiento.

Descubrir la esencia de tu existencia

Hace poco soñé que estaba en Irlanda en una tienda hablando con un irlandés. Le pregunté cuántos años creía que tenía, él dijo: "Unos treinta", a lo que respondí: "Pues tengo setenta y seis". A él no parecía importarle mi información y se limitó a invitarme a un proyecto en el que participaba.

Me pareció interesante soñar sobre envejecer cuando estoy escribiendo un libro sobre el tema.

Lo primero que me llamó la atención del sueño fue que, para el irlandés, me veo de treinta años. Él percibió mi yo más joven y no le interesa el hecho de que yo tenga setenta y seis. La primera vez que viajé a Irlanda tenía diecinueve años y aún pertenecía a la vida monástica. Estudié filosofía en Irlanda del Norte de los diecinueve a los veintiún años.

En ese país descubrí una cultura nueva para mí que por casualidad era hogar de mis ancestros. Conocí a primos irlandeses y pronto me encariñé con el país y me sentí en casa. También comencé a reflexionar sobre cuestiones filosóficas, aprendí sobre el existencialismo, lo cual fue un paso crucial para adoptar otra perspectiva sobre la religión.

Ésta fue una de las primeras experiencias intensas del envejecimiento, en la que dejé mi juventud atrás, descubrí nuevos mundos y aprendí a pensar. Recuerdo experiencias previas a mi viaje a Irlanda que me ayudaron a madurar, pero ninguna igual de intensa. En otro capítulo describo a detalle mi amistad con Thomas MacGreevy, un mentor importante que formó parte de mi experiencia en Irlanda.

Durante esa primera estancia en Irlanda también comencé a leer a muchos escritores, sobre todo a James Joyce y Samuel Beckett, gracias a quienes descarté una opinión ingenua sobre la religión; fue otro proceso de envejecimiento. ¿Por qué el irlandés del sueño creyó que tenía treinta años y no veinte? Tal vez porque, aunque he madurado desde aquel entonces, aún conservo la juventud de mis "veinte en Irlanda". Sin duda el sueño sugiere que soy más joven en ciertos aspectos que mi edad real.

El sueño también me invita a reflexionar sobre las emociones que me despierta Irlanda. A los cincuenta empecé a viajar a Irlanda con frecuencia. Un año llevé a mi familia a vivir a Dublín e inscribí a mis hijos en escuelas irlandesas. No fue un año fácil y todos estuvimos de acuerdo en que la familia envejeció considerablemente durante esa época. A todos nos fascinó y nos sigue fascinando Irlanda, pero la experiencia de estar en una cultura distinta tuvo sus desafíos.

También pesa que yo provengo de una familia completamente irlandesa de parte de mi madre. Mi esposa también tiene antepasados irlandeses y tan pronto llegamos al país conocimos a muchos parientes cálidos y talentosos que siguen siendo importantes para nosotros hoy en día.

En la actualidad viajo con frecuencia a Irlanda, estoy buscando y experimentando algo importante y sumamente profundo. Cuando estoy en ese país, me gusta caminar por las calles de Dublín, contemplo los paisajes que ahora me resultan familiares. Parece que voy buscando partes perdidas de mí mismo y desearía tener vínculos aún más cercanos con el país. Desearía que mis abuelos, y no mis tatarabuelos, hubieran nacido ahí para poder ser un ciudadano irlandés. ¿Qué es ese deseo sino un anhelo por estar más cerca de una parte importante de mi identidad? Estoy buscando un pasado, tal vez una conciencia perdida de mí mismo, que me resulta esencial.

Hace años un terapeuta me aconsejó no confundir la Irlanda de mis sueños con el país real (éste no es mi único sueño de Irlanda). En ese sentido, tal vez haya una parte de mí que es irlandesa de forma no tan literal. Un recuerdo me ayuda a ver esto con claridad.

Después de publicar *El cuidado del alma* tuve muchas oportunidades para concebir una nueva vida y un nuevo trabajo. La gente me pedía organizar programas de formación, guías de estudio y cursos y tal vez un centro abierto al público. Sin embargo, yo pensaba en Samuel Beckett y James Joyce. Quería ser escritor, no fundar una escuela. Eso lo tenía muy claro. De modo que me recluí en la vida de un escritor. Viajé mucho, pero no fundé nada. He vivido como escritor del mismo modo que lo hicieron mis ídolos irlandeses.

Estas ideas sobre mi vida en relación con Irlanda son un ejemplo de cómo la reflexión puede contribuir a envejecer con alma. Estoy retrocediendo hacia Irlanda. A medida que sigo pensando en mis raíces y experiencias irlandesas, así como en el país de mis ancestros, voy desarrollando una identidad. Me convierto en alguien con un pasado vetusto y un amplio sentido de pertenencia. Gracias a este vínculo con Irlanda soy una persona más completa, con más capas y más asentada. Todos mis contactos con Irlanda me han envejecido pues han resaltado mi interesante complejidad y me han brindado un pasado colorido y potente. Al formar una personalidad más rica, he madurado. No sólo he vivido en un plano simple, estrecho de realidad.

He descubierto que tengo que visitar Irlanda para conocer el lugar y a su gente antes de reflexionar sobre mi pasado irlandés. Ahí me siento en casa y esa sensación de hogar me proporciona una base sólida cuando estoy en mi otro hogar en New Hampshire. Ahí, la nostalgia por Irlanda me lleva a fantasías del lugar y de visitarlo, las cuales son otra forma de reflexión. Cuando estoy en Estados Unidos pienso en Irlanda y cuando estoy en Irlanda siento mi alma estadunidense con mayor intensidad.

Pese a mi amor por Irlanda, elegí vivir en New Hampshire. También me fascina este hogar y en gran medida por mi conocimiento de la historia y cultura estadunidenses también estoy dedicado al bienestar de Estados Unidos. Entre mis vecinos están Emily Dickinson, Ralph Waldo Emerson, Henry David Thoreau y Walt Whitman, y entre mis compatriotas: Louis Armstrong, Benjamin Franklin, Thomas Jefferson, Anne Sexton, Alvin Ailey, Woody Allen, Joyce Carol Oates, Oprah Winfrey, Susan B. Anthony, todos ellos tienen un talento notorio y se han dedicado a encarnar la visión estadunidense.

Pensar en estos estadunidenses creativos me ha inspirado para hacer mi propia contribución a la visión positiva y utópica de lo que podría ser la humanidad. Cuanto más me siento parte de este movimiento, más maduro, más madura mi alma. Cualquiera puede hacer esto: envejecer convirtiéndose en visionario y defensor del experimento humano.

Tengo un alma irlandesa y otra estadunidense, y las dos conviven armónicamente. Una de las cosas que me gusta de Irlanda es que es un "país ancestral". Me encantan los edificios antiguos, sus ruinas y las tradiciones que salpican la cultura moderna. Parece que me interesa la propia vejez, más allá de madurar, adquirir conciencia del yo muy viejo que reside en el fondo de mi alma.

Cómo desarrollar una conciencia más clara y profunda de uno mismo

Envejecer con alma es el proceso de convertirse en una persona integral, valiosa e interesante. Sucede con el transcurso de los años y requiere una participación activa, no se da automáticamente. Con frecuencia cuando utilizamos la palabra *envejecer* da la impresión de que es algo que sucede a pesar de nuestra participación o intenciones. Pero cuando se analiza de cerca, queda claro que envejecer implica convertirse en alguien, por lo que el proceso no puede suceder sin tu participación. Cada uno es responsable de envejecer. Hacemos cosas que nos convierten en seres interesantes, evolucionados y maduros.

Éstos son algunos lineamientos para ser proactivos a medida que se envejece con alma.

1. Aceptar invitaciones importantes de la vida para vivir experiencias más profundas e interesantes. Es fácil encontrar pretextos cuando surge la oportunidad de probar cosas nuevas, ya sea viajar a lugares desconocidos, desarrollar habilidades, intentar un nuevo trabajo o carrera o cultivar nuevas amistades y relaciones sentimentales.

2. Meditar sobre tu experiencia hasta ahora mediante conversaciones francas e inquisitivas. Aprovecha tus amistades para entablar conversaciones significativas. Analizar tu experiencia con curiosidad te puede otorgar profundidad y complejidad.

3. Remontarse al pasado para estudiar de dónde provienes y qué tiene que ofrecerte tu herencia. Yo escribí sobre mis antepasados irlandeses; en tu caso, podría tratarse de europeos, africanos o asiáticos. Este tipo de reflexión te ayuda a saber de dónde provienes y en qué clase de persona puedes convertirte en la vejez.

4. Aprovecha tus viajes para descubrir quién eres y de qué eres capaz. Viajar no tiene que ser un acto inconsciente o detentar un valor exclusivo de entretenimiento. Puede tener un fin, un punto personal para tu desarrollo. Puedes viajar alrededor del mundo a partir de distintos aspectos de tu identidad y su ubicación. Por ejemplo, en mi caso, me gustaría encarnar muchos aspectos de mi identidad en Inglaterra, pero también he descubierto otros en Italia, un país que también me fascina.

5. Lee a escritores que te permitan verte reflejado en un espejo y te den pistas sobre quién llegarás a ser. Aprende habilidades, por ejemplo, artes y artesanías, que te sorprendan con talentos y placeres ocultos. Buena parte

de nuestra identidad permanece oculta a menos que experimentemos y nos expongamos. La experimentación también es una parte importante de envejecer. Si te escondes en la inactividad puede ser que nunca sepas quién eres y que no evoluciones con el paso de los años.

Procesar la vida es convertirte en un alquimista de tu propia experiencia. La observas de cerca, atiendes sus cambios, percibes coloraciones y aromas ocultos. Recuerdas con los sentidos. Centras todas tus experiencias en tu vida e identidad presentes. Son la materia prima de tu alma. De ellas emerge la persona que el mundo nunca ha visto. A este proceso se le denomina *envejecer*.

6. La madurez de la sexualidad

Afrodita encontró a Anquises solo y se percató de lo hermoso que los dioses lo habían concebido. La hija de Zeus se quedó mirándolo como una doncella. El deseo se apoderó de él. "Debes ser una diosa", le dijo él. "No", respondió ella, "soy mortal." Y ella le inspiró en el corazón un dulce deseo.

Himno homérico a Afrodita

Algunos de los recuerdos cálidos de mi adolescencia temprana son salir al auto durante las mañanas nevadas de invierno en Michigan cuando mi padre se ofrecía a llevarme a la escuela. Quitábamos el hielo del auto, mientras lo dejábamos encendido para que se calentara, después entrábamos al cálido interior. Nos quedábamos quietos un momento y después mi padre se acomodaba y empezaba a hablarme de sexo. Sabía que había leído libros sobre educación sexual y quería ser un padre cultivado. Yo sentía vergüenza y la urgencia de que arrancara el coche.

El problema era que mi padre era plomero, con un entrenamiento formal en ingeniería sanitaria. De modo que la lección sobre sexo se centraba siempre en el esperma, los testículos y la plomería del cuerpo. Valoraba las buenas intenciones de mi papá, pero su enfoque no respondía mis preguntas.

La frialdad de los hechos no correspondía con mis cálidas fantasías y preocupaciones. Ahora, en retrospectiva, atesoro esos momentos gélidos a su lado, incluso si la educación sexual no fue satisfactoria.

Hoy en día, en casi todos los ámbitos se prefiere hablar como ingeniero, ya sea que se debata un problema social o dificultades en una relación sentimental. Vivimos en la era tecnológica, nuestras metáforas favoritas son *hardware* y *conectividad*. Empleamos el mismo lenguaje mecánico en la sexualidad, de modo que cuando intentamos darle sentido al sexo en la vejez, naturalmente nos centramos en la descomposición de los órganos y los cuerpos. Lograríamos un enfoque más positivo si consideráramos la sexualidad una experiencia de la persona como un ser integral, no sólo en lo referente a las emociones y las relaciones personales, sino también en la búsqueda de sentido.

La sexualidad en la madurez

Es difícil sacar conclusiones significativas sobre la sexualidad en la madurez porque todos son diferentes y sus situaciones también. Algunas personas envejecen rápidamente y parecen perder el interés en el sexo. Otras mantienen la libido, incluso más fuerte. Algunos no tienen pareja y a otros no les interesa tenerla. Algunos enferman o se debilitan y ya no piensan tanto en ello.

Estudios demuestran que en la vejez la gente pierde el interés en el sexo, pero también indican que casi la mitad de hombres y un pequeño porcentaje de mujeres mayores de setenta aún quieren una buena experiencia sexual. Cerca del mismo número afirma que el sexo pasados los setenta es bueno o mejor que nunca. Evidentemente es un error creer que a la gente mayor no le interesa el sexo o está incapacitada para practicarlo. Algunos lo desean, pero los medicamentos, cirugías o falta de pareja se interponen.

Sin embargo, también hay una barrera psicológica. Algunas personas mayores creen que no es decoroso desearlo a su edad. La gente más joven no ayuda cuando se muestra sorprendida o incluso disgustada ante el interés en el sexo de una persona mayor. Así que parece que nuestra actitud general frente al sexo tiene un papel fundamental en cómo gestionamos nuestra sexualidad al envejecer.

Para qué es la sexualidad

En general, la sociedad está confundida con respecto al sexo. El cine y el internet están plagados de sexualidad gráfica. No obstante, nuestras iglesias y líderes políticos suelen abogar por la pureza y la moderación. Nos dividimos entre la fascinación y el temor, la sexualidad gráfica y el escándalo moral, el puritanismo en el sentido de control moral estricto y la lascivia. Esos valores y pasiones tan distantes son una señal de confusión y una incapacidad de resolver adecuadamente el tema.

Por tanto, de algún modo debemos centrarnos en mantener una relación más estrecha entre la moderación y la libertad sexual para crear límites cómodos en los medios, por ejemplo, sin ser puritanos al respecto. No ayuda tener a un grupo que abogue por el exceso y a otro por el control moral. Éste es un ejemplo concreto de la división que mencioné.

Un buen punto de inicio sería encontrar vías para ser más relajados con respecto a la sexualidad, nuestros juicios y preocupaciones, pero para ello necesitamos una educación sexual mucho más informada. La mayoría dirá que el sexo es para procrear, expresar amor y satisfacer una necesidad biológica. Sin embargo, el sexo posee cualidades y fines menos tangibles que lo vinculan con otros aspectos de la vida cotidiana.

Por ejemplo, el sexo inicia al darnos cuenta de la belleza de otra persona. La belleza te despierta a la posibilidad de una relación sentimental. Puede que la persona en cuestión no a todos les parezca hermosa o que cumpla los estándares culturales de la belleza, pero tú la percibes en ella y te despierta deseo. Así que podemos generalizar: la sexualidad tiene algo que ver con la belleza y tal vez la belleza tiene algo que ver con la sexualidad.

Plotino, filósofo griego del siglo segundo cuya obra se centra en el alma, se refiere constantemente a la belleza. A él se le atribuye esta sentencia provocadora: "El alma siempre es una Afrodita". Para los antiguos griegos, Afrodita era la diosa de la belleza y la sexualidad. Interpreto esta máxima de la siguiente manera: la sexualidad es esencial para la vida del alma y la vida erótica es igual de importante. La belleza es un hecho.

Es claro que tengo que ser más preciso, porque hoy no consideramos el sexo en términos tan exaltados y empleamos la palabra *erotismo* para hablar de algo sombrío. Para los griegos, Eros era un dios conocido como el gran creador que mantiene el mundo unido gracias a un abrazo cósmico de amor. Este *eros* está relacionado con una vida amorosa, el mundo y todo en él, así como con el deseo de estar conectados e involucrados. Sentimos *eros* por nuestro jardín o trabajo y, desde luego, por una persona. En ese caso, el *eros* puede conducir a la sexualidad.

El visionario científico católico y sacerdote Pierre Teilhard de Chardin se expresó en términos similares sobre el amor: "Si no existiera una propensión interna a unirse, incluso en un nivel extraordinariamente rudimentario —de hecho, en la propia molécula— sería físicamente imposible que el amor se presentara en un nivel superior, con nosotros, de forma humana... Inspirado por las fuerzas del amor, los fragmentos del mundo se buscan para que el mundo pueda existir". Esta teoría cósmica o personal del *eros* recuerda a los mitólogos griegos y trae esta idea soberbia a la vida moderna. Nuestros sentimientos eróticos son una versión superior de la misma energía que mantiene unidos los elementos. Son nobles y creativos.

Establezco esta conexión entre lo erótico y lo sexual porque sobre todo cuando envejecemos podemos satisfacer nuestro deseo sexual mediante un estilo de vida erótico más amplio. No sugiero tener menos sexo sino extender nuestra sexualidad de modo que incluya el placer en la belleza del mundo.

Cuando trabajo con los sueños sexuales de las personas con frecuencia percibo que lo que se busca no son más experiencias sexuales sino más placer en estar vivo. El deseo por una persona implica deseo por la vida. Al envejecer puedes o no practicar la misma cantidad de sexo, pero puedes expandir tu sexualidad para que sea algo fundamental en tu vida.

Puedes hacer cosas más sensuales como jardinería, pintura, caminar en la naturaleza y comer con imaginación. No sustituyen la experiencia sexual, sino que la extienden, con lo cual te conviertes en una persona más erótica. De estudiar a Plotino te percatarías de que vivir de forma más erótica es lo mismo que imprimirle alma a tu vida.

Sigue la cadena: de la sexualidad a la vida erótica y a convertirte en una persona más centrada en el alma. Una vida erótica resalta el placer, el deseo, la conexión, el contacto, la implicación y la satisfacción plena, no sólo entre las personas, también entre las cosas del mundo. A lo largo de tu vida, incluso en tu infancia, puedes acceder a tu sexualidad para ser una persona más amorosa, más cercana con el mundo físico y capaz de identificar la belleza en sitios inusuales. Puedes apreciar la belleza en una persona que a los demás les resulta común y emplear tus experiencias sexuales como punto de inicio para una vida más erótica en general. No me refiero a sublimar el sexo físico sino a expandirlo y profundizarlo.

De este modo, a medida que envejeces te vuelves más sexual de forma natural, no menos. Además, al vivir de forma más erótica tu interés en el sexo puede incrementarse. No hay nada peor para la vida sexual de una persona mayor que estar deprimido, aunque sea vagamente, molesto con el mundo y resignado a derrumbarse. La vida sexual de una persona se beneficiaría de ser más animada y vivir desde una actitud más profunda y placentera.

El importante papel de la belleza también podría inspirarte a poner atención en cómo mirar. Hacer incluso pequeños esfuerzos para ser hermoso es una forma de mantener viva tu sexualidad y erotismo y tener más alma en tu vida. Cuando mi madre tuvo un derrame cerebral y, por tanto, se sometió a una cirugía cerebral —a los ochenta y siete años— mi hija adolescente la visitó en el hospital. Mi madre no quería verla hasta no arreglarse el pelo, cambiarse a un sencillo pero bonito atuendo y maquillarse un poco. Para algunos esta preparación podría parecer superficial, pero mi madre no era una mujer vanidosa. Sabía intuitivamente que la belleza está al servicio del alma y quería tener una conexión espiritual con su nieta.

La vida como estimulación

A medida que envejecemos y profundizamos en nuestras ideas y valores podemos descubrir que los cuerpos defectuosos poseen una belleza que trasciende la perfección de la juventud, que los movimientos del corazón pueden ser más sexuales que las posiciones físicas. De hecho, el sexo en la vejez llega a ser más satisfactorio y excitante, precisamente porque trasciende el ego, el poder y el control. De cierta forma, podría ser incluso afortunado cuando el sexo físico falla y el alma asume el papel protagónico. A veces las decepciones del ego hieren el alma profunda de un individuo.

Aunque el sexo tiene otras funciones importantes, la primordial son las relaciones. Incluso si te interesan los placeres físicos, puedes dar y recibir placer como parte de tu amor por tu pareja. Puedes tratar a tu pareja como objeto de amor sin convertirlo en un mero objeto. Los amantes se entregan sus cuerpos y fantasías en el contexto más amplio de expresar su amor.

Ayuda si el componente sexual se basa en el amor y la amistad. Sin importar si el sexo en la vejez sea mejor que en la juventud en tu caso, lo importante es madurar con tu sexualidad, permitiendo que ésta se vuelva más sutil y compleja, que establezca un vínculo más natural con emociones como el amor y la unión, y así sea más satisfactorio y divertido.

Joel y Lloyd son dos amigos gays que conozco desde hace tiempo y que llevan muchos años en una relación seria entre tres personas. Son dos de las personas más creativas, brillantes, cálidas y sensibles que conozco. En una carta que Joel me escribió hace poco me sugirió que no siempre es fácil sostener una relación así, y reflexiona con perspicacia: "Lloyd y yo afianzamos nuestra relación en una amistad de cuatro años antes de tener una relación sentimental. Compartíamos intereses similares y lo seguimos haciendo. Nos conocimos en una obra de la preparatoria, a los dos nos fascina la actuación y el teatro. Cuando descubrimos que compartíamos un sentido del humor irreverente, las cosas repuntaron. Luego de un par de años de amistad, nos dimos cuenta de que nos atraíamos".

Es importante la base de la relación romántica y sexual: intereses, sentido del humor, amistad y después romance. Este patrón recuerda al *Kama Sutra*, el cual comienza con sugerencias sobre cómo vivir la vida cotidiana de forma eficaz y después aborda la sexualidad. De la carta de Joel me gustaría hacer hincapié en los fragmentos en los que menciona su amor y alegría a pesar de las dificultades tanto normales como inusuales.

Más adelante Joel habla sobre su trío: "A Lloyd le preguntan si siente celos de John. Que yo sepa, no. Incluso cuando divido mi tiempo entre Lloyd y John a cada uno le presto atención. Y una cosa más: desde el principio hemos estado juntos a largo plazo. Estos principios también son pertinentes para nuestra vida con John. Lo bueno supera lo malo por mucho".

Pensar en el largo plazo ayuda a las relaciones, incluso a las personas mayores para quienes el "largo plazo" puede no ser tan largo. En este caso, el tiempo es cuestión de calidad, no de cantidad. Si tu dirección es seria, puedes lograr casi cualquier cosa. También ayuda aceptar lo malo y lo bueno, una señal de madurez.

La situación de Joel no es la norma. Lo entiendo. Pero éste es otro aspecto de la vida del alma: no siempre responde a convencionalismos. Si quieres vivir una vida con alma, ser receptivo a los impulsos y directrices que sientes muy en el fondo, es probable que te encuentres involucrado en situaciones "creativas". Quizás ésa sea la razón por la cual no vivimos en una sociedad con alma: elegimos los convencionalismos y la conformidad en vez de escuchar nuestro corazón y vivir del amor propio y a otros. Algunas personas como Joel obedecen a su corazón y construyen vidas originales.

Cuando el amor es intenso y los individuos son maduros, generosos y tolerantes, los problemas ocupan un sitio secundario o, por lo menos, son manejables. La atracción sigue el ejemplo de la vida de las personas. Las relaciones tienen dificultades porque no hay una experiencia vital cotidiana para afianzarlos.

Estos valores podrían contribuir a que una persona mayor le dé sentido a su sexualidad. Quizá tengas que explorar situaciones que no son el estándar en la sociedad. Quizá tengas que ser original e imaginativo a medida que incorpores tus valores eróticos a tu vida cotidiana.

Es probable que en el proceso de envejecer descubras que tu sexualidad se torna más intensa y satisfactoria, no debido a orgasmos más grandes sino a una vida más plena y placentera. Piensa en el sexo como promotor del amor y la vida. Si por algún motivo la edad te ha impuesto límites en la vida sexual, esto no quiere decir que tenga que restringir tu alegría por la vida y los placeres profundos que puedes encontrar en todas partes.

Mi definición del sexo es más amplia debido a que en mi juventud tuve una experiencia monástica debido a la cual viví bajo el voto del celibato. No tuve ninguna experiencia sexual hasta los veintiséis años. Además de ser mucho tiempo, es la edad en la que el deseo sexual es más fuerte. Sin embargo, no me sentí reprimido. Creo que me sentí cómodo por la intensa vida comunitaria que disfrutaba en aquel entonces. Cuando disfrutaba la compañía de los amigos cercanos con los que vivía se me ocurría que esa comunidad tan placentera posibilitaba mi celibato.

Sugiero que nuestras necesidades sexuales pueden satisfacerse de diversas formas. Ayuda tener una visión más amplia del sexo y de cómo lograr que la vida sea sensual y feliz en muchos aspectos. El sexo y un estilo de vida sensual no pertenecen a distintos planos, uno es la extensión del otro.

La dignidad del placer

El placer es un objetivo sexual digno a medida que envejecemos. Hoy en día quizá se crea que el placer es un asunto superficial. Muchos hombres y mujeres se criaron en hogares religiosos donde el placer se consideraba indecente. En mi caso siempre me enseñaron a ser puro, trabajar mucho y controlarme. Nadie me dijo que el placer fuera un objetivo valioso. De los cientos de sermones que escuché en mi juventud ninguno abordó el placer ni lo expresó en términos positivos. Desde luego era bueno divertirse y de mis padres aprendí a bailar y practicar deportes. Pero el placer en sí mismo siempre tuvo el halo de vanidad y exceso.

Mi perspectiva de la vida en general cambió por completo cuando descubrí al filósofo griego Epicuro, quien me enseñó el valor del placer y su importancia para el alma. De él proviene la palabra *epicúreo*, que con frecuencia implica exceso. No obstante, a Epicuro le interesaban los placeres simples, duraderos, como la amistad y la comida sencilla y sabrosa. Era modestamente sexual. En su obra no queda claro por qué más adelante se utilizaría su nombre para referirse al hedonismo. Uno de sus aforismos expone claramente a qué llama placer: "El placer es la libertad del dolor corporal y la angustia mental". Otra palabra que los epicúreos emplean con frecuencia es *tranquilidad*. La idea es aspirar a la comodidad y a un estado emocional tranquilo.

En el transcurso de los siglos, muchos escritores cuya obra se centra en el alma eran epicúreos que consideran el placer uno de los elementos esenciales de una vida que le otorga un lugar central al alma: no se trata de placeres desbocados o entretenimiento superficial, sino de los placeres profundos de la familia, la amistad, la buena comida y los buenos momentos, libres de dolor físico y perturbación emocional.

La sexualidad epicúrea tiene este carácter de placer total. Combina los placeres de las relaciones sentimentales con la sensualidad simple del contacto físico. Al combinarlas —conexión emocional y contacto sensual— el resultado es la sexualidad epicúrea.

No es difícil entender por qué esta clase de sexualidad es perfecta para las personas mayores. No es necesario tener los mismos impulsos y excitación de la juventud para practicar sexo mucho más conmovedor y placentero. Ahora puedes experimentar una expresión sexual de otra índole que implica una conexión más serena y profunda con el corazón.

Si una persona mayor me preguntara cuál es el secreto de una vida sexual satisfactoria, no lo dudaría: el epicureísmo.

La sexualidad implica vitalidad

En mi experiencia como psicoterapeuta he puesto particular atención en los sueños sexuales de la gente. Contrario a lo que parecería, éstos no tienen que ver exclusivamente con las experiencias sexuales de los relatores; es más frecuente que la conversación se desvíe para hablar de anhelos y deseos en general, la necesidad de estar vinculado con el mundo y la sensación de vitalidad que con frecuencia acompaña tanto el deseo como las experiencias eróticas.

He llegado a la conclusión de que la sexualidad en sí misma tiene mucho que ver con los deseos vitales más amplios y la búsqueda de la vitalidad. La gente dice que después de una experiencia sexual especial siente una actitud positiva frente a la vida. Una sola experiencia puede englobar la vida en su integridad. Esta relación entre el sexo y la vitalidad ofrece una razón de peso para mantenerte positivo sobre tu sexualidad a medida que envejeces, porque el patrón también se desplaza en dirección opuesta: puedes imprimir una sed por la vida a tu vida sexual. Si la vida te produce placer, el efecto natural será que abordes tu vida sexual con una buena actitud, harás de la vitalidad un ritual y celebrarás la vida.

El sexo con alma es generoso, amoroso, ético, relajado, paciente, imaginativo y sensual. No es dominante, forzado, no se trata de demostrar que puedes o de someterte. Brinda una oportunidad para que las almas se unan en el contexto del placer. También se relaciona con el mundo y toca la vida cotidiana.

A medida que envejeces el sexo puede mejorar, no empeorar.

Mito y romance

Durante siglos "los dioses y las diosas" han representado los patrones más arraigados que dictan nuestra vida. La diosa griega Afrodita, casi idéntica a la Venus de los romanos, representa el poder total y el sentido en el placer sexual. Si quieres saber más sobre los niveles más profundos de la sexualidad, lee relatos y oraciones dedicados a la diosa.

Según el himno homérico destinado a Afrodita "ella inspiró en el corazón un dulce deseo". Desde mi punto de vista, el sexo satisfactorio no se limita a dos personas enamoradas que hacen bien las cosas, es un acto en el que se invoca a Afrodita, en el que se materializa su espíritu para permitirle despertar la excitación. Miras a tu amante, si lo único que ves es una persona ordinaria, entonces no te inspirará deseo. Por el contrario, si en tu pareja vislumbras a Venus, el deseo cobrará vida.

Puedes ver a tu amante con distintos ojos. Quizá tengas la mentalidad de una persona práctica y no veas a Venus, o tener una mirada romántica de alguien que ama y ve más allá de la persona. Esta mirada te permite ignorar las imperfecciones de la diosa perfecta que espera ser vista. El sexo espiritual comienza con una perspectiva romántica.

Para invocar a Venus debes permitirte adoptar un estado especial, no del todo consciente y en control. Puede ser útil atenuar las luces. Viajas a una especie de sueño, a un estado de duermevela. A partir de ahí miras a tu pareja y tocas, expresas y sientes tus emociones. En esa condición haces el amor con una persona transformada por tu amor y deseo.

Estás en el reino de los mitos, quizá no por completo, pero lo suficiente como para disfrutar una experiencia profundamente romántica. Esto no le resta nada a tu relación personal porque el punto es que cada uno pruebe el sexo sobrenatural. Al gozar la sexualidad y el romanticismo con tu pareja, la conoces más a fondo.

De nuevo estoy consciente de que mi argumento va contra el espíritu de este tiempo. Se supone que debemos desechar fantasías, proyecciones y superar nuestras ilusiones. Una alternativa es utilizar tus fantasías para llegar a un punto que con el tiempo pueda conducir a conocer a la persona verdadera.

Una persona romántica le da prioridad a la imaginación antes que a los hechos y con frecuencia les encuentra valor a los elementos oscuros, rechazados. Las películas románticas celebran al ladrón y al inadaptado. El romántico también vive en un mundo mágico, encantado, en el que existen reglas invisibles que contradicen las leyes de la naturaleza o, por lo menos, las ponen a prueba. Sobre todo, el romántico quiere regirse por el amor y no por la lógica, a partir del corazón y no de la mente.

Si este vocabulario te parece extraño, lee los himnos homéricos o la poesía de D. H. Lawrence o las tragedias griegas o la *Odisea*. Para Lawrence: "¿De qué sirve un hombre si no se atisba el destello de un dios en él? ¿De qué sirve una mujer si no se atisba el destello de una especie de diosa en ella?". En un célebre fragmento de *El héroe de las mil caras: psicoanálisis del mito*, Joseph Campbell afirma: "La última encarnación de Edipo, el continuado idilio de la Bella y la Bestia, estaba esta tarde en la esquina de la Calle 42 con la Quinta Avenida, esperando que cambiaran las luces del tránsito".[1] Muchos hombres y mujeres han visto a Afrodita de pie frente a la cocina de la oficina.

Hoy en día para vivir en una dimensión mítica debes permitir que tu mente práctica pase a segundo plano. Dale espacio a la fantasía. Ve más allá de lo literal y lo pragmático. Pero tómalo en serio. Destaca de los demás, sé un romántico.

Para invocar a Venus, ponemos atención al entorno y hacemos lo posible por clamar por ella. No se requiere demasiado. No debes tener un físico perfecto, ni siquiera por encima del promedio. Un solo atributo físico: una sonrisa, un rizo, un bíceps, alguna prenda suave, un color, un aroma, algunas palabras de elogio, cualquiera puede convocar a Venus y no importa la edad.

La sexualidad trascendente

Desde el punto de vista del alma, el sexo no es simplemente una expresión de amor y deseo, también es un ritual genuino que nos permite estar en contacto con la esfera sagrada y misteriosa. El sexo puede separarte del tiempo y el espacio normales y permitirte alcanzar un nivel en donde explores la profundidad de tus pensamientos, sentimientos y sensaciones. En ocasiones, se podría sentir como una experiencia mística. En este caso, somos intemporales, ni jóvenes ni viejos, sino ambas cosas. En ocasiones te sentirás joven de nuevo, en tus veinte años.

Es preciso apreciar así el sexo, desde el punto de vista del alma, y abordarlo con la intención de que sea profundo y significativo. Quizá tengas que aprender que el sexo no sólo es para los jóvenes y un mero acto físico, que es posible explorar en tus sensaciones y emociones a tal grado que te pierdes, así como un individuo religioso se pierde durante la meditación. Incluso es posible entender el sexo como una forma de meditación que contribuye a una relación y, al mismo tiempo, te pone en contacto con el gran misterio de la vida.

El sexo es una experiencia de ensueño. No tienes que estar tan consciente. Puedes caer en una especie de ensoñación sensual en la que no escuches los sonidos de la vida mundana, como durante una meditación profunda. Se trata de una meditación al estilo de Afrodita, a la deriva, física y emocional.

El sexo puede llegar aún más lejos y tocar las almas de las personas involucradas. Tu ser más profundo, que se expresa de forma sutil, que hace, dice y siente cosas que están ocultas, al menos parcialmente, de la conciencia. Muchas cosas suceden involuntariamente o no se explican del todo. Te preparas para el sexo al establecer contacto con tu profundidad, al permitir que tu ser más profundo, tu alma, se haga presente. Puedes hacerlo en cualquier momento de tu vida, pero en la vejez es más sencillo porque te conoces mejor y ya no te preocupan muchos elementos neuróticos con los que una persona más joven tiene que lidiar. Puedes confiar en ti y en tu pareja aún más, y así permites que tu yo más profundo esté presente.

Sexo sereno

Las personas mayores pueden encontrar placer en el "sexo sereno". Linn Sandberg, estudiosa de la sexualidad en la madurez, ha demostrado que la gente mayor prefiere "la intimidad y el contacto" frente a expresiones sexuales más energéticas. Los hombres que participaron en el estudio confesaron que se volvían más habilidosos y más considerados en la madurez. Antes, no sabían cómo ser buenas parejas sexuales y se dejaban llevar por lo que escuchaban de otros hombres. En la madurez se distanciaban de las personas que consideraban el sexo como algo dominante y egocéntrico.

Cuando hablo de serenidad no me refiero a no hacer ruido, sino a serenar cualquier necesidad de demostrar que puedes, de conquistar, dominar o darle demasiada importancia al sexo. A medida que envejeces, el sexo se vuelve menos apasionado, no por limitaciones sino porque está madurando. Es parte integral de la vida. Ya no se expresa de manera exagerada, sino que se apega a otros valores y otros aspectos de la vida. Brinda placer y deleite erótico. Ya no lo supera todo, más bien, lo intensifica.

Los placeres del sexo sereno son diversos: las emociones son más estables, el enfoque en general es más relajado, quizá demuestra años de amar, y tal vez se te dificulte darle sentido a la relación sexual. La sexualidad cambia a medida que envejeces y atemperas tus pasiones en vez de reprimirlas. Tu sexualidad ya no estará tan orientada hacia los objetivos, se centrará en encontrar un placer constante y sereno.

Conocí a un hombre en la setentena, Bruce, que pese a estar felizmente casado se encaprichó con una vecina en la sesentena. "¿Por qué me está pasando esto ahora?", dijo en nuestra primera sesión. "Creí que ya me había librado de esta combinación tan compleja de amor y deseo." Se trataba de un hombre erudito que se había dedicado a ser editor de un periódico local. "No lo quiero, pero aun así es delicioso."

Me dio la impresión de que era la descripción perfecta y tradicional de Eros. En la antigüedad, a Eros se le llamaba el "dulce amargo".

—Amo a mi esposa. Se molestaría si supiera que tengo estos sentimientos. No los quiero, incluso si me resucitan.

Esas últimas palabras me asombraron. Esta mujer lo había hecho renacer. Debió haberla visto a partir de su falta de vida e identificó una ruta hacia la vitalidad. Desde luego no de forma consciente, pero sí en el fondo.

—La gente se reirá de mí. Un anciano, patético en todo sentido, calvo, barrigón, que arrastra los pies. ¿Qué ve ella en mí?

—Supongo que tu alma es atractiva —dije para confirmar su experiencia.

—¿Qué puedo hacer?

El maestro zen en mí se hizo presente.

—¿Por qué no intentamos aceptarlo tal cual es?

—Ya sé: amo a mi esposa, esta otra mujer me conquistó, es un dilema. Quiero que se detenga, pero no creo poder escapar.

—Está muy bien, es lo que es.

La experiencia de este hombre no es inusual. La atracción sexual no es exclusiva de los jóvenes, las personas que han envejecido bien son especialmente susceptibles a vivir conexiones complejas. Están abiertas a la experiencia, están cómodas con sus emociones y las motiva el deseo.

No es preciso vivir una experiencia sexual tan obvia cuando creías que el sexo había quedado atrás. Sin embargo, esto te puede servir si, como he dicho, entiendes que el sexo no se limita a hacer el amor. También incluye atributos sexuales como el placer, la alegría, la intimidad, la conexión y la sensualidad en general. Ser franco con la gente, capaz de desarrollar vínculos estrechos, divertirte, conversar: todo esto también puede ser una expresión de tu sexualidad en un sentido más amplio. El secreto es que estas experiencias satisfagan tu deseo sexual con amplitud para que no arruines tu vida experimentando con una nueva pareja.

Sabía que Bruce resolvería su situación. Reconoció que el amor lo había embelesado. Era plenamente consciente de la complejidad de sus sentimientos y deseos. Amaba a su esposa, pero la otra mujer le parecía "deliciosa". Las cosas permanecieron igual un par de meses más hasta que decidió que su esposa merecía toda su atención. Sin dramatismo, serenó a su corazón y se despidió de su nuevo amor. Sin embargo, sí implementó cambios en su vida que me pareció estuvieron inspirados en su experiencia erótica. Dejó de trabajar tanto y se propuso disfrutar las cosas simples.

La sexualidad humana es una actividad del alma. Es profunda, emocional, relacional y llena de sentido. Al envejecer es posible descubrir esta dimensión más profunda de la sexualidad y, de hecho, encontrar más placer en el sexo, no menos. El envejecimiento puede suponer la madurez de la sexualidad pues se vuelve algo menos literal, sin duda menos impulsivo y no tan inconsciente. Es una cuestión del corazón y no sólo del cuerpo.

Sexo en la vejez

Una universitaria de veintitantos años de nombre Carol Ann me contó que le gustaba tener relaciones sexuales con profesores solteros y mayores porque eran atentos y considerados. Decía que todavía tenía relaciones sexuales con los jóvenes estudiantes por su vigor y salvajismo. Quería ese sexo irreflexivo y potente, pero nunca se involucraría en una relación a largo plazo con alguno de esos toros salvajes.

—Es como si los usaras como sementales —le dije.

—Tal vez, pero ellos también me están usando. No esperan de mí una relación seria ni relaciones sexuales formales.

Aprendí mucho sobre la sexualidad de Carol Ann. Tenía una vida sexual bastante activa, pero era selectiva y tenía límites. Cuando la conocí a mediados de sus veinte años, el sexo era lo principal en su vida, pero no lo único. Los hombres la encontraban atractiva porque sentían de inmediato su sensualidad y estilo de vida receptivo. Les tomaba más tiempo descubrir que también era una mujer reflexiva que sabía lo que quería y era ambiciosa. Que buscara parejas jóvenes y mayores demuestra que su sexualidad era compleja y en muchos sentidos, rica.

La historia de Carol Ann podría animar a la gente mayor que cree que su sexualidad ya quedó atrás. A Carol Ann, una joven sofisticada y animosa, podría interesarle un hombre mayor como pareja. Ella busca a una persona madura que disfrute el sexo pero que no esté lleno de hormonas furiosas, irreprimibles y duraderas. Por supuesto hay muchos hombres comparables con Carol Ann que buscan mujeres maduras.

Lo que necesitamos es Viagra para el alma. Podría venirnos bien una intensificación de la integridad personal, la generosidad en una relación y la capacidad para la intimidad.

Son cualidades que suelen faltar en el sexo y son precisamente aquellas que puede tener una persona mayor.

Envejecer sexualmente

¿Entonces cómo envejecer sexualmente?

1. En la medida de lo posible resuelve los conflictos que se originen en los primeros años de tu vida. El sexo comprende la vida integral y las experiencias de la infancia le afectan especialmente. Hay imágenes y narrativas que provienen de diversos aspectos de tu vida que se suman a una imagen revelada de tu sexualidad. Quizás esa imagen exponga mucho dolor que requiera reflexión y resolución.

2. Toma una posición proactiva en respuesta a las oportunidades y retos que la vida te presente de manera individual. El sexo es el símbolo e indicador de la vida. Ofrece vitalidad en todos los ámbitos. Aunque tenga distintos fines, al mismo tiempo afecta todo lo que haces. Envejecer supone hacerle frente a la vida, vivir una transformación y madurar. Esto es particularmente cierto en el caso de la sexualidad. Ocúltate de la vida y ésta padecerá.

3. Muchos tenemos heridas sexuales de distinta índole, de modo que haz lo posible por ser una persona amorosa y sensual. Las heridas de la psique pueden provocar sufrimiento o limitaciones, pero también suponer una fuerza positiva para la solidez y el carácter. Todo depende de cómo enfrentes tus heridas. No permitas que ensombrezcan tu estado de ánimo ni que opriman

tus otras emociones. Dales algo de lo que piden, pero tampoco cedas en todo.

4. Tu sexualidad madura cuando genera un estilo de vida erótico. Una vida erótica disfruta de placeres profundos como la amistad y la curiosidad intelectual. No la condicionan la ira, la frustración, la depresión ni el miedo. El individuo con madurez sexual está enamorado de la vida y busca la vitalidad y la conexión a cada oportunidad.

5. Eres menos impulsivo, menos compulsivo sexualmente y tomas mejores decisiones que mantienen tu sexualidad en correspondencia con tus otros valores. En la juventud tendemos a tomar decisiones apresuradas sobre parejas y encuentros sexuales. La persona madura suele entender sus emociones mejor y sabe que no debe seguirlas a ciegas, de modo impulsivo.

6. Entiendes que el sexo tiene un significado profundo y no lo tomas a la ligera. Sientes el peso de las decisiones sexuales y tienes en cuenta tu vida en su totalidad. Esto no es una carga para la persona madura sino una oportunidad para evitar los enredos que restan energía y complican la vida innecesariamente. El mejor sexo no contradice tus valores.

7. Reconcilias tu sexualidad con tu espiritualidad. Puedes darle a tu vida sexual algunos de los atributos de tu práctica y reflexión espiritual, así como disfrutar una vida religiosa o espiritualidad que no va en contra del sexo, ni siquiera de forma sutil. Ambas partes se benefician de la unión. La espiritualidad sin sexo es vacía y el sexo sin espiritualidad es insignificante.

Maduras sexualmente cuando llevas tu personalidad rica y cultivada a una relación, te relajas y permites que tu pareja esté cerca y presente con todas sus diferencias. El sexo no es fundirse sino acoplarse: dos mundos diferentes que no chocan, se disfrutan.

TERCERA PARTE

IMAGINAR EL ENVEJECIMIENTO DE OTRA FORMA

La medicina es inútil si uno no se deshace de las enfermedades del cuerpo y la filosofía es inútil si uno no se deshace de las enfermedades del alma.

Epicuro

7. La enfermedad como iniciación

Una manera de imaginar la vida humana es considerarla un acto en que se suman experiencias y recuerdos, se cuentan los años y se llega al final con un contenedor lleno con historia personal. El crecimiento personal es una metáfora igual de popular. Como ya hemos visto, es frecuente que las personas aseguren que están creciendo y existen centros en los que se tienen experiencias de crecimiento. Sin embargo, esta metáfora también es deficiente. Los árboles crecen, pero las personas nos volvemos más interesantes, sutiles, complejas e individuales a medida que envejecemos. Al menos eso esperamos. No crecemos en sentido estricto, experimentamos un proceso de maduración que incluye reveses y altibajos. James Hillman cuestionó el uso de la fantasía del crecimiento en la psicología: "La fantasía del crecimiento de la psicología parece un remanente de la fascinación colonial, industrial y económica de principios del siglo xx con el aumento: cuanto más grande, mejor".[1]

De modo que otra forma de imaginar el paso de los años es como una serie de iniciaciones o pasajes. Iniciación significa comenzar y, efectivamente, en el transcurso de una vida la mayoría experimentamos diversos comienzos a medida que entramos en las nuevas dimensiones de quienes somos. Un niño se convierte en adolescente, un adolescente se convierte en joven adulto y así sucesivamente.

Los antropólogos nos han brindado imágenes asombrosas de ritos de iniciación en distintas comunidades, en las que un joven es enterrado en un hoyo en la tierra o debajo de una pila de hojas para indicar la muerte de una fase previa y el renacimiento en una nueva. Tal vez suponga dolor y miedo seguido de la aceptación y celebración de la comunidad. No es fácil dejar atrás una fase que nos resulta familiar y que disfrutamos.

Comenzar un nuevo trabajo puede ser un rito de iniciación. No sólo descubres cuáles son tus deberes y te familiarizas con ellos, también entras en una comunidad existente de trabajadores y en un conjunto de tradiciones y costumbres. Quizás adoptes un estilo de vestir y vocabulario nuevos. Tal vez esta iniciación no sea fácil y podría suponer mucho tiempo, incluso años.

Una de esas experiencias de iniciación frecuentes en la vejez es la enfermedad. Estamos habituados a considerarla como un colapso físico que debe repararse. Sin embargo, como experiencia —emocional, intelectual y relacional—, la enfermedad nos obliga a examinar nuestra vida, hacerle frente a la mortalidad y poner en orden nuestros valores.

El alma de la medicina

Hace varios años escribí un libro sobre el alma de la medicina y en la fase de investigación entrevisté a muchos trabajadores del sector de la salud y pacientes. Una de las cosas que más me llamó la atención al hablar con los pacientes fue una opinión constante: muchos deseaban no tener que sufrir el dolor y la ansiedad que les provocaba la enfermedad, aunque al mismo tiempo reconocían que había sido lo mejor que les pudo haber pasado. Como algunos resumieron en términos dramáticos: su enfermedad los curó.

La enfermedad los obligó a reconsiderar su vida, sobre todo qué hacían con su tiempo y cómo abordaban sus relaciones personales. Después de una probada de mortalidad, sintieron la necesidad de cambiar y aprovechar la vida. Reconocían que cada día era preciado e hicieron caso omiso de problemas menores en sus matrimonios y familias, comprendieron que dichas relaciones eran invaluables. Sus enfermedades cambiaron su calidad humana.

Ésta es la naturaleza de la iniciación en la vida: experimentas dolor y preocupación, reflexionas como nunca lo has hecho antes y sales del otro lado renovado. Con el paso del tiempo tomas nota de las oportunidades que se presentan para vivir otra iniciación y respondes de frente y con valor. De este modo se revela tu destino y desarrollas tu potencial.

No obstante, hay una diferencia crucial entre entender la enfermedad como un colapso físico o una oportunidad para pasar por una iniciación. En el primer caso, no estás presente en la experiencia como individuo. Simplemente experimentas el sufrimiento físico. Tu alma no está involucrada. En el segundo, la enfermedad supone un progreso, te acompaña a medida que te conviertes en un individuo real. La enfermedad es el vehículo para transformarte. Si puedes vivir tu enfermedad desde el alma, tus relaciones podrían mejorar y tu vida adquirir mayor sentido. Incluso estarás mejor preparado para los cambios continuos del tiempo porque tendrás la experiencia o el hábito de haber respondido a las invitaciones de la vida. No tendrás que ceder ante la inconsciencia que esto supone ni intentar ponerte al día de último momento.

Cuando reflexionas sobre el efecto que cualquier enfermedad tiene en el alma, sobre todo a medida que envejeces, identificas su valor. Así dejas de percibirla como un mero obstáculo que se interpone entre tus planes y deseos. Como muchas personas mayores experimentan nuevas enfermedades, este punto de vista es esencial.

La sociedad no está acostumbrada a cuidar el alma. Está absorta en el mito del materialismo, la filosofía que trata el cuerpo como un objeto que necesita reparaciones mecánicas y químicas. No entiende el alma de la medicina e ignora cualquier oportunidad para vivir una iniciación personal cuando se presenta una enfermedad. Por tanto, nos corresponde a nosotros como individuos hacer lo posible por identificar el alma de la enfermedad y buscar tratamientos en consecuencia.

Permíteme sugerirte un par de cosas que puedes hacer para valorar tu enfermedad y su tratamiento desde una perspectiva más profunda. Algunos de estos puntos son obvios y sencillos y otros te parecerán inusuales. Tal vez no estés habituado a vivir en un mundo que le pone mucha atención a tu ser profundo.

1. Lo primero que recomiendo es algo que muchos aconsejan: expresa tus emociones. Si eres ansioso, demuéstralo. También puedes articular tus preocupaciones con palabras sencillas y directas, compártelas con personas de tu confianza. Si no articulas tus sentimientos, los empujas al fondo de tu ser. No te evadas. Exprésate de forma directa y clara. Con frecuencia la gente sólo revela una parte aceptable de la realidad o cubre sus sentimientos con pretextos y explicaciones. Los exponen, pero los encubren al mismo tiempo.

   Un buen profesional de la salud para quien la espiritualidad es importante alentará tus sentimientos y escuchará tus palabras. Un profesional excelente dará a tu alma muchas cosas necesarias, sobre todo una actitud empática y comprensión a fondo. Muchas personas que trabajan en el sector sanitario temen a los sentimientos y han aprendido ideas cuestionables sobre ocultarlos, desde luego por el bien del paciente.

2. Cuenta tu historia. Muchos enfermos sienten la necesidad de relatar la historia de la enfermedad que padecen, así como historias sobre problemas físicos pasados y su vida en general. Estos relatos tienen mucha importancia. Un ser humano podría definirse como un animal narrador. Un relato compendia distintas experiencias ansiosas para darles sentido y apaciguar el ánimo.

De nuevo, una cultura sin alma, sin espíritu, no comprende la importancia de las historias. Quizás algunos profesionales de la salud estén cansados de las historias que les cuentan sus antiguos pacientes. Es una circunstancia triste porque aunque todos necesitan relatar sus historias, incluso los niños, las personas mayores tienen una necesidad natural de expresar sus experiencias y recuerdos a través de un relato. Los demás desempeñamos nuestro papel escuchándolos.

Deberías entender que esta narrativa tiene un carácter especial que el simple listado de los hechos no posee: se desarrolla mediante la repetición. Cuentas lo mismo una y otra vez. Cada vez puedes cambiar un detalle, aunque sea mínimo o enfatizar otro aspecto. Esto es suficiente para querer contarlo de nuevo. El escucha debe ser paciente y entender que las historias son esenciales y tienen que ser repetidas.

3. Tómate tiempo para meditar; incluso si no eres hábil para la meditación, puedes aprovechar los tiempos

de espera o los descansos para simplemente sentarte y poner la mente en blanco o permitirle que divague. Respira profundo y con más serenidad que de costumbre. Siéntate con una postura ligeramente más formal: espalda derecha, pies en el piso, manos en una postura significativa para ti. O utiliza una tradicional o mudra. Junta el pulgar con el dedo angular y descansa las piernas en los muslos. Cierra o entrecierra los ojos.

4. Pon atención a tus sueños. Tal vez nunca los has tomado con seriedad. Hazlo ahora. Tengo cuarenta años como psicoterapeuta y he ayudado a muchas personas a resolver asuntos de su vida centrándome casi exclusivamente en sus sueños. De verdad es muy útil. Y no tienes que ser experto. Ni siquiera debes entenderlos. Anota o registra como quieras todo lo que recuerdes de un sueño. Guarda estas notas en una libreta especial y privada. De vez en cuando, lee lo que escribiste. Considera tu libreta de sueños parte de tu tratamiento.

5. Reza. La oración no es sólo para creyentes. Es una práctica que puedes disfrutar y de la que te puedes beneficiar seas religioso o ateo. No es preciso tener un credo ni religión. Como ser humano puedes orar de manera natural. Incluso un creyente haría bien aprendiendo a rezar de manera natural y con palabras ordinarias. Cuando estés envejeciendo y enfermes, tienes que recurrir a otros medios además de la medicina moderna. Sé generoso y pide al Universo, a la Madre Naturaleza, a Gea, la diosa de la Tierra, o a la Nada que sientes en tu entorno que te cure y consuele.

Es un momento especial cuando una persona

que no es religiosa y no creyente se siente desespera-
da e inútil y se pone a rezar con toda naturalidad. No
me refiero a la actitud sentimentaloide y paternalista
que adoptan los creyentes ante un converso. Me refiero a superar una existencia materialista y limitada
y adoptar una más libre en donde haya espacio para
el misterio. La enfermedad podría inspirar tal cambio, el cual a su vez es una señal de madurez.

6. Sé franco con tus seres queridos y con todos los demás. La mejor forma de sanar es sanar tu entorno.
Si has bloqueado relaciones, desbloquéalas. Toma la
iniciativa. La generosidad es una de las virtudes más
sanadoras. No *quid pro quo.* No esperes nada a cambio. Regala desinteresadamente.

   Sé igual de franco con los profesionales de la salud y otras personas con las que estés en contacto. En
general sé una persona más franca, como parte de tu
sanación. Expresa lo que normalmente callas: tu gra-
titud y elogios. Relaciónate con el mundo de forma
generosa y amorosa. Y sí, si puedes, también saca tu
ira y frustración.

7. Escucha la poesía de tu cuerpo. Tu cuerpo es una
presencia expresiva. No tienes que ser escrupuloso
en cuanto a los significados. Si tienes un problema
estomacal, recuerda que tradicionalmente es el lugar
donde reside la ira y la fuerza. Evidentemente tu corazón es amoroso y comprensivo. Tus pulmones ab-
sorben el mundo, el ritmo vital al inspirar y exhalar.
¿El hígado? Mantiene la sangre limpia y equilibrada. ¿Dolores de cabeza? Tu mente, pensamientos e
imaginación. ¿Piernas? Te permiten moverte, viajar.
¿Manos y dedos? Hacer cosas.

8. Confía en tu intuición. Esto es fundamental en tu tratamiento. Conserva objetos poderosos cerca: estatui-
   llas, joyería, pinturas y talismanes. Utiliza la música
   para adoptar un estado sereno e intemporal.

9. Cuando acudas al médico hazlo acompañado por un
   amigo o familiar, alguien que pueda lidiar con el sistema. Lleva una libreta o grabadora. Anota todas tus
   preguntas y todo lo que se discuta en la cita. Cuénta-
   le a tu médico cómo te sientes. Pregunta. Si necesitas más tiempo, pídelo. Di lo que quieras y necesites,
   comparte cómo esperas que sea el tratamiento y qué
   consideras importante en esa relación.

10. Permite que tu enfermedad surta efecto en ti. Haz
    caso a sus lecciones. Que sea una experiencia y no un
    problema. Estudia su historia. Escribe poemas al res-
    pecto. Ten conversaciones de calidad sobre el tema.

Normalmente no queda claro por qué una enfermedad llega
cuando lo hace. Parece salir de la nada: un nódulo desconocido, dolor en la espalda, molestias en el estómago. Mi madre
tuvo un derrame cerebral fatal durante una tarde normal, co-
mía cacahuates en compañía de su hermana.

Podríamos tratar la enfermedad como un misterio, respetarla como merece, reflexionar sobre su seriedad y el momento en que se presenta, orar por una buena resolución. La
mayoría de los hospitales, no sólo los religiosos, tienen una
capilla hermosa y acogedora porque nada suscita más la meditación y oración que una enfermedad seria.

Cuando paso frente a un hospital de noche y veo las luces encendidas desde las ventanas —algunas intensas, tal vez
las estaciones de las enfermeras, y otras tenues o apagadas
en las habitaciones de los pacientes— pienso en las personas

que yacen en las camas, pensando, sintiendo, reflexionando. Están incubando sus enfermedades en el alma. Ese tiempo de meditación es importante. Es una oportunidad para asimilar lo que se está experimentando y permitir que la imaginación divague con toda clase de pensamientos y preocupaciones. En este proceso, un individuo madura, descubre cosas y se deja transformar por su experiencia.

Los antiguos griegos acudían al templo del dios de la medicina y la curación, Asclepio, y pernoctaban en espera de un sueño o aparición que los curara. Pasaban la noche en camas denominadas *kline*, de donde proviene "clínica". Se decía que incubaban. En duermevela podían haber sentido la presencia curativa del dios.

Los pacientes en nuestros hospitales también incuban en los momentos tranquilos, aunque hemos olvidado el alma en la enfermedad e incubamos sin ritual ni conciencia. Imagino un hospital como un hospicio, una casa de huéspedes donde la gente se retira a descansar, no sólo a que sus cuerpos se recuperen sino a preparar el alma para hacer descubrimientos transformadores.

La incubación es como un huevo que yace en el calor, listo para romperse. En caso de enfermedad, puedes incubar al yacer en la calidez de tus pensamientos y recuerdos, permitiendo que la enfermedad rompa un fragmento aún desconocido de tu alma, tu propia identidad. La enfermedad es un suceso potente para tu vida interna y tus relaciones. Revuelve fantasías y emociones y te lleva a explorar partes de tu ser que tal vez no conoces.

Si la gente mayor hospitalizada pudiera dedicar su tiempo de reposo a cuidar sus almas, reflexionando, meditando y teniendo conversaciones trascendentes y serenas, le podría sacar provecho a sus enfermedades y no tendría que considerarlas únicamente colapsos y calamidades. Podríamos alentar estas acciones serenas centradas en el alma, un respiro de los tratamientos activos y heroicos en una atmósfera de ruido y urgencia.

En una ocasión tuve una conversación con una mujer que tenía cáncer y que en ese momento recibía quimioterapia intravenosa. Es evidente que en situaciones extremas como ésta una persona puede estar dispuesta a conversar y reflexionar con seriedad. Me dio la impresión de que mi presencia como representante del alma fue importante para ella, manifestarle que su enfermedad tenía un significado y que podría ser la oportunidad para trabajar el alma. Me habló de su esposo y sus hijos y su vida feliz a grandes rasgos, su deseo de que su familia no sufriera debido a su dolor. En el transcurso de una hora, sentada en silencio en la presencia de un medicamento devastador, aunque curativo, abordó buena parte de su vida y experimentó diversos sentimientos.

Creo que todas las habitaciones de todos los hospitales requieren una enfermera para el alma (el significado original de "pisoterapeuta") para llevar la experiencia de la enfermedad y el tratamiento a un nivel mucho más profundo y significativo. Esto no sucederá en mucho tiempo, pero mientras tanto cada uno podemos hacer lo posible por tener una experiencia significativa, asclepiana, de la enfermedad y la sanación al permitirnos reflexionar y expresar nuestras emociones y pensamientos.

La filosofía mecanicista actual —que nos anima a tomarnos una pastilla para nuestro estado de ánimo— trata todas las enfermedades con remedios químicos y mediante cirugía y logra que nuestros hospitales y centros médicos sean eficientes mas no bellos ni saludables, lo cual afecta todos los aspectos del envejecimiento. Comemos para tener salud cardiovascular, comemos ciertos alimentos en beneficio de nuestros órganos, sin embargo somos bastante ignorantes en lo que se refiere al efecto del sufrimiento espiritual en nuestro organismo.

La gente mayor también se preocupa por sus encuentros futuros con el mundo médico, lo cual puede ser una carga, y sobre la posible necesidad de cuidados y un hogar especiales. Envejecerían mucho mejor si pudieran identificar el sentido de una enfermedad y no considerarla un simple colapso físico.

De modo que tenemos dos preocupaciones: (1) cuidar de nuestras almas en virtud de nuestro bienestar físico y (2) transformar cada aspecto del tratamiento médico en una iniciativa con alma. Debido a que la enfermedad ocupa la mente de la gente mayor con mucha frecuencia e incluso los jóvenes que piensan en la vejez, envejecer con alma en el ámbito médico es de vital importancia.

El alma se enferma junto con el cuerpo

Tu alma puede enfermarse y debilitarse y necesitar atención especial; esas enfermedades se traducen en problemas físicos. La medicina psicosomática no es nueva. Fue particularmente popular en los años cuarenta, cuando muchos psicoanalistas creativos exploraron de qué formas las emociones se "convertían" en síntomas físicos. Por ejemplo, Thomas M. French, uno de los pioneros de este enfoque, describe que los ataques asmáticos pueden estar relacionados con la necesidad de confesar un secreto doloroso.[2]

Un primer paso individual y cultural sería superar el hábito arraigado de la literalidad y tratar las enfermedades como males físicos. No siempre ha sido así. Durante milenios, los seres humanos se han tomado con absoluta seriedad el

ámbito de la imaginación y la emoción vinculado a las enfermedades. No somos conscientes de que albergamos una propensión hacia lo físico. La damos por sentado. Asumimos que
es un avance con respecto a formas más primitivas de imaginar la enfermedad.

Muchos profesionales médicos se resisten a pensar más
allá de lo físico. Creen, casi como si se tratara de una religión,
en su filosofía del siglo xviii que insiste en que una cosa es real
sólo si puedes verla, tocarla y medirla. Lo demás es sospechoso.

¿Cuáles son las enfermedades del alma que pueden tra-
ducirse en problemas físicos? Una importante es la ansiedad.
Si algo te preocupa, no puedes dormir, comes con nervios y
en general no te sientes relajado, es probable que tengas problemas estomacales, erupciones en la piel o alguna otra manifestación. A medida que envejecemos, nos damos cuenta de
cuán importante es lidiar eficazmente con nuestras ansiedades. Nuestra salud física depende de ello, por no mencionar
nuestro bienestar emocional.

¿Qué puedes hacer para lidiar con la ansiedad? Exprésala
de modo verbal en los términos más llanos, precisos y francos
posibles a alguien en quien confíes. No tienes que revelarlo
todo. Si tienes reservas a la hora de compartir tu historia, es
importante hacerles caso. Guárdate lo que sientas que es preciso, por lo menos de momento.

En segundo lugar, haz algo para remediar la ansiedad. Si
te preocupa el dinero, empieza a trabajar en un plan para ganar
más. Si necesitas divorciarte, comienza a actuar. Es posible que
te sientas ansioso hasta resolver el problema, pero por lo menos habrás actuado con miras a resolverlo. En general, relájate.

La relajación profunda es una de las cosas más sanas que
puedes hacer. No me refiero a eludir tus problemas sino adoptar una actitud general relajada. Hoy en día muchas personas

están frenéticas buena parte del día, intentan seguir el ritmo a su vida ocupada. Puedes ser activo sin renunciar a momentos de relajación. Encuentra recursos que te funcionen, incluso si a los demás no les parecen relajantes.

Yo resuelvo crucigramas, escucho música en YouTube, veo películas antiguas en blanco y negro, juego golf, toco el piano, leo novelas de detectives y camino en el bosque. Algunos pensarán que pierdo el tiempo, pero para mí son actividades relajantes y por tanto importantes. Me ayudan a envejecer con menos ansiedad.

Diversas formas de meditación y yoga también te pueden ayudar a relajarte con el cuerpo y el alma. Es importante porque en ambas zonas puedes acumular tensión de forma inconsciente. Tendrás que escuchar a tu cuerpo, sentir la tensión, antes de valorar el papel de la ansiedad en tu enfermedad.

Te pido que tomes la relajación con seriedad y la practiques más de lo que consideres razonable. Date cuenta de si tus músculos están tensos, si tu mente va demasiado rápido o tus emociones están agotadas. Haz algo al respecto. Date un baño. Sal a caminar. Ve una película. Medita. Lee un poema.

Como terapeuta, estoy al pendiente de las señales de la ansiedad y hago lo que puedo por ayudar a que mis pacientes se relajen. No me dejo contagiar por sus preocupaciones ni prisas. Respiro profundo y me tomo mi tiempo. Si alguien me llama en pánico o extremadamente preocupado, respondo con tranquilidad. A veces no es sencillo conservar la calma, así que me esmero. De vez en cuando un paciente parece querer que comparta su ansiedad, pero no muerdo el anzuelo.

Te puede venir bien una filosofía que, sin importar lo que suceda, te permita guardar la calma. Así cuando alguien quiera que te preocupes, no cederás. Puedes cultivar una vida tranquila que constituya una base para lidiar con la ansiedad ajena. Aliento a los terapeutas que se están formando a centrarse en su vida familiar y esforzarse para que en ella reine la calma, porque ésta puede constituir un buen cimiento para la actividad profesional.

Los problemas irresueltos del pasado también pueden reflejarse en nuestros cuerpos y alojarse en ellos durante años, infectándolos, para emplear una palabra que se refiere a una herida física. Hay individuos con tics y gestos físicos que demuestran su preocupación. También emplean ciertas palabras y frases que traslucen su ansiedad.

Son comunes las expresiones: "Creo que te estoy quitando mucho tiempo" o "Estoy seguro de que no quieres escuchar mis problemas". Yo podré estar tranquilo y dispuesto a escuchar, pero a la otra persona la invaden los pensamientos de preocupación. Tal vez se consideren sensibles y altruistas, pero su ansiedad traiciona su inseguridad.

En el caso de la enfermedad, estamos habituados a separar el cuerpo del alma, con lo cual enfermarse tiene un componente casi macabro. De pronto somos un objeto, una colección de órganos que debe ser tratado con máquinas y químicos. Todos los días hombres y mujeres ingresan a centros médicos para ser tratados como muertos vivientes, desalmados, como Frankenstein: una colección de partes corporales que deben arreglarse.

He acudido a médicos toda mi vida, pero ahora que estoy en mis setenta me siento diferente en contextos médicos. Primero, temo que me agrupen con los "adultos mayores" y que no me tomen en serio, como a los pacientes más jóvenes. También me incomodan muchísimo los escáneres enormes y el uso excesivo de medicamentos. ¿Acaso soy un viejo enfermizo incapaz de apreciar la ciencia moderna? ¿O sólo un individuo que quiere que reconozcan que posee un alma?

Hace poco me sometí a una cirugía y mi historia puede aportar ideas para lidiar con las instituciones médicas. Mi
historia es positiva, espiritual. Durante tres o cuatro años desarrollé una hernia umbilical. En ese tiempo no le di mucha
importancia. Un doctor a quien le tenía mucha confianza
me recomendó esperar, a menos que creciera. Sin embargo, me informé y otro doctor me dijo que las hernias pequeñas podrían ser más peligrosas. Una de las posibilidades es
la gangrena y puede poner en riesgo la vida. Entonces decidí
operarme. Mi doctora general me dijo que la programaría en
nuestro hospital más cercano, pero no he tenido experiencias
positivas en él.

De modo que contacté a un amigo en un hospital en una
ciudad a dos horas de distancia en auto. Me recomendó a un
cirujano. Le escribí al director del hospital y le pedí su consejo. Me recomendó al mismo cirujano, así que agendé una cita.

La cita duró unos diez minutos, pero me dio la impresión de que era un médico generoso y profesional. Mi esposa,
hija e hijastro me acompañaron a la cirugía y todo el personal
médico del sanatorio nos trató de maravilla, con humanidad.
El cirujano me visitó en mi habitación y me presentó a su hijo,
quien terminaba su residencia en cirugía. Él sería su asisten-
te. Mi esposa me susurró que era una buena señal, porque el
cirujano querría hacer un trabajo excepcional.

No me sentí como un adulto mayor molesto. Señales
menores de amabilidad marcaron la diferencia. La única experiencia negativa que tuve fue despertar de la anestesia. Recuperé la conciencia poco a poco y la paz que me invadió se
vio interrumpida abruptamente cuando escuché voces ruido-
sas en el cubículo contiguo. Había olvidado programar que
me pusieran música para ese momento. Después le escribí al
cirujano y al director para agradecer su ayuda y mencioné el

problema que tuve al despertar. Me aseguraron que encontra-
rían una solución.

Debes ser proactivo con tu enfermedad y su tratamiento.
Las instituciones médicas quieren que estés conforme, que
hagas lo que dicen, que aceptes sus fallos con sumisión. Pero
es tu vida y tu enfermedad. Es preciso expresar tus ideas e im-
presiones. Cuestiona la toma de tantos medicamentos. ¿Acaso todos son necesarios? ¿Son medicamentos estándares no
apropiados para tu situación? ¿Algunos causan efectos secun-
darios tan malos que no vale la pena el sufrimiento?

Uno de los libros más claros que conozco para entender
tu enfermedad es *Por qué se enferma la gente: exploración de la
conexión entre la mente y el cuerpo*, de Darian Leader y David
Corfield. Citan estudios que demuestran que los cambios en
la vida y la salud están relacionados. Sugieren identificar las
circunstancias vitales al comienzo de una enfermedad seria y
hablar de la enfermedad no como un hecho objetivo, sino en
términos humanos, relacionales.

No es difícil introducir el alma en el sistema de salud. En
mi caso, bastó con un hospital con dedicación al cuidado personal, un cirujano, un "negocio" familiar, personal generoso
y humano y la presencia de mi familia, a la que trataron con
respeto y calidez extraordinarios. Se trata de atributos humanos esenciales y es todo lo que necesitamos para transformar
el sistema de salud en una esfera de sanación.

En los meses previos a mi cirugía de corazón, desarrollé
angina de pecho y tuvieron que ponerme un *stent* en un vaso
sanguíneo. Esto ocurrió poco después de vender una casa en
cuya construcción había puesto todo mi corazón y por tanto
había disfrutado mucho. A mis veinte años tuve apendicitis
poco después de mudarme a Irlanda, después de separarme
de mi familia por primera vez. Quizás estos dos sucesos eran

necesarios e incluso positivos desde cierto punto de vista. No obstante, dejaron una grieta en mi vida emocional. No quiero decir que hayan ocasionado mi enfermedad, pero al analizar la cronología de mi salud, quiero tenerlos presentes, pues humanizaron mi enfermedad y le dieron alma.

Esta respuesta ante la enfermedad, como un suceso humano y no uno exclusivamente biológico, es otra pieza en el proyecto de envejecer con alma. La madurez no es automática y la biología no la determina. Tiene que ver con nuestras decisiones y nuestra comprensión de la vida. Si podemos mantener un punto de vista humano y no sucumbir ante la tendencia moderna de despersonalizar todos los aspectos de nuestra vida, entonces es muy probable que envejezcamos de manera significativa.

8. Cascarrabias amable

Hace varios años recorría el Museo de Bellas Artes de Boston, pasaba por la sala de Grecia clásica, cuando me encontré un jarrón antiguo con una escena admirable: un joven Acteón al que atacaban los perros de Artemisa. Una mujer joven, Lisa, acompañaba a los perros y de su cabeza parece salirle la cabeza de un perro.

La historia se centra en un joven que vive en la granja de su padre. El padre es Aristeo, el fundador mítico o clásico de la agricultura y la cultura. Un día Acteón sale al bosque, donde se encuentra a la diosa Artemisa bañándose en un arroyo. Si hay una diosa a la que no debes espiar mientras se baña es Artemisa, la ruda cazadora virginal que valora su privacidad e integridad. Como castigo, salpica la cabeza de Acteón y él se transforma lentamente en un venado, el animal que estaba cazando y que a Artemisa también le gusta cazar. Los propios perros de Acteón lo atacan y lo hacen pedazos. Están histéricos, lo cual se demuestra con el perro que sale de la cabeza de Lisa.

La imagen de Lisa me pareció fascinante, la cabeza de perro que emerge de la mujer. No requirió mucha reflexión, he visto muchas imágenes de los perros atacando, asaltando a su antiguo amo, el aparentemente inocente Acteón. En algunas versiones incluso se sube a un árbol para observar mejor a Artemisa.

Lisa es la diosa de la ira, la furia e incluso la rabia (otra vez el perro). Pero el hecho de que sea una figura mítica significa que representa alguna necesidad, algún elemento importante. En ocasiones el perro tiene que estallar, rabioso. Y el perro es fiel a Artemisa, una adorable diosa virginal que vive en el bosque y a quien se le conoce por su furia.

La gente suele describir la ira que perciben en la gente mayor como patética, un defecto de carácter. Pero hoy me gustaría recordar que Lisa tiene un lugar en la mitología y en la psicología humana. Es una figura real e importante. La ira no siempre tiene que suponer la pérdida de control. Tiene un fin. Tiene pertinencia incluso entre la gente mayor. Nuestra labor es no juzgar con dureza sino identificar su significado. ¿Por qué a ese anciano le sale un perro de la cabeza?

El lugar de la ira

Hay una regla en la psicología: si reprimes de alguna manera una emoción ésta puede volver a surgir de forma exagerada o distorsionada. Una idea interesante a propósito de la ira es que los jóvenes tienen la necesidad de considerar la vejez como una época de serenidad y contención emocional. La investigadora Kathleen Woodward asevera que cuando esperamos que las personas mayores encarnen la sabiduría, esta exigencia es una defensa en contra de su necesidad de mostrar su enojo.[1] Asumimos que las personas mayores deberían ser serenas y sabias, de modo que su ira nos parece inquietante.

Sospecho que los familiares estarían de acuerdo con que, si bien es bueno expresar la ira en general, algunas personas mayores tienen la costumbre de quejarse y gritar. Se convierten en cascarrabias, siempre irritables y difíciles. Aunque podríamos recordar que nos referimos a dos personas: un anciano iracundo y un pariente o cuidador más joven y molesto. Es el clásico encuentro de dos almas que define la situación.

El cascarrabias es una personalidad que se instala en muchos hombres y mujeres mayores. Puede ser una presencia compulsiva: la persona mayor tiene poco control sobre ella. Puede ser parte de la historia del individuo o estar haciendo algo constructivo.

En el libro de James Hillman *La fuerza del carácter y la larga vida*, cuenta una historia interesante sobre una anciana viajando por Grecia que increpó a una mujer más joven por no mostrarse más reverente en sitios sagrados. En vez de considerarla una tensión generacional o un caso de indignación personal, Hillman cree que la anciana quería rescatar a la civilización de la falta de respeto de la mujer joven. A veces una persona quiere conservar valores esenciales que cree que se ignoran con demasiada facilidad o inconsciencia. Para otros, la persona irascible se comporta como un viejo, impaciente y ridículo, un cascarrabias. No se dan cuenta del motivo de la molestia.

La respuesta de Hillman demuestra que la ira de una persona mayor puede tener un fin más importante, positivo. Incluso si la ira es crónica, la emoción puede originarse de la tristeza que la pérdida de valores importantes provoca. Quienes lo vemos de fuera debemos poner atención a la negatividad y no juzgarla para comprender su raíz. Hillman interpreta a los cascarrabias como un rasgo comprensible e incluso positivo.

Al recordar ciertos valores que aprendieron de niños, las personas mayores pueden identificar la indiferencia en la sociedad actual. Los reconocen en sus padres, sus maestros, representantes de la cultura, y sin reflexionarlo, se sienten obligados a defender lo que consideran correcto e importante.

Debido a mi crianza nunca dije groserías. Mi papá utilizaba algunas suaves, pero no era un hábito de la familia. Hoy, en público, cuando escucho que alguien dice varias groserías en una oración, sobre todo en la presencia de niños, me molesto. Pero si dijera algo, se reirían de mí por viejo cascarrabias. Una vez no pude evitarlo: un joven estaba rodeado de niños y decía una grosería tras otra. Le llamé la atención y me sacó el dedo del medio. En otra ocasión, un hombre ofensivo respondió: "Lo siento, no estaba pensando". Si tengo que elegir entre ser un cascarrabias o cambiar mis modos, a veces elijo lo primero.

En muchos sentidos es inteligente mantenerse al día. Los valores y los gustos cambian. Normalmente mejoran. Por ejemplo, me alegra saber que hoy la gente tiene cierta conciencia de la discriminación por la edad, aunque todavía nos falta mucho. Sin embargo, algunos valores positivos del pasado se han perdido. Para mantener esos valores intactos, una persona como yo tiene que correr el riesgo de ser un cascarrabias.

Los jóvenes están construyendo un mundo nuevo y se centran en lo novedoso. Con el tiempo, envejecerán, sus ideas "nuevas" envejecerán y las defenderán con empeño, tal vez se volverán cascarrabias.

La conclusión de Hillman al menos nos hará detenernos cuando nos molestemos con los regaños de una persona mayor: "Todos recordamos al profesor de teatro, música, del taller de carpintería, a un tío mayor que nos regañaba, censuraba nuestro carácter con desdén, lo ridiculizaba en nombre de los valores que deben reconocerse, defender y transmitir. El regaño como instrumento de tradición".[2]

Me gustaría agregar que Hillman era experto en encontrar el aspecto positivo de muchas conductas humanas que en general se consideran negativas. De él aprendí que los celos, la traición y la depresión pueden contribuir positivamente a la psique y las relaciones de un individuo. Sugiero tener esta idea en mente, que, aunque pequeña, es bastante generalizada. Cuando escuches comentarios negativos, considera la posibilidad de que quizá tengan algo de valor, si tan sólo pudieras ahondar en ellos y con la mente abierta.

Tu ira puede tener un origen

También existen otras posibilidades. La ira de la gente mayor no siempre se justifica. No siempre es bueno ser cascarrabias.

Algunas personas parecen haber desarrollado una actitud negativa hacia la vida desde siempre. Quizás el maltrato o la negatividad sea parte de su historia desde hace tiempo. Tal vez a lo largo de su vida han tenido problemas con las autoridades en empresas y el gobierno. Quizá nunca han tenido la oportunidad de reflexionar o disfrutar experiencias sublimes relacionadas con las ideas o las artes. Tal vez hayan renunciado a fuentes de placer por la necesidad autoimpuesta de trabajar arduamente para justificar su existencia. Quizás hayan sido víctimas de la injusticia y los prejuicios y nunca se han sentido con la libertad de disfrutar la vida. En el presente pueden ser víctimas de discriminación por edad.

En cualquier caso, al encontrarnos con gente mayor irascible podemos intentar explorar su experiencia para identificar señales que expliquen su infelicidad. A medida que envejecen, se les dificulta reprimir su insatisfacción con la vida. Pero si sus seres queridos intentan esclarecer el contexto, quizá comprendan y amen a la persona pese a su ira y frustración. La carencia de empatía alimenta la ira o la perpetúa.

Cómo lidiar con la ira de la vejez

Todo se reduce al alma del individuo, la cual incluye tanto el carácter como la emoción, y requiere respuestas profundas, paciencia y empatía por la condición humana. Es probable que la gente que cuida a los ancianos responda a sus incomodidades con fastidio. En ese caso, están haciendo lo mismo que ellos: no tomarse un momento para reflexionar e identificar la fuente de insatisfacción.

La ira siempre es una expresión significativa, aunque pueda estar oculta en la verborrea acalorada y las quejas expresadas con gritos. Asimismo, la ira puede ser crónica y habitual, y su motivo puede estar tan encubierto que a veces es imposible detectarlo. Lo que el pariente puede hacer es ser paciente, dar oportunidades para la reflexión y evitar responder a la ira con frustración irreflexiva.

Si eres tú quien se está enojando y te das cuenta de que a medida que envejeces tu ira es cada vez más intensa y frecuente, hay cosas que puedes hacer.

1. Reflexiona sobre tu ira. Puedes poner una pantalla que te separe de la emoción. Puedes decir en voz alta y en ocasiones a alguien más: "Estoy enojado, pero no sé por qué. Me gustaría que pasara con menos frecuencia, pero es difícil no perder los estribos". Este tipo de afirmación por lo menos reconoce una alternativa a la ira al rojo vivo. Quieres reflexionar y tal vez necesitas ayuda para lograrlo.

2. Indaga en el pasado. Busca situaciones, incluso en tu infancia, que te hayan podido convertir en una persona iracunda. Un padre o maestro dominante es suficiente para dejar una huella de por vida. Intenta ubicar la

fuente de la frustración y relata tus historias a alguien
de tu confianza. No esperes encontrar la solución perfecta al problema, busca progresar paulatinamente.

3. Siempre sé fuerte. Identifica si hacerte la víctima o ceder tu poder se vuelven hábitos. A veces la ira, sobre
todo si es crónica, proviene de cierto grado de pasi-
vidad, de reprimir tu propio poder y frustrar tus deseos y planes. Las personas cuya conducta habitual es
pasiva suprimen su poder, y luego éste explota en de-
mostraciones de enojo. La solución es expresar tus necesidades y deseos y esforzarte por satisfacerlos.

4. Mantente en contacto con el poder que reside en tu
alma. Se trata de la reserva de experiencias pasadas,
talentos y habilidades arraigados, creatividad innata y
una alegría de vivir que puede ser la base para una vida
más satisfactoria. Esta fuente de poder no tiene que
ver exclusivamente con tu ego o con el yo consciente.
Es algo profundo a lo que casi no accedemos e incluso
desconocemos. Debes permitir que esas cosas ocultas
emerjan a la superficie para que te brinden mayor vitalidad; esa vitalidad en sí misma es una forma precoz
y creativa de la ira. La ira surge cuando tu fuerza vital
profunda está oculta, es una forma reprimida de una
fuerza vital innata.

5. ¿Qué quiere tu ira en términos positivos? La ira puede
volver a convertirse en tu fuerza vital y en el poder personal que residen en tu alma. En vez de permitir que
la frustración rija tu comportamiento, puedes pregun-
tarte qué buscas. ¿Qué quieres lograr? Al pensar en ello
en términos positivos quizá la puedas incorporar de algún modo a tu vida. Es el aspecto represor el que hace
que la ira sea destructiva y molesta para los demás. En

última instancia, es cuestión de imaginación, de cómo percibes que habitas el mundo, de confiar en que tenga influencia y efecto en tu vida. Son manifestaciones importantes de poder que, cuando se reprimen, se transforman en ira escandalosa, pero floja y perturbadora.

La ira como fuerza constructiva

Para retomar los mitos clásicos, Marte, el espíritu de la ira, tenía muchos dones positivos: firmeza, claridad, creatividad, eficacia, resistencia y vitalidad. La palabra que empleaban los romanos para la fuerza vital de la naturaleza, *vis*, es la raíz de *violencia*. Decir que *vis* reside en la violencia es como decir que la fuerza vital reside en la ira. O se puede decir que Marte es una fuerza necesaria en la vida y que, si se expresa con libertad, es una energía positiva. Estas asociaciones son pertinentes en el caso de la ira e incluso los viejos cascarrabias. La expresión exterior de la ira es molesta o parece inútil, pero en el fondo puede ser la fuerza vital que quiere salir, incluso en condiciones de debilidad. Debes identificar señales de que la fuerza vital quiere ser visible y tener protagonismo.

Cuando una persona mayor que conozcas se muestre iracunda constantemente, podrías intentar detectar la fuerza vital que quiere expresar. Si eres tú quien se va a enojar, a lo mejor ayuda entender la ira en este contexto profundo, multifacético y mítico. Te resulta útil cuando da a tus acciones cierta fuerza o te alerta cuando el mundo es amenazante, cuando algo no anda bien.

Mi padre estaba molesto en sus últimos días a la edad de cien años. En el transcurso de su vejez no fue un hombre iracundo. Tenía opiniones sólidas y se negaba a que se aprovecharan de él, pero en general era un hombre muy pacífico. Si hacia el final estaba irritable creo que se debió a que perdió cierta independencia y dignidad en el contexto del hospital. No es fácil superar una experiencia en la medicina moderna sin terminar sintiéndose como un objeto o un caso. Supongo que la ira de mi padre tenía una razón válida y que le fue útil.

Cuando el psiquiatra renegado R. D. Laing tuvo un paro cardiaco que lo tiró al piso, se rumora que gritó: "No llamen a los médicos". Era una petición irascible, pero en cierto sentido, atinada. Se dice que Fritz Perls, otro psiquiatra excéntrico, se quitó los cables y tubos de su cuerpo cuando yacía en el hospital. Detestaba el tratamiento deshumanizador.

Tenemos un sesgo general contra la ira, tal vez porque no es agradable. No obstante, puede tener fines positivos y quizá tendríamos menos prejuicios a la hora de lidiar con gente mayor si la entendiéramos como una expresión válida de la tensión. La gente mayor necesita la fortaleza para expresar su ira contra un mundo que no los trata muy bien. En general, sería útil considerar la ira en primer lugar como una emoción positiva y buena. Todos los sentimientos, entre ellos la ira, se pueden exagerar o expresar de forma extrema o negativa. Todas las emociones son problemáticas en potencia. Sin embargo, esto no quiere decir que la emoción en sí sea mala. La ira te permite saber cuándo algo no está bien, que debes defenderte y expresar tu desagrado. No hay límite de edad para que este poder de la psique muestre su indignación.

La edad es una emoción secundaria

Muchas personas no tienen idea de por qué están molestas, sin embargo son conscientes de que en un segundo pueden

estallar por una minucia. Estamos frente a dos aspectos de
una clase de ira: aparece de repente y la causa puede ser ni-
mia. Muchas personas pueden rastrear su agresión oculta en
la infancia o adolescencia, a un trato seco o asfixiante de sus
padres, parientes o maestros.

La ira crónica es una emoción que nunca ha encontrado una expresión adecuada. Algunas personas siempre están
furiosas o ante la mínima frustración desahogan su enojo, en
general de forma infructuosa y de tal modo que parece superficial. Normalmente no es una respuesta a una irritación
actual, pero por lo menos en parte es un remanente de frustraciones que surgieron hace años. Puede ser útil reflexionar
sobre la infancia o la adolescencia para buscar las presiones
que pudieron haber creado tal frustración. Repite las historias una y otra vez hasta que las comprendas mejor o sientas
un cambio sólo al reconocer el problema. Algunos creen que la
mejor forma de lidiar con esta ira crónica es desahogarse: gol-
pear almohadas, gritar, llorar. Nunca he confiado en las terapias de desahogo porque la emoción suele ser secundaria, no
es la frustración original. Desahogarse un poco puede ayudar en el contexto de aclarar la historia, pero la historia en sí,
contada suficientes veces y con sentimiento, debería aplacar
el enojo.

Permíteme ponerme como ejemplo. Mi madre era una
mujer maravillosa y amorosa, pero en algún punto de su educación y crianza aprendió que los niños deben ser callados y
sumisos. Cuando estábamos en público, constantemente me
pedía que guardara silencio. En casa le gustaba divertirse y jugar conmigo, pero en compañía de otras personas esperaba
que me quedara quieto y no hiciera nada. Recuerdo un episodio icónico que debió haber sucedido a mis cuatro o cinco años. Ella iba a salir más o menos por una hora y me pidió

que me quedara sentado en las escaleras del porche. Se retrasó y llegó a casa bastante tarde, y me encontró sentado ahí. Le sorprendió y me preguntó por qué no me había ido a jugar con alguien. No la comprendí. Me dijo que me sentara, no que fuera a jugar. Estaba seguro de que se enojaría si me movía —la había visto fuera de control y furiosa—, sin embargo, esperaba que yo hiciera lo que quería.

Es importante lo bien que recuerdo esa anécdota y si me escucharas contarla sentirías la emoción en mi voz. ¿Por qué? Porque no se trata de una anécdota única. Es una expresión de mi mito, mi historia de creación, mi relato de los orígenes. Brinda explicación sobre mis dificultades como adulto y aún la recuerdo setenta años después.

Tuve una infancia feliz, pero como terapeuta he escuchado muchas historias de personas cuyos padres y otros adultos hicieron mucho daño: no les pedían guardar silencio, los golpeaban y aterraban. Las emociones que siento al recordar los ideales confusos de mi madre cariñosa y serena son intensos, imagina qué sienten aquellos criados en una atmósfera violenta y que no experimentaron amor ni calidez que compensaran las reglas confusas.

Ahora imagina a un grupo de personas proveniente de diversos contextos —la mayoría, si no es que todos, sabiendo de sobra que había que portarse bien, estarse quieto y comportarse según su edad—, crecen y viven juntas en una comunidad de retiro. Cada individuo tendrá años de experiencia de haber lidiado con esas exigencias y limitaciones desde la infancia. Suma los años de un grupo de ancianos y calcula cuánta ira deben haber reprimido.

Otra clave sobre la ira: no proviene exclusivamente del maltrato verbal y emocional. La ira es la necesidad creativa de un individuo, pero al revés. Cuando por una u otra razón no puedes vivir tu propia vida, hacer el trabajo que quieres y necesitas hacer, expresarte por completo y ser un individuo en un mundo que quiere conformismo, terminarás enojado. Tu ira será tu espíritu creativo que exige ser escuchado después de haber sido relegado.

Éstas son algunas claves para ayudar a los ancianos a lidiar con su cascarrabias interno. Muéstrales cómo expresar sus opiniones en lenguaje sutil, pero con sentimiento. Ayúdales a encontrar salidas para sus necesidades creativas. Dales la oportunidad de manifestar su individualidad. Éstas son consecuencias de la ira, ira transformada en su potencial creativo y positivo.

Cómo responder a una persona mayor iracunda

La ira es una expresión frustrada de la fuerza vital que albergas. Las personas mayores son perfectamente conscientes de las cosas que no han hecho pero que han deseado o planeado. Un anciano podría preguntarse: "¿Mi vida tiene sentido? ¿Qué he hecho para sentirme orgulloso?". Si las respuestas son negativas, entonces sentirá una mezcla de tristeza y frustración.

Pensándolo bien, en muchos casos la ira es comprensible, incluso cuando se mezcla con la personalidad de un cascarrabias, en cuyo caso se adapta a un estilo personal. Debido a que el cascarrabias es un personaje, una figura o complejo psicológico, se puede uno distanciar de ella e incluso abordarla con sentido del humor. El sentido del humor franco y sincero es efectivo para mantener a raya la capacidad destructiva de la ira.

Hablar de la ira brinda cierta catarsis. Si eres pariente o cuidador de un cascarrabias, puedes alentar los recuerdos y

ensoñaciones que ilustren las emociones, lo cual es un avance para hallar comprensión y sentido. Como terapeuta, recurro al sentido del humor para distanciarme de dicha emoción.
Éste facilita la transición para recurrir a imágenes, narrativas
y lenguaje preciso, todo lo cual civiliza la ira y le quita crude-
za e inmediatez.

Si eres pariente o cuidador de un cascarrabias consulta
el siguiente listado:

1. Ayuda al cascarrabias a aprender a ser un individuo y a
   no sentirse abandonado, ignorado u olvidado.
2. Ayúdalo a encontrar medios de expresión.
3. Ayúdale a contar anécdotas del pasado, incluso de la
   infancia, historias provocadas por la ira.
4. Asegúrate de que pueda tomar sus propias decisiones
   y que no siempre tenga que seguir las reglas o imposi-
   ciones de alguien más.
5. No tomes su ira de forma personal, intenta ver más
   allá y descubrir sus orígenes.

En muchas relaciones no podemos reaccionar de manera es-
pontánea y emocional. Para que la relación prospere tenemos
que ser terapeutas en cierto sentido. Por supuesto que no me
refiero a adoptar el papel de un terapeuta profesional con las
personas cercanas, sino a distanciarse para ver más allá de la
reacción expresada e identificar el origen más profundo. Los
padres y maestros deben hacerlo con los niños, las parejas con
sus seres amados y los jóvenes con los ancianos.

Es una forma de decir que es necesario percibir el alma
de un individuo, su belleza y conflictos. Y con el alma siempre tienes que pensar en muchos niveles a la vez: considerar el pasado en el presente, las preocupaciones inconscientes

del individuo que son visibles en la actualidad, el comportamiento presente que simbólicamente representa otra dificultad que ese individuo está resolviendo. Con frecuencia, los problemas en las relaciones se originan por tomarse todo en sentido literal.

Si tú mismo eres un cascarrabias, aunque sea de vez en cuando, no te juzgues ni te sientas obligado a renunciar a este hábito. Sería mejor recurrir al sentido común y descubrir qué intentas expresar o de dónde proviene dicha conducta. Distánciate de las emociones fuertes que acompañan este espíritu que te invade. Recurre a las palabras. Encuentra el lenguaje para expresar tus emociones de forma precisa y contundente.

En ocasiones, las causas físicas de la ira y la terquedad son bastante simples: ciertos medicamentos, demasiado alcohol, falta de sueño, angustia. Sin importar la causa, un pariente o cuidador no debe reaccionar de forma impulsiva, sino buscar la razón bajo la superficie. Todos somos susceptibles de experimentar ira fuera de lugar o incluso una mala actitud crónica.

Tras años de estudio y experiencia me gustaría resumir mi remedio para dicha conducta en una frase sencilla y trillada: no seas tan duro. Las reacciones de superioridad moral ayudan a quien se muestra reactivo, pero no ayudan a quien está expresando sus conflictos con torpeza. No sólo la persona iracunda, el cascarrabias, debe distanciarse de las emociones, el pariente o cuidador tampoco debe responder con un sentimiento en bruto. Piensa bien las cosas y reflexiona.

Si debes lidiar con un cascarrabias de forma regular, busca ayuda y tómate unos días de vacaciones. El papel del terapeuta puede ser satisfactorio, pero necesitas descansar (consúltalo con cualquier profesional). Tomarte varios días. Hacer pausas entre sesiones. Siempre tienes que cuidarte más de lo normal cuando estás cuidando a alguien más. Más aún cuando la ira se respira en el aire. La tentación a reaccionar es fuerte. Necesitas espacio a tu alrededor e internamente.

La ira puede ser una fuerza creativa. Como cualquier expresión emocional, quizá sea excesiva, desacertada y originarse en experiencias negativas de un pasado sensible. Tu tarea, como el iracundo o el que se encuentra cercano a él, es resistir la tentación de reaccionar con tus propias emociones al rojo vivo y tratar de dilucidar qué hay detrás de la ira. No confundas la emoción con el individuo. Necesitas distanciarte y tener una perspectiva más amplia.

A medida que envejecemos, resurgen irritaciones del pasado y las nuevas indignaciones generan irritaciones nuevas. La ira es como un loto invertido: en la superficie tiene raíces fangosas, no muy hermosas. Bajo el agua están los retoños hermosos. Necesitas desarrollar un ojo anfibio para apreciar el significado íntegro de una flor tan inusual. Puedes asumir que la ira siempre quiere algo, que expresa descontento por un motivo. Con frecuencia se oculta bajo disfraces y pretextos complejos, pero en su núcleo quiere ponerse al servicio de la vida.

9. Juega, trabaja, retírate

> Para Dios todo es bueno y justo, pero los seres humanos han concebido lo bueno y lo injusto.
>
> HERÁCLITO

Piensa en todos los aspectos de tu vida un minuto y te darás cuenta de que, en buena parte, todo se centra en el trabajo. Hoy en día la educación, incluso en los primeros años, se concentra en preparar a los nuevos ciudadanos para desempeñar trabajos que requieren conocimiento y habilidades técnicas. A muchos les gustaría que la jornada escolar se incrementara, que los descansos y vacaciones se acortaran, que las artes se eliminaran del currículo e incluso que los juegos y deportes se convirtieran en oportunidades para ganarse la vida. En otras palabras, el equilibrio delicado de trabajo y juego en la vida se inclina cada vez más hacia el trabajo.

El tema de la vida laboral suele ser una carga. En la juventud buscas un empleo en un mercado difícil, intentas prepararte y adquirir experiencia, trabajas muchas horas para destacar y tener oportunidad de mejorar, y quizá trabajas mucho en tareas agotadoras. Muchos afirman que la única razón por la cual se pueden despertar por las mañanas e ir a laborar es porque sus colegas se han convertido en sus amigos.

Sin embargo, después de toda una vida trabajando arduamente para ganarse la vida, el retiro también es un problema. ¿Cómo sobrevives? ¿Qué haces con tu tiempo? ¿Cómo mantener el sentido de propósito? Hasta ahora el trabajo ha sido tu fuente principal de sentido. Tu psique se ha inclinado en esa dirección. Sin el trabajo, ¿qué queda?

Estas preguntas son deprimentes. Con razón la gente mayor se siente desanimada. Pero el problema no es madurar ni envejecer. El problema es que la gente ha puesto toda su confianza en una actividad que sólo se lleva bien en la juventud. La vejez puede provocar que todo se derrumbe y se esfume.

La respuesta es evitar cederle al trabajo un lugar tan central y rígido en la vida. Hay otras cosas que pueden brindar significado y alegría, cosas que no implican una actividad física desgastante, resistencia y ascenso. Se trata de asuntos del alma, duraderos e intemporales. Y son las cosas en las que puedes enfocarte cuando tu carrera se vaya apagando.

Empleamos la palabra *retiro* para algo que hacemos cuando terminamos el ciclo de la carrera y el trabajo. Pero esa palabra implica que el trabajo es lo más importante en la vida, la fuente principal de sentido y placer. Trabajas y luego dejas de trabajar. Dejas de trabajar y no existe una palabra positiva para lo que sigue. El retiro es un concepto negativo. Significa: "¿Después de trabajar qué sigue?". De hecho, se podría decir que has estado preparándote para retomar ciertas actividades, pues has viajado, estudiado, leído o has participado en pasatiempos u otras actividades fuera del trabajo. La libertad laboral puede ser positiva y sería útil emplear lenguaje más optimista para abordarlo.

El retiro conduce a una época de relajación, libertad, alternativas, creatividad, individual, satisfactoria y de descubrimiento. Si te sientes perdido porque llevas décadas trabajando y extrañas las estructuras y actividades que conoces tan bien, entonces tienes una opinión parcial de tus capacidades. Ahora puedes descubrir qué más puedes hacer con tu vida.

El retiro saca a relucir el contraste entre el alma y el individuo. Tu carrera se centra en el yo: obtener prestigio, ganar dinero, sentirte exitoso, cumplir metas. El alma más profunda no es tan heroica. Vive a partir de valores diferentes que son tan importantes que me gustaría enlistar:

1. Belleza
2. Contemplación
3. Experiencias profundas
4. Relaciones significativas
5. Conocimiento
6. Sensación de hogar
7. Arte
8. Paz espiritual
9. Comunidad
10. Relajación y comodidad

Me gustaría ver que estos valores se incluyeran en todas las misiones de las comunidades de retiro y que se entregaran a los hijos de padres que están envejeciendo. En la juventud quizá se tengan otros valores: ganar dinero, trabajar arduamente, criar a los hijos, construir una casa, ir a la escuela o buscar tu autonomía. La persona mayor está en una posición distinta y se está convirtiendo en un individuo más contemplativo, ya no en un productor o ejecutor. Por supuesto muchas personas siguen trabajando arduamente en la vejez, pero incluso a ellos les beneficiaría introducir estos valores del alma en forma gradual.

El mejor momento para comenzar a prepararse para el retiro es el día que inicias tu carrera. Éste es un ejemplo de la madurez en todas las etapas de la vida. En la veintena maduramos pues somos individuos multifacéticos cuyo trabajo no nos representa, sin importar lo importante o satisfactorio que sea. Expandimos nuestra participación en la vida continuamente y decidimos no ocultarnos en los ámbitos seguros o prescritos, como una carrera o un hogar.

Supongamos que cometiste este error y te entregaste a tu carrera desde joven. Ahora en tu retiro tienes un pendiente: examinarte y encontrar los elementos que exijan atención y desarrollo. Sí, los tienes, incluso si están ocultos tras la fachada de tu carrera. O simplemente abre los ojos, observa el mundo que tienes enfrente y descubre ámbitos que despierten tu interés.

Un amigo muy querido, Hugh Van Dusen, editor de HarperCollins durante sesenta años, se retiró hace poco. Hugh es un hombre de voz suave, generoso y sofisticado. Comenzó su carrera enfocado particularmente en la teología, la filosofía y los estudios culturales, primero en la editorial Torchbooks y después en Harper Perennial. Conocí a Hugh en los años ochenta y en los noventa fue editor de mi libro *El cuidado del alma*. En el lapso de una década trabajamos juntos en varios libros y nos volvimos muy cercanos.

En el transcurso de los años Hugh ha pintado al óleo, algunas de sus pinturas cuelgan en su oficina de Manhattan. Siempre me han atraído las obras de artistas amateur que quieren descubrir los pilares de una vida con sentido. Los lienzos de Hugh me atraían. Expresaban originalidad y su uso de color era novedoso. Un día me mostró más piezas en su departamento de Nueva York y nuevamente me atrajo su simplicidad y sofisticación. Para ese entonces Hugh también trabajaba en un cobertor tejido y de nuevo disfrutaba ver cómo funcionaba su imaginación, sobre todo en una artesanía casera que rara vez realizan los hombres. Ahora casi veinte años después, Hugh se retiró de la vida profesional de Manhattan y está ansioso por dedicarle más tiempo a la pintura, al tejido y a su esposa. Ha envejecido muy bien porque ha manteniendo la mente activa, ha tomado decisiones difíciles y ha expandido su vida laboral. Para él el retiro implica convertir sus pasatiempos en vocación o por lo menos dedicarle más tiempo y atención a las artes que representan un mundo muy diferente del entorno empresarial de una editorial tan importante.

Por supuesto que los libros, las pinturas e incluso los cobertores no son tan disímiles, sin embargo para Hugh las artes le brindan la oportunidad de retirarse enfocándose en otras cosas y es mucho mejor que preguntarse qué hacer con el tiempo libre. No sugiero que las artes sean una estrategia para el retiro. Es más que eso. Es una forma de envejecer gradualmente llevando una vida interesante y creativa, expresándose individualmente como se quiera. Lo anterior puede conducir a mezclar actividades empresariales más bien prácticas con el ámbito de la ensoñación, algo que las artes pueden evocar.

El punto no es desempeñar múltiples actividades a medida que se envejece, sino relacionarse con el mundo exterior y el interior en la vida cotidiana. Esto puede conseguirse teniendo una carrera profesional activa y al mismo tiempo otorgándole a las artes un sitio importante en la vida. El arte es el ámbito del misterio, la imagen, la profundidad, incluso cuando la expresión sea algo tan sencillo como el tejido. Rodearte de imágenes artísticas es como vivir con animales: aportan algo esencial y misterioso difícil de precisar.

A mi parecer, la seriedad con la que Hugh Van Dusen abordaba la pintura y el tejido contribuyeron a su madurez, gracias a que le aportaron enseñanzas y lo prepararon para el retiro. No sólo porque se ocupó en algo, sino porque creaba

objetos hermosos y reflexionaba a la vez. La fabricación de cobertores y la pintura son formas de meditación.

Hay dos actividades en mi vida que me despiertan lo
mismo: la música y escribir ficción. Estudié música en la universidad, pero nunca me dediqué formalmente a ella. Tocar el
piano casi a diario y estudiar partituras me ha conectado con
el campo misterioso de los sueños. La música te transporta a
otro nivel de realidad y en ese sentido los músicos tienen algo
en común con los chamanes. Los chamanes utilizan la música
como apoyo para sus viajes espirituales, mientras que los músicos pueden recurrir a la visión y fines de los chamanes para
comprender la música más a fondo.

A veces reflexiono sobre tantos años de esfuerzo que dediqué a estudiar composición musical. Nunca aproveché esas
habilidades en el ámbito profesional, sin embargo mi comprensión de la música ha enriquecido mi vida enormemente.
En retrospectiva, me doy cuenta de que estudié música para el
alma, no para ganar dinero. La música me llena y toca todo lo
que hago. A medida que voy envejeciendo se vuelve cada vez
más valiosa, y no sólo porque tengo tiempo para ella. No le
dedico mucho más tiempo porque mi carrera no ha disminuido. Sin embargo, para mi temperamento, en este momento, la
música es más importante que nunca. Alimenta esa parte de
mí que ahora va en ascendencia, me acompaña mientras me
siento diferente, reflexiono sobre mi vida y pienso constantemente en cosas eternas.

Trabajo lúdico y juego serio

Estamos habituados a separar e incluso contraponer el juego y el trabajo, pero desde un punto de vista más profundo

suelen ser compañeros. El esfuerzo que implica obtener un empleo podría parecer un juego. Haces todo lo posible para que suceda y después ganas o pierdes. Una vez en el trabajo, quizá te enfrentes con un competidor para cerrar tratos o conseguir cuentas o clientes, y la competencia podría asimilarse a un evento deportivo. Si miras de cerca, identificarás los elementos lúdicos y te darás cuenta de que no le quitan seriedad al asunto.

En uno de los libros más elementales sobre el juego en la cultura, *Homo ludens* —que significa "el ser humano que juega"— Johan Huizinga puntualiza que la competencia es un elemento esencial del juego. En el trabajo solemos enfrentarnos a otras empresas o empleados en la carrera hacia el éxito. Desde cierto punto de vista, todo es un juego, en serio, con la diversión y emoción propias que lo acompañan. También la política es bastante lúdica. Muchos disfrutan los debates porque suponen un elemento lúdico y nos gusta hablar sobre quién ganó, como si se tratara de un partido de futbol.

Incluso la religión incorpora el juego en sus rituales. Las personas se visten con ropa especial y hacen movimientos teatrales, con tal de ganar en el juego más importante de todos, la vida misma. El matrimonio y la creación de un hogar también tienen su lado lúdico, el cual vemos cuando los niños "juegan a la casita". Es difícil imaginar algo que no contenga cierto aspecto lúdico.

Un motivo por el cual el juego no se reduce a algo que hacemos, sino que es un aspecto de todo lo que hacemos, es que se trata de la actividad más importante del alma humana. Comprende muchos valores esenciales de ella: placer, poesía, simbolismo, capas de significado, dramatismo y simulación, como en el teatro. Quizá nuestra vida exterior parezca seria, pero en el fondo encontramos rastros del juego. El placer también es una señal reveladora. El alma busca placer, incluso en temas serios.

Como director de un pequeño negocio, quizá sientas que figuras entre los personajes relevantes en el escenario internacional. Ganas y pierdes contactos y aprendes las reglas del juego.

No es suficiente identificar el aspecto lúdico en las cosas serias de la vida. También puedes darles la vuelta, sacarles provecho. Después, cuando envejezcas y te retires de tu trabajo serio, tendrás inteligencia lúdica. La oportunidad de jugar más no implica que la vida sea menos seria; simplemente tiene más alma.

Conozco personas jubiladas en el campo de golf o en las canchas de tenis y me doy cuenta de que ahora se toman el juego en serio. Y en ese juego siguen comprendiendo la materia prima de su alma en términos lúdicos, y antes jugaban bajo el disfraz de un trabajo y una carrera. Un juego es siempre una actividad con alma, mientras lo hagas primordialmente por el aspecto lúdico y no por razones prácticas, financieras o egoístas, si juegas en serio.

El trabajo sin juego es una carga. El juego ayuda a quitarle algo de peso al trabajo. Puedes amar y disfrutar tu trabajo, siempre y cuando comprenda tanto objetivos serios como juego. En este sentido, a medida que envejeces reafirmas tu identidad a través del trabajo inspirado por el juego. Estás trabajando el alma, esclareciendo muchas dificultades que requieren soluciones o al menos un tratamiento. Pero si trabajas y no juegas, descuidas el trabajo del alma y tu labor no te ayuda a envejecer bien. Envejeces con los años, pero no mejoras como individuo.

Digamos que te has dedicado a la carpintería toda tu vida. El elemento lúdico de esta profesión puede equipararse al placer de un niño cuando juega con bloques o construye un castillo en la arena o un fuerte en la nieve. La construcción puede ser divertida. Puedes inyectarle la diversión a tu trabajo serio de carpintero y luego, cuando envejezcas, podrás restaurar el aspecto lúdico en mayor medida. Tal vez quieras abordar la construcción con métodos que siempre te han llamado la atención, pero nunca has tenido la libertad de probar. Conocí a un hombre que levantó la casa en donde vive y en la que crio a sus hijos. Ahora que es un hombre mayor, un proyecto que implique edificar una casa es demasiado ambicioso, pero le motiva construir una típica casa japonesa destinada a la ceremonia del té (*chashitsu*) en su terreno. En este caso, es difícil trazar una línea entre el trabajo y el juego.

Cuando envejeces con alma no te limitas a dejar que transcurra el tiempo, te conviertes en un individuo real e interesante. Cuando tu trabajo contiene un elemento lúdico suficiente, te embelesa, te vuelve imaginativo y creativo. Te involucras con lo que haces y, por tanto, te afecta en lo profundo. Trabajas desde la profundidad de tu ser y las satisfacciones y placeres son igual de trascendentes.

Cuando estudiaba en la universidad había dejado la vida monástica hacía poco, y conseguí un trabajo empaquetando monedas en una máquina que daba cambio. Mi función era enrollar las monedas lo más rápido posible en papel kraft. Hacía esto durante ocho horas y al final de mi turno, barría el dinero que se había caído, que sumaba cientos, tal vez miles de dólares. Recuerdo que fue el trabajo con menos alma que he tenido. Sin embargo, aprendí mucho sobre mí y el mundo laboral de esa experiencia tan breve.

Ese trabajo sin sentido me envejeció, aun así recuerdo que contribuyó a que definiera los valores de mi vida actual. Para empezar, nunca me quejo si mi trabajo como escritor requiere alguna actividad mundana, como contar palabras o páginas. Recuerdo cómo era empacar monedas durante ocho horas al día. También empatizo con las personas que se ganan la vida con un trabajo tan aburrido y para nada lúdico.

En estos días cuando no hay lluvia o nieve en el piso, golpeo pelotas de tenis con mi amigo Robert los domingos. Él nació en el Reino Unido y vivió algunos años en Alemania antes de ser profesor de pedagogía Waldorf en Estados Unidos. Robert es muy reflexivo así que le pregunté sobre su propia vejez y retiro. Tiene sesenta y siete años.

—Pienso en ello con frecuencia. Es importante. Si estoy bien de salud, planeo hacer muchas cosas cuando deje de dar clases —respondió.

Lo que más le preocupa es su salud y ésta es una cuestión de suerte y misteriosa. No sabemos qué esperar, no tenemos garantías y debemos permitir que el destino intervenga en nuestros planes. Pero como Robert, seguimos planeando esperanzados.

—Me gustaría seguir dando clases en distintas partes del mundo un par de semanas al mes. Quiero viajar y estudiar. También tengo que cuidar de mi alma —como profesor de Waldorf, Robert emplea la palabra "alma" con bastante naturalidad—. Sobre todo, mis relaciones personales: mi esposa e hijos y sus familias. También me gustaría centrarme en el estudio de idiomas y la música. Todavía quiero ayudar a que los jóvenes se encuentren y aprendan lo esencial para tener una vida digna.

Robert es un individuo extraordinario, me percaté de que cuando le pregunté sobre el retiro, adoptó una expresión seria. Es un tema importante para él, como lo es para la mayoría a quien he entrevistado. Robert quiere seguir dando sentido a su vida ayudando, pero le preocupa su familia y también tiene planes personales.

Me da la impresión de que su respuesta es un buen modelo para cualquiera que esté pensando en el retiro. De manera informal, aunque clara, sus valores siguen esta jerarquía: salud, familia, asistencia, satisfacer deseos personales. Lo ha pensado bien. Su plan es claro pero flexible.

Esta conversación seria se lleva a cabo en un contexto de esparcimiento. Así como cuando necesitas hablar con un amigo de una relación lo haces en la comida —la comida evoca el alma—, jugar con un amigo es cuando quieres tener una conversación espiritual seria.

El juego tiene otra ventaja. Tiene su propio marco de tiempo y nos da una probada de cómo se siente salir de las prisas de la cotidianidad. Un juego tiene algo eterno e intemporal. En medio de un juego podemos sentir que el alma intemporal no está inmersa en el tiempo diligente de las actividades diarias. A veces es suficiente recordar que existe ese elemento intemporal y saber que lo que hacemos en el tiempo ordinario no lo es todo.

Los años del retiro —empleo este término con flexibilidad para incluir también a la gente que no se jubila formalmente, pero cuya vida laboral experimenta un cambio importante— son un buen momento para reflexionar y procesar dichos recuerdos del pasado laboral. Esa organización ayuda a reafirmar la identidad y los valores. Así que es bueno mencionar dichos recuerdos en una conversación, repasarlos de nuevo. Podrías hacer tu propia lista de prioridades y después detallarla.

El alma en la jubilación

Hay diversas actitudes frente a la jubilación y muchas formas de abordarla. Algunos siguen la ruta tradicional y renuncian a sus trabajos. A otros les parece que su trabajo no se presta para el retiro. En todo caso hay quienes se jubilan de manera oficial, por lo menos mentalmente, y siguen trabajando casi tanto como lo hicieron en los años más productivos de su carrera, y en una variedad de actividades.

Cuando mi padre, el plomero e instructor de plomería, se jubiló, le gustaba dar pláticas en las escuelas sobre el papel del agua en la vida cotidiana. Con esto, mi padre hizo lo que había realizado toda la vida: aprovechar cualquier oportunidad para mostrar a los niños y jóvenes la belleza y fascinación de la vida. En su jubilación quería aprovechar su experiencia y conocimiento para dar algo a cambio a su comunidad y ayudar al desarrollo de los niños.

En la etapa de investigación para este libro tuve una conversación extensa con el padre de mi agente literario, Carl Shuster. Su experiencia puede guiar a cualquiera que busque "retirarse con alma".

Carl es un abogado jubilado. Decidió dedicar buena parte de su tiempo libre en los Berkshires, al oeste de Massachusetts, y de vez en cuando regresa a su oficina en la ciudad. Ahora dice que la jubilación es la mejor parte de la vida, sobre todo el regalo de poder hacer lo que quieras. Como mucha gente mayor, está convencido de que dar algo a cambio es parte de la vida. Carl hace lo propio apoyando y facilitando la existencia de un programa en el que músicos, sobre todo jóvenes, tocan en casas del barrio.

Carl ha encontrado la forma de resolver cualquier conflicto entre *senex* y *puer*, lo viejo y lo joven, al centrarse en los jóvenes y ayudarles a ser exitosos. No basta ser psicoanalista para darse cuenta de que está reuniendo en él mismo el mundo del hombre mayor y el mundo de la juventud, un logro crucial para cualquiera que está envejeciendo.

Él está consciente de que este programa ayuda a crear comunidad, pues en estos conciertos caseros se labran amistades. Estos eventos enriquecen la vida de la gente, brindan experiencia y un poco de dinero a los músicos. Cualquier entrada que el programa reúna va directamente a los músicos.

Carl se refiere a la música como "espiritualidad sin doctrina". Él es judío y cree que, si bien la música está relacionada con la religión, es más primigenia y relevante para los seres humanos en conjunto. La música ofrece una experiencia religiosa, pero sin los problemas o limitaciones de la religión en sí.

Para Carl, haber descubierto la música profesional en el contexto casero lo puso en contacto con chicos para quien es una figura paterna. Los jóvenes músicos son personas excelentes, trabajadores y dedicados. Dice adorarlos. Y la música clásica ofrece a la gente otra perspectiva, sobre todo cuando se disfruta de cerca, pues les permite seguir la vida de los músicos que ha conocido bien.

Cuando viaja a Florida para escapar del invierno, Carl conoce a mucha gente que vacaciona en los Berkshires y conoce el programa de música en casa. Se siente parte de una comunidad que comparte el poder trascendental de la música, sobre todo cuando se trata de apreciar la conexión personal con jóvenes músicos que inspiran a todos. Ahora Carl planea ser parte de un programa de educación continua más amplio para adultos mayores, y tiene la impresión de que no hay límites para lo que puede hacer como persona jubilada con tiempo.

"Jubilado" no significa un retiro en sentido literal; en muchos casos, es liberador y la persona se siente libre para dedicarse a actividades inalcanzables mientras la carrera profesional domina la vida. Quizá sería mejor si los individuos que dejan de enfocarse sólo en sus carreras dijeran que están "en una fase liberada de la vida". Ya pueden cumplir sus deseos y lo que su alma anhela.

Nuevamente surge un patrón interesante: la vida laboral de Carl tenía alma gracias al elemento lúdico que la atravesaba; el derecho está plagado de juego, sobre todo en la corte. Ahora en el retiro, Carl recurre a la música y a los músicos, los que participan en el juego. Del juego oculto al juego público. Del juego en las actividades serias al juego en serio.

Podríamos pensar en esta dinámica cuando nos retiremos y envejezcamos. En ese momento de nuestra vida, tiene sentido aprender más sobre el juego como método para centrarse más en el alma. Puede ser juego en serio, los jóvenes músicos se toman su arte y carreras con absoluta seriedad, pero mientras interpretan música.

Mi jubilación ideal quizá sea inusual. Como escritor espero seguir escribiendo hasta el final. Cuando visité a mi amigo Hillman poco antes de que falleciera, puse atención en ciertos detalles. Yacía en una cama de hospital en la sala de su casa en el campo, le administraban morfina intravenosa, sin embargo seguía trabajando en un proyecto. Un día me confesó: "Me siento liberado. No estoy nervioso por el resultado de las elecciones. Las noticias ya no son cruciales, así que tengo más energía para otras cosas".

Tengo mis metas personales, algunas de ellas un poco egoístas. Me gustaría aprender sánscrito. Conozco algunas palabras debido a mi interés por las religiones de la India y las considero particularmente hermosas: *samsara, dukkha, dharma*. Domino el griego y el latín pues los estudié de joven. También son lenguas sagradas porque me han permitido acercarme a la inspiración original de los evangelios y los relatos de los dioses y las diosas. *Anima, vis, puer* en latín y *metanoia, psyche*, *kénosis* en griego. Creo que aprender una lengua sagrada es una actividad estupenda en la vejez, tal vez para prepararse para lo eterno, tal como se manifieste. Quizá las lenguas eternas son las lenguas de la eternidad.

Sin embargo, como mi padre y Carl Shuster, siento la necesidad y el deber de dar algo a cambio, pues he recibido demasiado. Quiero ayudar a los jóvenes a apreciar la belleza de la vida, el mundo y a su prójimo. Me gustaría inspirarlos para que sigan aprendiendo y descubriendo mundos hermosos, imágenes maravillosas y animales e insectos improbables. Me gustaría ayudarlos a encontrar vías para enfrentar las emociones y enredos dolorosos de la vida, así como a sacarle provecho a sus limitaciones personales. Me gustaría brindarles esperanza, perspicacia y capacidad para experimentar el placer, sobre todo el que ofrece la mejor música clásica, la pintura reflexiva y la arquitectura. Sé que son mis inclinaciones y los gustos limitados de mi edad y generación. Los jóvenes pueden encontrar sus paralelismos.

Los años posteriores a la carrera profesional son el momento para descubrir cosas nuevas y cumplir propósitos antiguos. Implican tiempo libre, cuando no tienes nada que lograr y todo por experimentar y expresar. Como mi amigo Hugh, puedes olvidarte del hábito y las expectativas y pintar paisajes marinos, tejer tus guantes de cocina y cobertores. ¿Qué podría ser más importante? Ésta es la vida en toda su sencillez y en la vejez puedes permitirte disfrutarla.

Es momento para la alquimia: para observar la vasija de cristal del recuerdo y recapitular los sucesos una y otra vez, y así liberar su belleza, tristeza y sentido eterno. A esto se le llama hacer alma. Redondea el proceso en que uno se convierte en un individuo y, de hecho, quizá sea la parte más importante. Hay tanto que hacer en la vejez que no implica actividades frenéticas, con un objetivo en mente, de tiempo limitado, heroicas y exigentes.

El retiro implica retirarse, irse a la cama y soñar. Te centras en tu interior y percibes una serie de emociones: anhelo, deseo, remordimiento, satisfacción, arrepentimiento, resolución, culpa y, con suerte, una pizca de esperanza. Lo revives todo en la imaginación o el recuerdo, lo acercas a tu corazón y de nuevo, con suerte, con ello adquieres perspicacia, comprensión e incluso perdón. Este retiro es un proceso esencial en el que los sucesos se convierten en recuerdos, como alimento para la subsistencia del alma.

Me gusta considerar el retiro como la ocasión para recargar y encaminarse hacia una dirección distinta, con ímpetu y energía nuevas para vivirlo hasta el fin. Dejas de trabajar en tu carrera profesional para jugar más, explorar la seriedad paradójicamente lúdica de la vida y descubrir lo que en realidad es importante; desearás haberte retirado antes, incluso al principio.

En la Edad Media había una canción muy famosa y popular, "Mi fin es mi principio". Está dedicada a la jubilación. Regresas al principio, pones en orden tus experiencias y decisiones. Las volteas como si estuvieras puliendo piedras de río. Tu narración pule las piedras, así como tus sentimientos de placer y arrepentimiento, tus nuevas ideas sobre cómo pudiste haber gestionado las cosas.

Así te sientes ahora, eres consciente de tus primeros años, de tus comienzos, de lo mucho que desconocías, cómo actuarías diferente, aunque sabes que, para llegar aquí, a la jubilación, tendrías que hacer lo mismo. Eres lo que has sido. Eres tus decisiones. Cámbialas y eres otra persona. Entonces aprendes a aceptarte como eres y a entender que todos los errores eran parte del rompecabezas, que te convierten en quien eres. Puede ser una lección amarga.

Si tu vida ha sido un desastre, tienes que tomar ese material desagradable y convertirlo en oro. Esto también es alquimia. No es un proceso fácil, pero es posible, si no te compadeces de ti mismo, amas la vida y tu proceso.

La vejez puede ser amarga. Por lo menos tiene sus momentos amargos. No tiene por qué convertirte en una persona amarga, pero con frecuencia lo hace. Necesitas redención, la cual se produce cuando aceptas tu destino y no exiges que la vida sea diferente. Si has sufrido, ese pesar es la materia de tu vida. Es lo que se te ha dado para hacer tu propio oro. He conocido a muchas personas que sienten que no pueden hacer nada con su vida porque sus padres fueron un fracaso. Sin embargo, esa postura carece de lógica. Puedes vivir tu propia vida y liberarte de los problemas de tu padre. Que él se encargue de ellos, que él busque redimirse. No es tu labor.

Regresamos al tema de la ira. A veces lo mejor que puedes hacer por ti y tus relaciones es vivir a partir de tu ira. Considérala un combustible necesario. No tienes que regodearte en ella, tampoco ser violento ni brusco. Moléstate con moderación, si es lo apropiado. Permite que tu ira te otorgue firmeza, inflexibilidad, claridad, tensión, contundencia. No tienes que explotar. La ira que estalla no suele ser eficaz. Puede serlo cuando la situación es extrema. Pero por lo general no es así.

La ira clarifica y brinda la distancia necesaria. Te ayuda a tomar las decisiones que ya sabes que has tomado. La jubilación es la oportunidad para esclarecer tu vida. Olvídate de las relaciones artificiales. De contenerte para cuidar tus ingresos. No más amabilidad para mantener la paz.

Trabajo y retiro: dos caras de una misma moneda

El retiro no es el final de un periodo que se caracteriza por una carrera profesional, es el principio de una nueva fase que es quizá la más importante de todas. Al entrar en esta fase, es probable que hombres y mujeres se sientan confundidos. Tal vez hayan trabajado toda la vida, si no formalmente, por lo menos en casa o bajo otro esquema. Han encontrado sentido en este trabajo y han aprendido a ajustarse a él. Ahora se supone que deben dejarlo y disfrutar de no hacer nada.

Ahora ya pueden contemplar cosas que siempre han querido hacer y que ya tienen tiempo para ello. Viajan, desarrollan habilidades, adoptan un pasatiempo o incluso se mantienen ocupados con uno que tenían de tiempo atrás. Mi padre coleccionó estampillas postales toda la vida y cuando se retiró convirtió su pasatiempo en un negocio. Pero si como he argumentado, los últimos años de vida son para el alma, entonces quizás hace falta que la jubilación sea una etapa más seria. Quizá dedicarse a los pasatiempos, sin importar lo útiles y disfrutables que sean, no sea suficiente.

Cuando traces tu plan para el retiro ten en cuenta a tu ser más profundo, cómo puedes contribuir a tu vida ahora. Si planeas viajar, podrías visitar sitios de especial significado. Si realizas trabajo de voluntariado, elige algo que te llegue al alma. Si quieres un nuevo pasatiempo, opta por una actividad con sustancia que te aporte cosas nuevas. Las ideas comunes para el retiro se centran en dinero o en actividades superficiales, pero ahora es momento de llevar una vida más profunda, no menos.

Quiero estudiar sánscrito porque sé lo mucho que mis estudios de latín y griego en la juventud aportaron a mi escritura. He trabajado con palabras en sánscrito, pero nunca he estudiado el idioma. Sé que ahora que estoy envejeciendo mi carrera va en declive, pero aún tengo muchos años para escribir. Sin embargo, cuando contemplo estudiar sánscrito, me imagino haciéndolo sin prisa, muy distinto de cuando era un joven estudiante. En la vejez, la naturaleza te lentifica y me gusta la idea de bailar lentamente con la naturaleza, siguiendo un cuerpo menos ágil.

A medida que envejeces y te acercas al retiro, podrías hacerlo en el sentido más general de la palabra. Jubilarte no sólo de tu trabajo y carrera profesional, también del hábito de ir deprisa y poner tu ego por delante. Podrías adoptar la modalidad de retiro en general, no renunciar a la vida sino abordarla de forma distinta, tal vez con más sustancia y vastedad, buscando placeres y satisfacciones más profundas. Jubílate de hacer demasiadas cosas, de correr, de no darte tiempo para reflexionar y disfrutar la belleza. Retírate de dedicarle tiempo a cosas que no importan. Retírate de aspectos de la sociedad que carecen de alma.

El escritor John Lahr es particularmente entusiasta de hacer cosas en la jubilación: "Quiero sentir la tierra antes de que regrese a ella. Quiero el sol en el rostro. Mientras aún puedo mover las piernas y mi vista sea buena, quiero aventuras. Quiero ir a pescar".[1] Redefinir el retiro le quita el aburrimiento y lo concibe como una nueva aventura. Estás dejando algo viejo para comenzar algo nuevo. Pero no necesitas hacer lo nuevo sólo porque sea nuevo. Ahora tienes la oportunidad de vincular tu actividad con el alma. Puedes embarcarte en algo importante, y bien puede ser opuesto al trabajo del que te jubilas, lo cual muy posiblemente implicó transigir, equilibrar tu esencia y tus necesidades financieras.

Ahora puedes jubilarte del relato del héroe, en el que debías matar dragones y ganarte princesas al tiempo que realizabas otras pruebas agotadoras. Puedes escuchar qué quiere tu alma y adoptar otro estilo. Ahora puedes encontrar sentido a formas menos exigentes y aun así comprometerte con ellas. Pero no tienes que demostrar nada ni lograr imposibles.

No propongo permanecer pasivo en la vejez. La gente es distinta. A algunos les gusta descansar y otros se vuelven más activos que nunca. Gloria Steinem escribió en su ensayo "A los sesenta": "Se supone que la edad conlleva más serenidad, tranquilidad y desapego del mundo, ¿verdad? Pues me está pasando lo contrario".[2]

Cuando hablo con amigos que se han jubilado, no percibo que se hayan apartado de la vida, sino lo contrario. Están más comprometidos que nunca, pero con cosas que les interesan y que son importantes en el mundo. No obstante, sí percibo que aquellos motivos ansiosos que los empujaron a trabajar arduamente durante décadas se han apaciguado.

La idea de jubilarse encaja con el ideal taoísta de lograr mucho sin hacer nada o hacer lo necesario sin los viejos atributos de esfuerzo o ansiedad. Esta filosofía, denominada *wu wei*, es el ideal que quiero para mi vejez. Hacer mucho sin esmerarme tanto. O lograr cosas maravillosas sin esfuerzo alguno, una postura más radical. Lograr todo sin hacer nada.

CUARTA PARTE

SÉ RECEPTIVO ANTE EL FUTURO

Es lo mismo estar vivo o muerto, despierto o dur-
miendo, joven o viejo pues aquello se transforma en
esto, y esto de nuevo en aquello.

HERÁCLITO

10. *Sentirse satisfecho en la vejez*

Me recuerdo que para estar tranquila debo ver más allá de la apariencia arrugada en el espejo, tengo que hacer las paces con la pérdida de la piel tersa y estar satisfecha con aquello que la sustituye. Algo que siempre debí haber albergado. O algo que siempre he albergado, pero que nunca había salido a relucir.

PEGGY FREYDBERG[1]

Muchos dicen buscar la fuente de la juventud, pero nadie busca la fuente de la vejez. No obstante, la madurez real, no sólo el hecho de envejecer, es un don excepcional. La combatimos porque tiene muchos lastres innegables. Pero si a medida que envejecemos nuestro carácter y personalidad maduraran, descubriríamos que el envejecimiento tiene ventajas muy valiosas.

Un individuo que madura verdaderamente, al punto de que se vuelve una fuente de sabiduría, es un mayor. Se trata de un término de distinción. En una era carente de alma en que la gente se centra sobre todo en valores superficiales, con frecuencia pasa desapercibida la nobleza de los mayores y la sociedad sufre la pérdida de una fuente esencial de sabiduría e inspiración.

Una de las historias clave de mi vida, que he relatado en varios libros, comenzó a mis diecinueve años. Llevaba seis años

en la Orden de los Siervos de María y había terminado el no-
viciado, un año de enfoque intenso en la vida espiritual. Me
preparaba para embarcarme en la siguiente fase en mi larga
travesía cuya meta era el sacerdocio, estudiar filosofía en Irlanda del Norte. De camino a esa nación, a bordo del *Queen
Mary*, se me ocurrió buscar una pieza de arte irlandés y llevarla a casa después de mis dos años de estancia.

En cuanto me asenté, escribí a la oficina de relaciones
públicas de la Galería Nacional de Dublín para pedirles aseso-
ría. En poco tiempo recibí una carta del propio director de la
galería, Thomas MacGreevy, distinguido poeta y hombre de
letras. Me pidió que lo visitara en Dublín.

Me voy a detener un momento. El talento que tienen los
mayores para saltarse los protocolos y tener un gesto amisto-
so que bien podría culminar en una amistad, como sucedió
en mi caso, me parece francamente especial. Era evidente que
Thomas quería entablar una amistad con alguien que pudiera
guiar como figura paterna, como ya había hecho tantas otras
veces en el transcurso de su vida.

En la galería me invitó a su despacho privado, una pequeña oficina con chimenea. Thomas se sentó en el sillón
frente a la chimenea con un chal en los hombros, vestía un
atuendo cotidiano, traje y corbata de moño. Me contó sobre
su amistad con escritores famosos: W. B. Yeats, D. H. Lawrence, T. S. Eliot, James Joyce y en especial Samuel Beckett, así
como el pintor Jack Butler Yeats. Thomas es bastante conocido por haber ayudado a la esposa de Joyce, Nora, y a su hija,
Lucia. En aquel entonces creo que él tenía sesenta y siete, era
una persona formal, pero cálida y relajada.

Lo visité en la Galería Nacional en muchas ocasiones y a
veces caminábamos por Merrion Square e íbamos al emble-
mático hotel Shelbourne para tomar té por la tarde. Thomas

siempre hablaba sobre poesía, pintura y la vida compleja de los artistas que conocía. También le gustaba aconsejarme; el hombre mayor con una educación excelente aleccionando al joven confundido.

Un día lluvioso durante nuestra caminata un hombre desaliñado se nos acercó y se quedó parado sin sombrero ni paraguas, tenía el pelo empapado y de la nariz le goteaba agua. Se quedó de pie en la calle y recitó el poema de Thomas: "Red Hugh O'Donnell". Me quedé sin habla. A Thomas se le llenaron los ojos de lágrimas, le agradeció al hombre y seguimos caminando. Nunca olvidaré ese breve encuentro, una afirmación de la obra de Thomas de un ciudadano dublinés común.

En esa época Thomas era amigo cercano del escritor irlandés Samuel Beckett, quien entonces vivía en París. Yo ya era admirador de Beckett así que ponía especial atención a los relatos que Thomas contaba de él. Recuerdo que una vez comentó que, si bien las obras de Beckett eran sombrías y escuetas, él era un hombre cordial y agradable. Un día Thomas me contó que "Sam" le preguntó si me gustaría acompañarlos a la Bienal de Venecia. La propuesta casi me causa un desmayo —no existe otro artista célebre con quien me hubiera gustado convivir—, pero mi prior, el líder de nuestra comunidad, no me permitió asistir, y no estaba listo para dejar la orden.

Seguí reuniéndome con Thomas, escuchando más relatos sobre sus famosos amigos del medio literario. También me dio consejos. "No dejes de pasar una temporada en un país cuya lengua no conozcas. Cuando escribas, hazlo con estilo y gracia, pero no pierdas la sencillez y fluidez. Sé leal con tus amigos sin importar nada más. Son tus regalos más preciados."

Cuando regresé a Estados Unidos intercambiamos correspondencia. Murió poco después. En una hermosa misiva escribió: "Espero que cuando llegues a mi edad y termines tu apostolado, un joven llegue a tu vida, al igual que mi Thomas, bendito sea, y te dé nueva vida".

Muchas veces me he preguntado por qué Thomas Mac-Greevy me concedió su valioso tiempo y atención. Para empezar, había sido un *anam cara*, amigo del alma, de otras personas toda su vida. Fue esa clase de amigo de uno de los mejores poetas estadunidenses, Wallace Stevens. En las cartas que intercambiaron, se nota que, para Stevens, Thomas no era un mayor, sino un verdadero amigo del alma. Stevens escribió a otro amigo: "En cualquier caso, [Thomas MacGreevy] es una criatura bendita, cuya fe es casi medieval, y me gusta el 'Dios te bendiga' con el que concluye sus cartas, las cuales son extraordinarias en todos los aspectos".

A partir de lo que conozco de ese rasgo suyo de ayudar a otros artistas, imagino que para él era normal responderme de forma similar, aunque aún no saliera del capullo de mi infancia. En todo caso, es un buen modelo para todos, hombres y mujeres, cuando envejecemos. Podríamos encontrar placer en hacerlo si nos esforzamos por ser mayores para la gente joven que se nos acerque.

El mayor como amigo

El modelo MacGreevy de mentor, si se le puede llamar así, tiene características especiales. Al leer sobre sus relaciones personales con Joyce y Beckett, descubres que eran amigos. No era un mentor distante o formal sino un amigo íntimo que les ayudó a lidiar con la vida. En mi caso, me invitó a visitarlo en su trabajo y me trató con respeto y atención. No me trató con paternalismo, aunque yo era joven e ignorante. Disfrutó mi compañía como yo la suya.

Durante siglos, la literatura que aborda el tema del alma ha puesto énfasis en la amistad. Parece un aspecto evidente, pero no siempre recibe la atención que merece. Con frecuencia las personas entran y salen de las amistades de manera informal, inconsciente. Para MacGreevy era un estilo de vida. Su estilo, su *modus operandi*, le daba sentido a su vida.

Algunos críticos lamentan que no haya sido reconocido como un gran poeta. Escribió y tradujo poesía extraordinaria, pero parece que para él era importante ayudar a que la gente talentosa encontrara su camino. Es una lección para todos cuando envejecemos y nos hacemos mayores. Es posible encontrar sentido, esa sustancia elusiva de la que se habla tanto, entablando amistades íntimas. También podemos intensificar esta clase de amistad ofreciendo una orientación discreta, como MacGreevy.

A los consejeros y terapeutas jóvenes sin experiencia les recomendaría contactar al individuo mayor que llevan dentro —de cierta forma su opuesto, dada su juventud— y relacionarse como un amigo maduro con sus pacientes. No se preocupen si surge una amistad en una relación que quizás hayas aprendido que debe ser distante y formal. Permitan que la amistad surja pues en ese ambiente se puede suscitar la sanación y puede florecer la sabiduría. En todo caso, lo importante es el espíritu de la amistad, no necesariamente la amistad en sentido literal.

La amistad llega en grados. Algunos amigos son tan cercanos que no parece haber barreras que los separen. Otros son "buenos amigos", pero no tan íntimos. A otros los consideras amigos cuando en realidad son más bien conocidos.

Cuando recuerdo a mi amigo Thomas, con frecuencia me pregunto si esperaba que yo llegara a su vida. Parecía estar listo y alerta. Por cierto, nunca fuimos "hermanos". Él siempre encarnó el papel de un caballero experimentado, sofisticado, con un puesto favorable, una figura paterna; no obstante, era cálido y hablaba con afecto sobre nuestra amistad. Ése también era un don especial: podía ser formal y cariñoso, mayor pero no inalcanzable, sabio pero tolerante ante mi falta de conocimiento.

Cómo disfrutar el papel de mayor

A medida que envejezcas podrías encontrar sentido y alegría al convertirte en una especie de Thomas MacGreevy. Podrías adoptar el papel de mayor y entablar amistad con alguien menor para ser su guía. Pero para hacerlo bien, tienes que convertirlo en parte de tu identidad, un aspecto de tu filosofía de vida y tu carácter. A propósito de MacGreevy, un crítico comentó: "No era propio de él recluirse a escribir poesía, prefería ser parte de un grupo y entablar una conversación".

Puedes asumir el papel de mayor de distintas maneras. Podrías ser el anciano sabio y poderoso de la comunidad o la persona amistosa y gregaria cuyas acciones son francas, como parte del grupo y no como el líder. Debes tener cuidado de no imaginar la vejez estereotípica: rígida y solitaria.

En inglés se dice "hacer" amigos. La amistad no surge de la nada, hay que trabajarla y ser creativo. Como persona mayor te vuelves la persona que entabla amistades adondequiera que va. Y ayudas a los demás a hacer lo mismo.

Supuestamente un mayor tiene sabiduría que compartir. He percibido que muchas veces la gente mayor no valora las experiencias o cosas que han aprendido. Una vez participé en una conferencia para médicos, un excelente programa denominado Simposio Osler. En una sesión, un médico jubilado contó la historia de su vida, hizo hincapié en un par de sucesos desafiantes, incluso fatales. Fue una idea sencilla y eficaz de los organizadores del simposio: pide a una persona mayor que relate sus experiencias. Más tarde, otros médicos presentes me compartieron la importancia que habían tenido esos relatos. Me gustó que no hubiera hechos ni cifras, sólo relatos personales, sabiduría basada en la experiencia del médico mayor.

Un mayor también enseña gracias a su disposición para confesar sus errores, fracasos y decisiones difíciles. Una vez mi padre me contó sobre una mujer que intentó seducirlo. "Hubiera sido divertido, pero no valía la pena", me contó. "Mi matrimonio es más satisfactorio que cualquier aventura." Sabía que su intención era impartir una lección, pero normalmente lo hacía sin que lo pareciera. MacGreevy también impartía lecciones de manera furtiva, como cuando caminamos en la Galería Nacional mientras me mostraba discretamente cómo apreciar el arte.

El papel de los abuelos

También deberíamos distinguir entre el sexo de los mayores, el padre o la madre, el abuelo o la abuela o alguna otra imagen arquetípica. Para muchos, el espíritu de sus abuelos respalda más su alma que sus propios padres. Para otros, la combinación es poderosa. Sería útil si los abuelos entendieran cuán importantes son para los niños y que también desempeñan un papel de mentores.

Los abuelos pueden repartir su amor y atención con mayor abundancia y sin las complejidades emocionales de los padres. En la vida, el alma del niño necesita más aceptación y

halagos de lo que se considera razonable y los abuelos se permiten hacer lo que los padres no pueden. Como en el caso de
la madre y el padre, otras personas pueden evocar la figura del
abuelo y brindar ese amor tan necesario.

Los abuelos ofrecen orientación y sabiduría. Esto se expone en los mitos, en la gran visión del Alce Negro, el hombre
santo sioux cuyas revelaciones en sus primeros años de vida
lo convirtieron en el líder de su gente. En su visión uno de sus
abuelos le decía: "Tus abuelos en todo el mundo se están reuniendo en un consejo y te han llamado para enseñarte... Supe
que éstos no eran ancianos sino los Poderes del Mundo".

Alce Negro siempre dijo que deberíamos ver de modo
sagrado, es decir, no de forma literal, sino profundamente, al
interior de la naturaleza. Escuchó a sus abuelos hablar de manera mítica, a través del mundo natural, de los animales y en
sus revelaciones. Podríamos hacer lo mismo, entender que,
de cierta forma, la vida es un abuelo, una cara mayor y una
voz, y su objetivo es guiarnos.

Los abuelos están más cerca de lo eterno, su juventud se
remonta a una época que a los jóvenes les cuesta imaginar y
su futuro se acerca a lo intemporal. Han tenido muchas experiencias y guardan muchos secretos. Están capacitados para
ser guías espirituales.

Escritores mayores

En los libros también se encuentra guía, aquellos que son nuestros mayores y que nos preceden tienen mucho que enseñarnos. Leemos sus palabras en papel o en una pantalla, pero los
escuchamos hablar. Una voz que nos habla desde dentro es
parte de la experiencia de lectura, por lo que es preciso no

tratar los libros como si fueran ideas distantes y abstractas de nuestros ancestros, sino más bien como si oyéramos sus voces y sus pensamientos. Los libros son un medio para escuchar voces que tienen mucho que enseñarnos.

Como escritor siento este papel de mayor con contundencia y espero que mi voz se exprese a través de las palabras escritas. Mi obra tiene relevancia únicamente porque futuros lectores "escucharán" mis pensamientos, mi discurso interno y el diálogo que entablo con ellos. Los tengo en mente con cariño y espero que puedan recibir mis consideraciones como mayor.

La labor que tenemos los mayores es estar preparados para percatarnos de la persona que entre en nuestro campo visual y esté necesitada de orientación o simplemente en una etapa de la vida en la que le viene bien apoyo y ejemplo. Si las personas mayores esperan a que las experiencias significativas aparezcan en su puerta, terminarán sintiéndose vacías. Deben prepararse y responder de forma activa a las invitaciones para ser mentores, así como mi amigo Thomas estuvo listo para mí. Rompió los convencionalismos de una respuesta institucional formal y distante y me ofreció su amistad.

Los mayores pueden sanar

John O'Donohue describe una amistad especial *anam cara* como una conexión profunda que no depende de las leyes naturales y literales de la naturaleza. "Con tu *anam cara* despiertas lo eterno... el miedo se torna en valor, la frivolidad en plenitud y la distancia en intimidad".[2]

Éstas son las condiciones que necesitas para ser un mayor y beneficiarte, y a otros, en el proceso: el valor de ser creativo y poco convencional, la disposición de permitir que ocurran momentos frívolos en los que la vida puede suceder y una forma íntima de vivir en vez del distanciamiento habitual que es parte de la vida moderna.

En general, la neurosis se puede curar ayudando y pidiendo ayuda. En especial, puedes afrontar la tristeza de la vejez estando disponible, dando a los convencionalismos tu propia interpretación. Puedes transformar el significado de ser un mayor: no es alguien que por azar tiene más años que los demás, sino alguien que ha llegado a un punto en el que puede olvidarse de los convencionalismos aburridos, ser creativo y resuelto con la vida para beneficio de quienes buscan orientación.

En una ocasión mi esposa soñó que estaba en casa de su maestro espiritual, Yogi Bhajan. Su esposa también estaba presente, sólo que en este caso era la abuela del exesposo de mi esposa, en la vida real una mujer mayor a quien se le había dificultado recibir los cuidados que necesitó. Hablamos de este encuentro fascinante: un maestro indio patriarcal, una figura muy fuerte, y su consorte, una mujer mayor necesitada de cuidados. Primero, surgió el tema de los individuos espirituales que no tienen un espíritu femenino y anciano que equilibre el fuerte espíritu masculino con atributos de mentor. También examinamos el sueño, la necesidad de mi esposa de tener una figura femenina, sabia y vieja, que equilibre las enseñanzas paternales que recibió en su entrenamiento.

Todos, hombres y mujeres, jóvenes y viejos, necesitamos el espíritu firme de la anciana. Por su sabiduría, apoyo, misticismo o laboriosidad. Se trata de un espíritu interno, una figura individual, no un arquetipo. En tu caso individual te otorgará las cualidades que necesites. Tu labor es conocerla y experimentar con sus dones. Aunque es intemporal, puede ayudarte a envejecer. Con su apoyo envejeces desde dentro, desde el alma, y no en comparación con otras personas o físicamente.

Así como muchas mujeres afrontan el envejecimiento intentando lucir más jóvenes, también podrían invocar el espíritu de la anciana. Podrían intentar lucir mayores y hermosas, valorar la belleza de un rostro y un cuerpo mayores. Podrían ser jóvenes sin negar su edad. La paradoja es que puedes verte joven si primero reconoces tu edad. Después puedes esforzarte por recuperar la juventud. Negar la edad no te hace más joven.

Piensa en la juventud y la edad como el yin y el yang. Puedes ir del uno al otro sigilosamente y con soltura; considéralos deseables y alcanzables en la misma medida. Desarrolla la capacidad para evocar tu juventud con sutileza y apreciar la belleza de tu edad. Los dos juntos constituyen una persona hermosa. No tienen que mantener un equilibrio perfecto, sólo estar debidamente representados.

A veces los hombres y las mujeres solteras que están envejeciendo dicen sentirse solos y necesitados, piden mucho apoyo a sus amigos. Puede ser útil recordar que la dependencia y la independencia también funcionan en conjunto, como la juventud y la edad. También necesitan representación mutua, como el yin y el yang. De hecho, puedes ser verdaderamente independiente si sabes cómo ser dependiente. Sabes cómo apoyarte en los demás sin perder tu poder o independencia. La dependencia es un arte, no es motivo de vergüenza. Requiere más fuerza de carácter ser vulnerable que mantener el control.

Una de las quejas constantes de los hombres y mujeres que están envejeciendo es que no quieren ser una carga para sus hijos ni para nadie. Pero al eludir la dependencia se podrían convertir en una carga mucho más pesada. Sería mejor aceptar los hechos. Es posible encontrar formas efectivas para conservar tu espíritu de independencia, pero tarde o temprano disminuirá tu capacidad de hacerlo todo por tu cuenta.

La idea de ser una persona mayor mas no senil podría compensar la dependencia en los demás. Puedes recibir ayuda y conservar tu dignidad y valor al mismo tiempo. Puedes ser dependiente para muchas cosas sin dejar de ser un mayor digno de respeto y encantador.

Cómo ser un mayor

La palabra *mayor* siempre me ha parecido peculiar. Nunca he tenido la ambición de convertirme en uno y nunca me ha quedado del todo claro qué es. Sin embargo, muchas personas hablan de los mayores con reverencia, susurrando. Hace poco un amigo me contó que el punto de envejecer era convertirse en un mayor.

Ahora entiendo que volverse un mayor podía ser una buena forma de aceptar la vejez con positividad y hacer algo bueno en el proceso. Ser un mayor implica que la vejez es un honor y que conlleva un papel especial de liderazgo y enseñanza discretos. He descrito mi experiencia de cómo un mayor enriqueció mi vida y a partir de ésa y otras experiencias me gustaría enlistar cómo se puede adoptar este papel tan positivo y necesario.

1. El primer requisito es sentirse cómodo con la edad. Un mayor es alguien mayor. La definición de la edad requerida es relativa. Algunos pueden ser mayores a los cincuenta y otros a los setenta u ochenta. Mi padre fue un mayor a los noventa y mi amigo el doctor Joel

Elkes, a los cien. Sin importar tu edad, la aceptas y hablas con franqueza y tranquilidad sobre ella.

Muchos evitan hacer pública su edad. La evaden, la insinúan o la califican de modo que no suene mal. Un mayor es ante todo un hombre o mujer que se siente cómodo con su edad. Si la eludes, significa que no te sientes cómodo contigo mismo. No asumir la edad es un rasgo un poco neurótico. Tienes intenciones ocultas o estás enredado en juegos psicológicos. No eres claro ni franco con cómo te presentas. Así es muy difícil ser un mayor.

Si no eres franco sobre tu edad, tal vez quieras permanecer más cerca de tus amigos menores. Tal vez te atrae tanto tu juventud que no soportas la idea de perderla. Vives una vida artificial y eres incapaz de afrontar el proceso natural de envejecer. Éstas son posibilidades para ayudarte a reflexionar sobre tus razones personales para negar tu edad.

2. Confía en tu educación y experiencia al grado de guiar y educar a otros. Se requiere carácter para reconocer tu genuina sabiduría. Parece ser que hoy en día muchas personas asumen el papel de consejeros sabios, ya sea escribiendo libros o generando un culto, cuando en realidad no han hecho su tarea y no están listos para esa posición. De modo que no me refiero a un falso sentido de capacidad. Por otra parte, algunos no reconocen el conocimiento que han acumulado en el transcurso de los años ni lo mucho que tienen que ofrecer a los jóvenes. Aquí es más importante la capacidad para liderar que el conocimiento o la experiencia.

Thomas MacGreevy nunca me dijo: "Me gustaría guiarte". Asumió el papel de un mayor sin pensarlo, lleno de confianza y entusiasmo. Ese acto requiere carácter y la capacidad de conocerse sin caer en demasiada arrogancia ni en falsa humildad.

Normalmente uno desarrolla esta capacidad para liderar con honestidad en el transcurso de los años. La formación de un mayor comienza desde la infancia y continúa a lo largo de toda una vida. Después su papel es como el florecimiento de la personalidad y el fin de la misión vital. Eso me dijo MacGreevy: creía que su vida activa había llegado a su fin, aunque parecía un estudiante potencial para su escuela personal de orientación.

3. El mayor tiene que querer a los jóvenes. Sin embargo, algunos ancianos le tienen tal envidia y celos a los jóvenes que se molestan en su presencia. Se quejan, juzgan y critican como expresión de su propio fracaso para afrontar la vejez. Necesitan una catarsis, una purificación, sanar su batalla contra la edad y su molestia contra la juventud. Deben aprender a disfrutar la vejez para aprender a amarse. El desprecio hacia uno mismo se convierte en ira hacia los demás. La labor de un mayor es vivir de forma natural, dejar que el tiempo haga su labor y ser el mejor producto de la naturaleza: viejos pero no iracundos, experimentados y listos para transmitir sus conocimientos.

4. El mayor emplea su conocimiento y sabiduría en beneficio de los demás, sobre todo de los jóvenes. Recuerda el deseo de mi padre de enseñar a alumnos de secundaria el funcionamiento del suministro de agua de la ciudad. Cuando se paraba frente a esos niños, empleaba sus conocimientos técnicos de plomería y tratamiento de aguas, pero también era un hombre mayor

que hablaba sobre su vida e inspiraba a los jóvenes a hacer algo con su vida.

Por un lado, está el aprendizaje directo de la tecnología del tratamiento del agua, y por otro, el indirecto, ver que a un hombre mayor le entusiasma el trabajo de su vida. Un mayor sería sensato al tener ambos tipos de instrucción en mente. Puedes enseñar habilidades técnicas, pero como mayor puedes dar lecciones de vida e inspirar.

Uno de los problemas a los que se enfrentaba mi padre cuando intentaba ser un mayor fue la actitud de los profesores y administradores de las escuelas. Cuando abordó a muchas escuelas y grupos religiosos, algunos directores lo rechazaron, argumentando que no tenían espacio en sus programas. Quizá lo veían como un cascarrabias que quería entretenerse en algo. Pero mi padre tenía un hábito de toda la vida de enseñar a los jóvenes cada que se presentaba la oportunidad. Le encantaban los niños y los jóvenes y sin pensarlo les ayudaba si podía. Era un hombre considerado que vivía a partir de la filosofía de que los jóvenes se benefician al tratar con gente mayor. De él aprendí lo que es un mayor, aunque nunca empleó esa palabra.

5. Cultiva tu poder para inspirar.

La palabra *inspirar* significa "infundir", así que cuando inspiras infundes en otra persona un motivo para esforzarse, ser creativo, relacionarse con el mundo de forma significativa. Aspiras profundo y se lo transmites a alguien más, como administrar respiración artificial, sólo que de forma menos literal.

La inspiración es mágica, no sólo por sus efectos maravillosos sino por cómo funciona. No es común inspirar de forma racional, aunque se pueden encontrar palabras o gestos poderosos, o quizá tu propio ejemplo, para encender una chispa en la otra persona. Puedes ser una musa y espíritu guía. Al asumir tu edad, la gente podrá buscarte para afrontar momentos difíciles o compartirte ideas novedosas. Cuando un alumno me describió como un mayor en mi campo, primero me sorprendió. Suelo olvidar mi edad. Pero desde entonces he intentado asumir ese papel deliberadamente. A veces nos ungen de manera informal con nuestro papel y tarea.

La sombra de un mayor

Todo tiene su parte oscura, incluido el papel de un líder. Para entrever este aspecto oscuro de ser un mayor recurramos a la idea del ánimus de Jung. Tras leer a Jung en la obra de James Hillman, describiría el ánimus como un elemento que reside en nosotros y que es similar al alma. Pero a diferencia de ésta, la cual se ocupa del amor, las imágenes, la poética y la ensoñación, el ánimus es un poder racional, intuitivo, crítico y reflexivo que reside en nosotros o es parte de nuestra actividad.

A Jung le interesaba especialmente un ánimus débil e inmaduro que se manifiesta en una persona con muchas opiniones, pero no con muchas ideas auténticas. Este ánimus puede manifestarse en prejuicios, ideas incorrectas, lógica desacertada, juicios plagiados y en la pose de un pensador o experto sin fundamentos. Hillman ofrece más ejemplos en los que un ánimus oscuro podría perjudicar un movimiento profundo en el alma: "Escuchamos las voces del ánimus que nos apartan de ella, convierten la experiencia en algo espiritual, mediante abstracciones, restándole significado, traduciéndola en acciones, dogmatizándola para que se convierta en principios generales o empleándola para demostrar algo".[3]

Una persona mayor podría adoptar el papel de un mayor de este modo, sin que sea tan noble o efectivo. Tal vez conozcas a individuos que se escudan en la edad para hacer pronunciamientos y juicios de valor falsos o que intentan liderar cuando no tienen lo que se requiere para hacerlo. En ocasiones, las personas mayores creen que por tener más años poseen más sabiduría. No se dan cuenta de que el envejecimiento es para toda la vida, que convierte a un individuo reflexivo y paciente en un líder real y fuente de sabiduría. A veces el papel de un mayor puede ocultar la falta de sustancia que una vida plena debería haber concedido.

A veces la prensa trata a una persona entrada en años como un mayor, cuando queda claro que dicho hombre o mujer no ha hecho el trabajo necesario para convertirse en un mayor. Transmite opiniones triviales y juicios de valor egoístas.

Si te están tratando como un mayor, pero te das cuenta del vacío que albergas, en el fondo sabes que no eres el mayor que la gente está buscando, puedes convertir la sombra del mayor en una persona vieja y sabia más real si reconoces tu ignorancia, si es el caso, y te instruyes para emitir juicios informados y dar consejos sensatos.

Desde luego, ser una "sombra" implica que nada de lo que hagas será perfecto. Entonces espera que cuando asumas el papel de un mayor es posible que te vuelvas algo obstinado y henchido. Quizá te volverás crítico y te tomarás en serio tu papel como asesor. Lo único que puedes hacer es aceptar los complementos de tu estatus como un mayor, procurar minimizar sus efectos y asumir la labor desafiante de ser una fuente de sabiduría en un mundo al que tanta falta hace.

La alegría de la vejez

Ser un mayor no sólo ayuda a que otras personas encuentren orientación y sabiduría, también le da al mayor un motivo más para vivir. Podría ser el acto final de una vida generosa y considerada. Es el acto de ayudar hasta el último momento con especial autoridad y dedicación.

Es útil si la persona mayor adopta el papel de mayor de forma consciente. A partir de mi propia experiencia puedo decir que en determinado momento la gente empezará a tratarte como un mayor y a buscar cómo puedes ayudarlos. Es la señal para hacer el cambio. Ya no eres parte de la multitud. Ahora tienes que dar el ancho y asumir tu nuevo sitio en la comunidad. Para ti es otro rito de iniciación, una mejora, una transformación individual y vital, una ascensión a un nivel desde el que podrás disfrutar nuevos placeres y obligaciones.

Tal vez tengas que vestir diferente, hablar con mayor autoridad, reconocer tu edad y experiencia explícitamente y aceptar las oportunidades de liderazgo que se presenten y que quizá no quieras aceptar por cansancio o falta de interés. Me gustaría quedarme en casa y relajarme después de una vida dedicada a la escritura y los viajes, sin embargo sé que seré un mayor, por lo que tendré más trabajo por delante.

La gente mayor debe familiarizarse con los requisitos y oportunidades que brinda el tiempo. Envejecer es cuestión de tiempo, no de minutos y horas del reloj, de su calidad. Hace falta decir para sí: "Estoy envejeciendo. Es hora de pensar cómo voy a emplear mi tiempo para que mi vida tenga sentido".

Para algunos, ser un mayor es una decisión importante porque su influencia puede ser pública y de amplio alcance. Pero los demás lo somos de forma más discreta, aconsejamos a nuestros nietos y vecinos y estamos abiertos a los aportes de la experiencia. El mundo se beneficiaría si la gente mayor tomara una decisión consciente de asumir el papel de mayores en sus contextos individuales. Con el tiempo, aprenderían a disfrutar el arte de ser un mayor y aportarían contribuciones sólidas.

11. *Legado: el futuro del experimento de tu vida*

Como muchos, a mi esposa y a mí nos gusta tener la casa ordenada y organizar la parafernalia relacionada con nuestro trabajo como artista y escritor, respectivamente. En términos de orden, no alcanzamos la perfección. En una escala del uno al diez, estamos en un 7.5. Pese a nuestro trabajo espiritual, el alma es muy importante para nosotros y el alma acumula y le gusta el desorden. Mi motivo para conservar las cosas es la posible conexión con quienes me precederán.

Sé que debo andar ligero por la Tierra, pero pienso en mis nietos y bisnietos. Ya los adoro sin conocerlos y quiero que todos tengan copias de mis libros, incluso si en su época soy un escritor olvidado o irrelevante. De modo que guardo libros, documentos, recuerdos, floreros, Budas y suvenires. No entiendo por qué guardo extensiones viejas o bolígrafos secos.

En parte, vivir con alma es entablar relaciones con personas que no están aquí físicamente: aquellos que se han ido antes que nosotros y aquellos que aún no llegan. Esta expansión de tiempo te pone en contacto con tu yo eterno e intemporal. Una forma de envejecer bien es vivir desde un lugar en tu interior que no esté tan conectado con tu presente, que se desplace libremente al pasado y al futuro, hacia lo que se conoce como la "bruma del tiempo".

Mi devoción por mis tatara-tataranietos me ayuda a hacerle frente a la brevedad de mi vida. Sé que la muerte no es el final de mis relaciones ni de mí. Sin embargo, me impulsa a trabajar para ampliar mi marco temporal. Tomo medidas preventivas concretas para mis seres queridos en el futuro y siento su presencia, al mismo tiempo que sigo trabajando mis relaciones con quienes me antecedieron.

Expande tu percepción del tiempo

Nunca me ha convencido el mantra en estos días tan frecuente entre las personas espirituales: "Vive el momento". A veces los maestros espirituales intentan que las personas hagan cosas que no les resultan naturales o no disfrutan, y suelen ceder. Requiere esfuerzo vivir el momento y, en mi experiencia, el esfuerzo no vale tanto la pena. Prefiero vivir más en el pasado y el futuro. Preferiría expandir el marco temporal en el que vivo en vez de contraerlo al momento presente.

C. G. Jung pone un buen ejemplo de cómo hacer algo concreto para que la vida tenga más sentido: construyó un refugio en el lago Zúrich, una torre de piedra, y decidió no instalar electricidad ni agua corriente. Quería intensificar su percepción del tiempo. En sus diarios resalta algunos puntos importantes sobre su experiencia, explica que quería estar cerca del agua, la sustancia primigenia, y vivir en una estructura maternal, similar a una matriz. "En la torre de Bollingen es como si uno viviera en muchos siglos al mismo tiempo. El lugar me sobrevivirá. Esta ubicación y su estilo sugieren elementos de un pasado remoto; muy pocos aluden al presente."

En este fragmento Jung menosprecia el presente. Valoro su deseo de expandir el marco temporal en el que vivió y me gustaría incorporar el futuro y el pasado en la misma medida. Me gustaría establecer una relación con las futuras generaciones a partir de hoy. Una forma en la que lo he hecho es recordarles a las personas que algún día habitarán mi casa. En la mayoría de las casas que he vivido con mi familia, he enterrado una cápsula del tiempo con un mensaje y fotografías. Tal vez los próximos propietarios las hayan encontrado de inmediato o se requerirán varias generaciones para que salgan a la luz, si es que lo hacen.

Vivir en el futuro, dejar toda clase de legados, requiere fe y la capacidad de ubicarte en un espacio imaginario; implica tu idea de cómo será el futuro. Ese ejercicio de imaginación te ayuda a disfrutar el proceso de envejecimiento y descubrir que es una aventura.

Cuando mi padre estaba a fines de sus setenta, me dejó una carta con información práctica para saber qué hacer cuando él muriera, aunque también incluía sus reflexiones en torno a la vida y los sentimientos que experimentaba mientras escribía a la próxima generación. La carta es una reliquia hermosa que dejaré a mis hijos y que ellos dejarán a los suyos. Era común que mi padre considerara a los demás y no me sorprendió la intensidad de sus palabras a sus hijos y nietos.

A propósito de las cartas: en esta época del correo electrónico y los mensajes instantáneos, han desaparecido, al igual que las cabinas telefónicas. Sin embargo, las cartas son incluso más efectivas en estos días. Aún te puedes sentar a escribir una a mano o en la computadora. Puedes escribir con estilo y formalidad y decir cosas importantes. No asumas que tus hijos y amigos saben lo que tienes que decir. Exprésalo con palabras especiales, en papel de calidad y cuida la presentación. Firma con una floritura y guárdala con cuidado. Utiliza un sobre con lacre si quieres. Tal vez quieras entregarla ahora y pedirle al destinatario que la abra más adelante. Ponte dramático. Se trata de tus pensamientos, un regalo para el futuro.

Éstas son formas sencillas de relacionarse con el futuro: deja una cápsula del tiempo o escribe cartas que serán leídas más adelante. Transmite tus conocimientos y habilidades, lo que sea que valga la pena enseñar. Difunde tu sabiduría. Expón tu estilo personal, permite que se valore.

Dejar y recibir un legado

La función de un legado es doble: la primera es dejar algo valioso para generaciones futuras y la otra recibir y apreciar lo que se te ha dejado. Cuando las personas me dicen que debería vivir en el presente, confieso que me siento más cómodo en el siglo xv. Fue una época particularmente creativa en muchas partes del mundo y admiro lo que esa generación especial nos heredó: arte, escritos, ideas e incluso moda. Viajo a Europa en buena medida para disfrutar del viejo mundo que aún se conserva y en Irlanda e Inglaterra me gusta visitar castillos e iglesias del siglo xv con ese fin.

En lo personal me resulta más fácil pensar en dejar un legado para el futuro cuando aprecio el pasado que me donaron. Y esa expansión del tiempo me ayuda a afrontar el envejecimiento con buena cara. El presente no me entusiasma tanto y disfruto la sensación de no estar en sincronía con el impulsivo mundo joven. Una parte de mi preciada excentricidad es no seguir el ritmo de los tiempos, estar en casa en otro mundo y en otra época. Como escritor y maestro, he descubierto que mis costumbres e ideas anticuadas llaman la atención de los jóvenes, si puedo evitar disculparme por ellas y encontrar métodos emocionantes para presentarlas. No me molesta ser una curiosidad. De hecho, me ayuda a prepararme para dejar algo a los jóvenes, transmitir un legado con estilo.

Un legado puede ser sustancial y concreto, como una casa o una empresa exitosa. También puede ser sutil. La pintora y escultora Anne Truitt describe su visita a su *alma mater*, Bryn Mawr College, y hace hincapié en un momento sereno en el claustro: "Ahí, del otro lado del césped, verde y reluciente gracias a la lluvia, más allá del chorro de la fuente circular al centro del patio, vi a una alumna. Estaba apoyada de espaldas en la pared de granito. Estaba escribiendo, muy concentrada. Para no molestarla, me fui por una puerta lejana, la dejé ahí como si me dejara a mí misma en aquel lugar, vinculada a ella en continuidad silenciosa".[1]

La alumna concentrada le recordó a ella misma cuando estudiaba en esa universidad y el cuidado con el que protegió la privacidad de la alumna fue su regalo, para ella y la alumna. Sintió tal empatía por la estudiante, porque era como verse hacía años, que le concedió a la estudiante valiosa privacidad.

Tal consideración por una persona más joven ayuda a que las personas mayores envejezcan bien pues mantienen un vínculo e identificación, sutil pero importante, con los jóvenes. Como en este suceso menor, la alumna y la mujer madura comparten una identidad. No tengo que disputar si Anne Truitt es una artista de verdad. Expone la sensibilidad de alguien que puede verse reflejada en el otro y tratarlo con gentileza por tal identificación.

Un linaje espiritual

Hace siglos, artistas y escritores tenían la costumbre de rendir homenaje a cierta línea de figuras históricas que los habían inspirado. Denominaron esa lista como *prisca theologia*: linaje espiritual.

Por ejemplo, era común que un escritor del siglo xv hiciera una lista de figuras importantes que hubieran influido en su pensamiento y estilo de vida. Podía incluir a Platón, san Agustín, un académico árabe o un profesor más reciente. Mi propio linaje empezaría con Eurípides, seguiría con Platón, Ovidio, Tomás Moro, Emily Dickinson, continuaría con Bach y Glenn Gould, y después de Jung a Hillman. Tendría que elaborar esta lista con por lo menos otra docena de nombres.

Procuro honrar mi linaje al colocar sus libros en una repisa especial. Todos los días cuando trabajo tengo los escritos reunidos de Jung sobre mi hombro derecho. Los de Hillman ocupan la repisa superior. Los libros que no tienen especial interés, pero que sí consulto de vez en cuando, están en el sótano.

Tengo una estatua de bronce de Tomás Moro en mi estudio privado, así como fotografías antiguas de Emily Dickinson y su ciudad natal Amherst, Massachusetts, al igual que libros de fotografías de Glenn Gould. Le tengo mucho cariño a estos ancestros y les rindo homenaje siempre que puedo. Considero que esta práctica me prepara para conectar con el futuro. Escribo con cariño y preocupación para lectores futuros y quiero dejarles mi visión del mundo por escrito en la medida de lo posible. No creo que sea narcisista, sino una forma positiva de envejecer, de disfrutar del envejecimiento y tener más que transmitir a las generaciones. Cualquiera puede hacerlo. Requiere ser receptivo ante el futuro, como dice T. S. Eliot, moverse "hacia otra intensidad".

En psicoterapia, las personas acostumbran a hablar de los ancestros y padres que les hicieron daño en la infancia. Sin embargo, para mí es importante preguntar sobre los padres y bisabuelos de forma positiva, pregunto cómo contribuyeron en los buenos aspectos de la vida del paciente o por lo menos encuentro un par cuya influencia fue positiva. Algunos psicólogos dicen que no debemos culpar a los padres por lo que sale mal en la vida adulta de los pacientes. Estoy de acuerdo, pero tampoco quiero ignorar a los padres. Mi estrategia consiste en alentar los relatos sobre parientes cuya influencia en el adulto fue tanto positiva como negativa.

En ocasiones, quienes acuden a terapia sufren más debido al alcance limitado de su vida que a un problema evidente. Su imaginación no tiene espacio para respirar. Me gusta ayudarlos a expandir su visión de la vida. Pido relatos sobre sus abuelos y ancestros, sobre los lugares en donde se criaron y sobre todo sobre cómo han ayudado a otros. El simple hecho de abrirse a un mundo más amplio puede aliviar síntomas.

Si escuchas con cuidado lo que sugiero, te darás cuenta de que se trata de identificar las cosas buenas que nuestros ancestros nos dejaron y apreciar su legado. Reconocer su valor nos ayuda a reconocer el propio.

Un ejemplo sencillo: recientemente, en su primera sesión de terapia, una mujer recién entrada en la setentena me contó que le deprimía envejecer y que sentía que su vida había pasado desapercibida. Había llegado a la vejez y se arrepentía de no haber hecho las cosas que siempre había soñado. Le daba la impresión de que nunca había estado al mando de su vida, que había permitido que otras personas decidieran por ella y que buena parte de esas decisiones implicaban trabajar mucho y ganar dinero.

Tras escuchar que se sentía a destiempo, de la nada le pregunté:

—Cuéntame de tu padre.

—Mira, he estado en terapia en numerosas ocasiones. He repasado la vida de mis padres hasta terminar asqueada.

No tomé sus palabras con literalidad, más bien las interpreté como una resistencia. Así que insistí.

—Entiendo que alguien que ya ha acudido a terapia ha hablado mucho de su infancia y sus padres. Pero con frecuencia esa conversación es un intento para explicar y entender la psicología del hijo o la hija. Me gustaría saber qué clase de persona fue tu padre. Quiero conocer su historia.

Habló de su padre y la animé a que lo hiciera a detalle. No quería una explicación parental de sus problemas actuales, sino que su historia vital incluyera su pasado, así como sus deseos y anhelos. Quería que comenzara la terapia ampliando su sentido de identidad. Consideré que esta ampliación del tiempo sería en sí misma terapéutica y revelaría su alma profunda. Estaba poniendo en práctica lo que había aprendido de Jung, quien se esforzó por construir una torre que albergara la totalidad de su psique. Estábamos construyendo un espacio extendido en el relato. Nuestro objetivo era entrever el alma intemporal.

Cuando las personas cuentan relatos de sus padres, abuelos y otros parientes, tienden a esbozar retratos mucho más complejos de estos individuos. Cuando quieres explicar por qué eres tan infeliz en el presente, es posible que reduzcas a tus padres a una capa simple y negativa. No obstante, cuando cuentas historias de las personas que consideras importantes, quizá te sientas más ligero y valores sus esfuerzos.

Cuando la gente está en modalidad narrativa es más probable que encuentre los aspectos positivos de los demás. O si la situación familiar fue francamente mala, lo cual no es infrecuente, es capaz de identificar las complejidades y, por tanto, es menos juiciosa. Un relato incluye detalles importantes de las dinámicas familiares o bien sugiere complejidades que hacen la situación menos unidimensional. Cuando la historia es sutil, no se llegan a conclusiones simplistas.

No quiero sugerir que todas las historias sean iguales y buenas. Es común que dentro de una familia ciertos relatos se

cuenten una y otra vez porque así la situación se mantiene estable, tal vez a costa de uno de sus miembros. Es fácil culpar al
padre por no ser sensible y es común culpar a las madres por
todos los problemas emocionales. Casi siempre la situación es
mucho más compleja.

En mi opinión, mi papel como terapeuta es una oportunidad para ayudar a que la gente cuente sus historias eficazmente. Escucho con cuidado e insisto en abordar detalles
que hacen la situación más sutil. Cuando la historia se sale
del contexto familiar, se libera de culpas y pretextos, y hay lugar para el entendimiento, y esto es muy valioso porque cambia la imaginación de cómo se ha desarrollado la vida, tal vez
por años.

Un buen terapeuta no acepta la historia tal como se cuenta. Presiona para obtener más detalles y a menudo elabora un
relato. La historia revisionista es parte de la conciencia de uno
mismo, así como la interpretación que da una nación a su pasado. Es una señal de que se está envejeciendo bien.

No es sencillo honrar a nuestros ancestros. Podemos sentir el efecto de sus problemas. Olvidamos que todos somos
débiles y cometemos errores. Pero si pudiéramos reconocer
lo bueno que nuestros antepasados nos dejaron, quizás esta-
ríamos mejor equipados para hacer frente al futuro. Necesitamos algo sólido en que apoyarnos para afrontar un futuro
siempre incierto.

Todos tienen un legado

¿Por qué tendría que preocuparte el efecto de tu legado en generaciones futuras? La respuesta obvia es que quieres que tu
vida valga, que cuente. Quieres demostrar con resultados los

años de esfuerzo creativo y empeño. También quieres contribuir de algún modo. Tu legado no tiene por qué reforzar tu ego,
sino ser una expresión de generosidad y deseo de conexión.

Recuerdo a mi mamá, un ama de casa y madre de familia. Su legado no fue impresionante, sin embargo fue una mujer de devoción y amor extraordinarios. Percibo su efecto en
mi hija, quien siempre agradecerá el apoyo y atención de su
abuela. Cuando reflexiono sobre la dirección particular de mi
trabajo, en especial los aspectos íntimos y llenos de alma de la
vida, o mi devoción a mis pacientes en terapia, soy consciente de la influencia de mi madre, de su legado. Rindo homenaje a los regalos que me concedió hablando muy bien de ella y
guardando sus fotos y cartas.

Durante años tuvo un hermoso árbol rosa de Siria a un
lado de su casa de verano, así que cada que nos mudamos de
casa, planto un rosa de Siria en su honor. Lo hicimos hace
poco y mi esposa me preguntó si quería flores blancas o co-
loridas. Supe al instante que mi madre querría blancas. Ahora, todas las mañanas cuando miro nuestro pequeño arbusto
a un lado de la casa, recuerdo mi propia *prisca theologia*, mi linaje espiritual a través de mi madre, un linaje *anima* con mucha alma.

La relación con futuras generaciones

Si bien es natural y admirable querer dejar un legado, no hace
falta planearlo. Si vives a plenitud, aceptando los retos y las
oportunidades de la vida, automáticamente dejas algo a quienes te precederán. Se dice que un buen maestro es alguien
que ha llegado a un punto a partir del cual vale la pena seguir
su ejemplo. Es similar con el legado. Si has tenido una vida

abundante en generosidad, dejarás un legado abundante sin esforzarte demasiado.

En todo caso, vale la pena pensar en las generaciones futuras. ¿Acaso mi generación dejará un mundo natural empobrecido y enfermo? ¿Dejaremos a nuestros hijos un mundo lleno de conflictos internacionales y locales? Es evidente que no. Todos podemos contribuir a modo personal con la preservación de un mundo pacífico, pero también podemos dejar nuestra sabiduría, descubrimientos y trabajo creativo para que las futuras generaciones los aprovechen y atesoren.

A medida que las personas envejecen, en ocasiones se preguntan: ¿acaso mi vida ha valido algo? ¿Me olvidarán? Se podría afirmar con desapego espiritual que no nos deberíamos preocupar por nuestra reputación tras nuestra muerte. No hay que aferrarse, es hora de fundirse en el vasto mar de la vida. No obstante, a algunos les inquieta que no se valore su vida. Tampoco me parece un pensamiento ocioso ni neurótico. Sugiero tomárselo en serio y utilizarlo como motivación para hacer algo para futuras generaciones.

En cierto sentido, dejar un legado es lo opuesto a recordar, y aun así las dos cosas están íntimamente relacionadas. Hay una práctica sencilla que suele sumirme en una reflexión seria sobre el legado. Me pasa cuando juego golf y llego al próximo hoyo o punto de salida y veo una banca empotrada en el piso, con frecuencia con vista a la calle, y con una placa de latón en conmemoración de alguien que jugaba golf en el campo y a quien amigos, cónyuge o familiares, querían recordar. El recuerdo es también un regalo para todos los golfistas en los años venideros que llegarán a ese hoyo y se sentarán a descansar. Es un ritual sencillo que demuestra la conexión entre recordar y dejar un legado. Espero que alguien deje algunos legados en mi nombre.

En este ejemplo sencillo se manifiesta la presencia del corazón en el legado. Demuestra que alguien ha tenido en consideración a quienes vienen, ha pensado cariñosamente en quienes necesitarán apoyo y quien vea por ellos.

La poeta Maya Angelou escribió: "Ahora sé que la gente olvidará lo que dijiste, la gente olvidará lo que hiciste, pero la gente nunca olvidará cómo la hiciste sentir". Por tanto, el legado es una cuestión del corazón. No es una idea, sino un sentimiento que se vincula en gran parte a personas invisibles. Es una forma especial de amar y si existe algo que pudiera hacer más placentero envejecer, sería descubrir nuevas manifestaciones del amor.

Un regalo sencillo para el futuro abre tu corazón verdaderamente para incluir a quienes aún no están presentes. Es una acción espiritual basada en la esperanza, la premeditación y la nobleza. De cierta forma amplía el rango de tus relaciones a futuro y te convierte en una persona más madura. También es útil para hacerle frente al envejecimiento pues se lleva bien con el cambio que estás dando, de un presente activo a un futuro reflexivo. Asimismo, extiende tu papel como un mayor para recibir a las siguientes generaciones con los brazos abiertos.

En algunos casos se crea un legado robusto cuando le ponemos fin a un ciclo de conducta atroz, como emplear la violencia para el cambio social. Desde el punto de vista positivo, nuestro legado puede ser un mecanismo nuevo, informado, compasivo para afrontar obstáculos, que deje un buen ejemplo para las siguientes generaciones.

¿Podemos abrirle nuestro corazón a personas que no conocemos y que nos sustituirán en esta misteriosa procesión generacional? ¿Es posible analizar mis logros, prescindir de mi ego y abrirle mi corazón a los demás? En este sentido, cultivar un legado puede ser parte de tu madurez, y va más allá del interés personal.

El legado también puede ser parte de una visión más integral para tu vida. Quieres ser feliz, quieres que tus familiares y amigos estén sanos y saludables y quieres que tu país prospere. Pero ¿qué hay del alcance real de las galaxias y los universos? ¿Quieres contribuir con la construcción de un mundo?

En esta visión más amplia, tu legado podría ser tan pequeño que parece insignificante, pero precisamente nuestras aportaciones pequeñas suman a la rica complejidad de la vida, a su evolución en algo glorioso. Nuestra vida pequeña se encuentra con una visión espléndida de la propia creación para evocar una de las mayores paradojas: que nuestra vida pueda tener sentido en el contexto de un mundo tan vasto.

Por tanto, para dejar un legado tenemos que tomarnos nuestra vida con total seriedad: es precisamente uno de los temas de este libro. Tenemos que crear nuestra visión para no sentirnos abrumados o desarraigados por la vastedad del mundo en el que cumplimos nuestro destino. Debemos desarrollar una robusta conciencia de nosotros mismos para darnos cuenta de lo importantes que somos en medio de nuestra insignificancia.

Con frecuencia la gente dice que busca el sentido de la vida, pero el sentido lo podemos encontrar en el momento presente. Encarnando nuestra visión, cultivando la compasión y atreviéndonos a estar del lado de la vida, no en su represión: todas éstas son fuentes de sentido. Si quieres dejar un legado, lo que tienes que hacer es vivir una vida con sentido y generosidad.

El legado es una forma de envejecer bien

Uno de los pesares del envejecimiento es la idea de que esta vida tan breve no ha valido mucho. Sin embargo, el sentimiento de que estás dejando un legado para los demás puede dar valor a tu vida. Al darse cuenta de la importancia del legado muchos hacen gestos simbólicos para ponerlo en marcha. Tal vez dejen en herencia un bosque para la posteridad, construyan un monumento inspirador o aporten un ladrillo para el monumento de una escuela. En mi zona rural de Nueva Inglaterra, a veces los residentes donan un parque, una banca o un estanque para el uso comunitario.

En 1993, Elizabeth Marshall Thomas publicó un *best seller*, *The Hidden Life of Dogs,* y con las ganancias adquirió el hermoso estanque Cunningham en Peterborough, New Hampshire, para donarlo a la ciudad. Como condición pidió que hubiera una banca para seres humanos y otra para perros. He disfrutado esa banca en numerosas ocasiones con familiares y me gusta mucho ver a los perros divertirse en su propia banca. Si visitas el parque, quizás escuches la historia de Liz Thomas y sientas la generosidad de su legado.

El espíritu de que hay que ver por las siguientes generaciones ayuda a humanizar a los individuos, aporta profundidad y amplitud a la vida de cualquiera. Es un excelente antídoto contra el narcisismo de la época, el cual está arraigado en la ansiedad que produce el sentido de la vida. Dedicas una atención excesiva a ti mismo porque te preocupa el valor de ese ser. Cuando te das cuenta de que ese yo se enriquece al cuidar a los demás, entonces podrás relacionar tu tranquilidad con tu legado. Al dejar algo para los demás te conviertes en una persona más profunda e importante.

A medida que envejeces la pregunta sobre tu mérito será

más apremiante. El tiempo es corto. ¿Qué puedes hacer para que tu vida cuente? ¿Has hecho lo suficiente en el pasado? ¿Qué dirá y pensará la gente de ti?

Suele criticarse a quienes se tienen en muy alta estima. No pueden distinguir entre el narcisismo y un yo grandioso. Necesitamos a individuos eminentes que vean su misión en la vida en términos globales. Desde luego muchas personas tienen una imagen propia superflua e idealista, pero muchos también son acertados. Ven la vida en términos amplios y la abordan soberbiamente.

Si no reflexionas sobre tu legado puedes caer en una de las condiciones más amargas de la vejez: el arrepentimiento. Arrepentirte por no haber hecho las cosas que pudiste hacer o por haber hecho otras que hubieras preferido no. Sin embargo, el arrepentimiento es una emoción inútil y vana. No proviene del alma. En este sentido se parece a la culpa, que consiste en sentirse mal sin decisión verdadera de cambiar o enmendar las cosas.

Asimismo, el arrepentimiento suscita cambios mínimos. Es mejor asumir la responsabilidad, realmente vivir la culpa, no sólo sentir la emoción. Cuando el arrepentimiento madura se convierte en remordimiento. Éste toca el alma y marca una diferencia. No se limita a ser un sentimiento fluctuante que da la impresión de suscitar cambios. Implica llegar a comprender algo que te afecta como individuo y a tus decisiones vitales. Una mejor alternativa aún es darle importancia a la vida todos los días, pensar en ella en términos más amplios y hacer lo posible por contribuir ahora. No hay tiempo para arrepentirse.

Es imposible dejar un legado si el arrepentimiento te domina, pues éste detiene el movimiento natural de la vida. Te invita a desear ser otra persona, tener otras circunstancias.

Te obsesionas con aquello de lo que te arrepientes, te quedas paralizado en una emoción que no está viva. Cuando domina el arrepentimiento no se puede envejecer de forma positiva, sólo sumar años.

El arrepentimiento es un intento de sentir remordimiento, pero no es igual. Si te arrepientes de muchas cosas, piensa cómo convertir ese arrepentimiento en remordimiento. Tal vez tengas que sentirlo de forma más directa y hacer algo para responder. El remordimiento es "un pesar interno que queda después de realizar lo que se considera una mala acción". Permanece y no puedes ignorarlo. Exige una respuesta.

Una vez conocí a una mujer en la firma de libros que me contó su relato de remordimiento. De adolescente había ingresado a un convento católico y se ordenó como monja. Durante años vivió esa vida estricta y célibe hasta que un día se marchó. Ahora su vida estaba mancillada, se arrepentía de haber tomado la decisión de haber ingresado en el convento y renunciado a una vida sexual activa en la plenitud de su vida. Cuánto más mayor se hacía, el arrepentimiento era mayor. No la abandonaba y hacía su vida miserable.

Me pregunté si ese arrepentimiento podía convertirse en remordimiento, si ella sería capaz de identificar la debilidad de carácter o emoción imprecisa que la habían conducido a una vida que no quería, o bien qué había detrás de su incapacidad para superar ese arrepentimiento. No era capaz de aceptar su destino ni su decisión formativa. No podía vivir la vida que había elegido, en cambio, permitía que ese arrepentimiento la apartara de su realidad más profunda. Tal vez no valoraba su sexualidad. Tal vez era más fácil compadecerse de ella misma que afrontar la vida con un espíritu totalmente opuesto, más proactivo. No tuvimos oportunidad de hablar a fondo, así que éstas son conjeturas.

La redención

Sentir que tienes un legado valioso para tu familia u otras personas en específico ayuda a que la vejez sea más tolerable. Puede darte una probada de inmortalidad. Tu influencia perdurará, por lo menos un tiempo, tras tu muerte. Puedes sentir que la vida ha valido la pena porque tienes algo que transmitir.

Un legado puede compensar omisiones, actos reprobables, cualquier sufrimiento que hayas ocasionado u otro aspecto negativo en tu pasado. No es poca cosa porque no es suficiente disculparse. Debes hacer algo para redimirte cuando te hayas equivocado. Dejar un legado digno de atención repara el sentido y valor de tu vida.

Reflexiono sobre cierto aspecto de mi legado cada que publico un libro que no vende tan bien como hubiera esperado. Una vez más encuentro inspiración para escribir para las siguientes generaciones, con la esperanza de que algún día alguien aprecie lo que intento hacer con mi obra. Siempre tengo a esos futuros lectores en mente e intento no dejarme llevar por los caprichos de la opinión y gustos actuales.

Sé que el espíritu de mi época prefiere los estudios cuantificados y las soluciones fácticas a los problemas. En este contexto, mi énfasis en el alma y en las tradiciones religiosas y mágicas puede parecer anacrónico, incluso irrelevante. Así que le tengo fe a una generación futura, cuando nuestra actitud actual, que considero materialista y mecanicista, cambie y favorezca las humanidades y la espiritualidad. Ya le tengo aprecio a esas personas del futuro y espero que interpreten mis palabras como mi legado a dicha generación.

Un legado puede despertar tu corazón y expandir tu visión. Es claro que un legado no es cosa fácil. En sentido subjetivo, puede incluir conflicto y preocupación, así como buenos deseos y amor. Esperar que las siguientes generaciones te aprecien puede parecer un delirio. Llamémosle una ilusión, pues es más generoso.

A medida que crece mi amor por las futuras generaciones, me siento parte de los ciclos de la vida y no me preocupa tanto la brevedad de mis días. Envejecer es un regalo para el ciclo natural y para un futuro mejor. Y este gesto generoso expresa una espiritualidad profundamente arraigada. Con frecuencia se habla de lo espiritual como si sólo se tratara de aprender a meditar y purificar nuestro estilo de vida. Un aspecto mucho más desafiante podría ser resolver las limitaciones de tu vida en relación con las futuras generaciones. Cultivar el legado personal puede ser uno de tus logros espirituales más importantes.

Por último, el legado también es fuente de alegría y satisfacción, ambas cualidades valiosas en la madurez. Completa el proceso de la obra de una vida, que tiene varias etapas:

1. Educarte y desarrollar talentos y habilidades.
2. Buscar un empleo que utilice dichas habilidades.
3. Desarrollar una carrera profesional.
4. Enfrentar puntos de inflexión y conclusiones en la carrera.
5. Alcanzar el éxito a tu manera.
6. Abrirte paso en la vejez enfocándote en ayudar a los demás.
7. Crear un legado para las siguientes generaciones.

Este esquema es sólo un bosquejo de lo que podría ser, sin embargo muestra el flujo de una vida creativa de principio a fin. Es mucho más que un diagrama porque propone dinamismo al ir de una fase a la otra. La idea de dejar un legado encaja

en este proceso, pues ofrece no sólo un fin sino una culminación. El ciclo se cierra y el legado es su desenlace natural.

Aunque nuestra cultura parece estar apartándose de una
tendencia hacia el trabajo como fin único, aún puedes dejar
un legado si has tenido una vida mucho más relajada. Uno es-
peraría que cuando esta ética del trabajo llegue a su término,
desearemos ser más creativos e incluso quizá nos preocupa-
remos más por el mundo que le dejaremos a nuestros hijos.

En gran medida, el legado es una forma de imaginar el
tiempo y el esfuerzo que le dedicamos al trabajo de toda una
vida. Algunos tienen tal prestigio en la cultura y la historia que
sus legados son extraordinarios, pero la mayoría llevamos vidas ordinarias y sólo podemos imaginar que nuestra influencia será mínima. El punto es que el legado no tiene que ver con
el tamaño de nuestro efecto en las siguientes generaciones,
sino en el hecho de haber sido importantes para alguien.

Me produce felicidad rendir homenaje público a los hombres y mujeres cuya sabiduría y trabajo creativo me han influido tanto: Thomas I. Nugent, Gregory O'Brien, Rene Dosogne,
Elizabeth Foster, Thomas MacGreevy y James Hillman. Es mi
linaje espiritual personal. Por supuesto mi lista podría exten-
derse. Incluso podrías anotar los nombres de tu linaje más
íntimo y fomentar los legados de los miembros de tu lista reconociendo sus contribuciones.

En el proceso de envejecimiento necesitamos hacer comunidad y colaborar. Nunca es una tarea solitaria. Y podе-
mos prepararnos para la vejez involucrándonos en el proceso
de envejecimiento de quienes nos rodean. Nuestra comunidad incluye a las siguientes generaciones y se requiere un
esfuerzo serio para imaginar el vínculo con quienes aún no
están entre nosotros.

12. Transformar la soledad

No creo en el envejecimiento. Creo en la modificación
perpetua del aspecto que uno ofrece ante el sol. De ahí
mi optimismo.

VIRGINIA WOOLF, *Diario*, octubre de 1932

Uno de los principios fundamentales de la psicoterapia que
he practicado en el transcurso de más de veinte años es uno
muy sencillo que le debo a James Hillman: "Hazle caso al síntoma". En un mundo en el que siempre intentamos superar
y conquistar los problemas, es como magia, nos ayuda a encontrar alivio ante una tensión emocional y ser receptivos a
nuevos aspectos de la vida. En parte su magia se debe a que
contradice el sentido común. Casi siempre cuando experimentamos dolor nos preguntamos: "¿Cómo me puedo desha-
cer de esto?". Sin embargo, nuestro principio mágico es muy
distinto: "¿Cómo puedo fomentar este problema para encon-
trarme del otro lado, aliviado y feliz?".

A Hillman le gustaba citar una línea del poeta Wallace
Stevens para ilustrar este punto: "Es más difícil abrirse paso
por el mundo que más allá del mundo". ¿Podrías tomar un
asunto desagradable, por ejemplo la soledad, y en vez de procurar eludirla, abordarla y encontrar alivio después de haberla visto de cerca?

Permíteme explicar cómo funciona esta dinámica de hacerle caso o conocer el síntoma y cómo ayuda a la soledad.

Si estás solo y quieres aliviar la soledad obligándote a rodearte de gente, estás reprimiendo la emoción. Le rehúyes, vas en dirección contraria para distanciarte de ella. Sin embargo, el principio elemental de Freud sigue vigente: el regreso de lo reprimido. Intentas liberarte de dicha condición y retorna, tal vez más fuerte que nunca. Te obligas a asistir a un evento social y cuando regresas a casa estás más solo que antes.

Desvincularte del síntoma equivale a eludirte, a evadir el estado en que se encuentra tu alma. Sería mejor reconocer tu soledad y ponerle atención. No tienes que someterte a ella ni regodearte en ella. Antes subrayaba mucho que no titulé mi libro *La obsesión con el alma* sino *El cuidado del alma*. Asume tu soledad y cuídate, pero no intentes rehuirle.

También puedes adentrarte en tu síntoma, en este caso tu soledad, porque te muestra no sólo lo que te causa incomodidad o dolor, también te indica qué necesitas. Es una idea incipiente que he citado muchas veces, proviene de una buena amiga y excelente psicóloga, Patricia Berry. Si te sientes solo, en vez de intentar ser más social y relacionarte con la gente, podrías explorar modos de vivir la soledad que te funcionen y no te hagan sentir incómodo.

Tu soledad podría estar diciéndote que necesitas pasar más tiempo en soledad o que por lo menos valores los momentos cuando no estás acompañado. Más profundo aún, quizá necesites desarrollar más tu individualidad y no ser parte de la multitud. La soledad nos puede conducir al espacio adecuado para reflexionar sobre las cosas importantes, en vez de estar ocupados constantemente. La soledad puede dar pistas sobre la cura para la actividad incesante que llevan a cabo las personas, con frecuencia superficial y sin sentido.

La soledad física en la vejez

Es innegable que algunos sentimientos de soledad se deben a las circunstancias. Tal vez tuviste una vida activa y de pronto te encuentras en la vejez, con la familia dispersa y ocupada, con amigos que se han mudado o muerto o quizás estés en una residencia para ancianos en donde amistades como las de tu pasado son difíciles de encontrar.

Entonces la pregunta es: ¿Cómo hacerle frente a la soledad física?

Mi padre tenía noventa y un años cuando mi madre murió y a partir de entonces vivió solo en su casa varios años. Parecía francamente feliz con su independencia. Naturalmente extrañaba a su esposa. Una vez me contó que todas las mañanas contemplaba una fotografía suya que guardaba en su habitación y que entablaba una conversación con ella. También siguió trabajando en la colección de estampillas que había iniciado en su adolescencia, hacía setenta y cinco años. Así se mantenía ocupado con una actividad que le fascinaba y conocía a personas de todo el mundo, incluso ganó un poco de dinero. Los vecinos lo querían y acostumbraban a llevarle comida caliente y provisiones. A pesar de vivir solo, no parecía sentirse solo.

Hasta que comenzó a caerse. Terminaba en el hospital y luego volvía a casa. Se hizo evidente que ya no podía seguir viviendo en su casa, disfrutando de su preciada independencia. Mi hermano le ayudó a encontrar una vivienda en una residencia asistida cerca de la casa de él. Cada que lo visitaba percibía la tristeza en su mirada. Siempre fue muy sociable. Le resultaba fácil hacer amigos e involucrarse en actividades. Continuó haciéndolo en su nuevo entorno, pero era obvio que extrañaba su independencia. Para ese entonces las estampillas

ya no le entusiasmaban igual. Lo único que parecía motivar-
lo era apoyar a su nieto, quien se estaba recuperando tras un
accidente serio.

Lo que me pareció identificar en el rostro de mi padre
no era soledad por estar solo sino por haber perdido su mundo, la obra de toda su vida. Siempre había afrontado las tragedias y exigencias de la vida con cierto estoicismo. Era a quien
cualquier miembro de nuestra familia extendida podía recurrir para supervisar los arreglos funerarios, testamentos, va-
lidaciones testamentarias y apoyo emocional en momentos
difíciles. Nunca se quejó de su situación. Sabía que no podía
vivir con autonomía. Pero la vida en su habitación de la residencia no era la vida que disfrutaba en casa.

Pareció perder su pasión por las estampillas, mas no por
la vida. En la fiesta de su centésimo cumpleaños, se rio efusi-
vamente y conversó con todas las personas que acudieron a
celebrarlo. Pero al final de la fiesta, regresó a su habitación.
Ese día lo empujé en su silla de ruedas y percibí tanto su diversión habitual como su soledad.

La soledad y estar solo

La soledad y estar solo son dos cosas distintas. Te puedes sentir solo en una multitud y no hacerlo en tu soledad. Si seguimos nuestra regla general, "hazle caso al síntoma", podríamos
curar nuestra soledad estando solos. Nuestros sentimientos
dolorosos nos dan pistas de qué necesitamos. Pero ¿cómo funcionan exactamente? ¿Cómo interpretarlas?

Puede ser importante sentir tu propia vida y tener una
robusta conciencia de ti mismo. Puede ser difícil hacerlo cuando estás rodeado de muchísimas personas. Cuando

suceden demasiadas cosas. Hay muchas personas a quienes tener en cuenta. No te puedes escuchar ni saber qué está pasando contigo. Extrañas la soledad de tu propia vida.

El envejecimiento supone muchas transiciones en las que extrañas tu vida anterior, lo cual es una forma de perder de vista quién has sido y quién crees que eres. La emoción puede parecerse a la soledad porque es la posibilidad más obvia. Sin embargo, también podría ser la pérdida de un mundo familiar que incluye ciertas personas, lugares y experiencias.

Cuando dejé el monasterio recuerdo sentirme solo. Renté un departamento en el Near North Side de Chicago, una zona que no conocía. Regresaba a casa caminando de la Universidad De-Paul y al pasar, veía a la gente cenando en comedores iluminados. Sentía punzadas que asumí se debían a mi soledad, pero de hecho en aquella época disfrutaba vivir solo. Extrañaba a mi comunidad y amigos con quienes había convivido tantos años. Extrañaba un estilo de vida que disfrutaba y valoraba y desconocía por completo qué seguía para mí. La "soledad" que sentía en el fondo era la pérdida de un mundo familiar, la seguridad y familiaridad que tuve ahí.

No me tenía a mí mismo ni un mundo propio y esa pérdida era inquietante. Las escenas que vi en las ventanas iluminadas reflejaban a personas disfrutando su mundo familiar. Entonces había muchas personas en mi vida, pero no tenía un mundo propio y no sabía quién era. En ocasiones, la soledad es mucho menos literal de lo que parece ser.

Lo contrario también es cierto. Se puede estar demasiado vinculado con el pasado, la familia, los amigos y los lugares importantes del ayer. Tal vez sea momento de un enfoque nuevo. Al extrañar el pasado se corre el riesgo de no dedicarle mucha emoción al presente y al futuro. En este caso, la soledad puede estar evitando que aceptes el presente y el futuro.

Liz Thomas me contó que vivía en la casa que había compartido con su esposo de toda la vida. El lugar tenía demasiados recuerdos de una vida que ya no existía. Quería una nueva vida y un nuevo hogar, un lugar sin aquellos recuerdos para sus nuevas aventuras. Tal vez las personas en su entorno asumían que ella quería recordar el pasado, pero más bien quería superarlo.

De nuevo vemos la sabiduría del yin y el yang, o principios opuestos dinámicos que no se anulan por completo sino que funcionan en armonía, primero se fortalece uno y después el otro. W. B. Yeats los imaginó como remolinos que al girar se tocaban, a veces se penetraban por completo y otros giraban independientemente.

El pasado y el futuro pueden ir y venir, ofreciendo sus recompensas en su devenir.

A medida que envejecemos transitamos pasajes que exigen flexibilidad y resiliencia. Perdemos, ganamos, volvemos a perder. Lo que sigo repitiendo en este libro es que el envejecimiento no se limita a ver pasar el tiempo sino a ser receptivos en la vida y permitir que todas sus invitaciones nos transformen una y otra vez. Las distintas mutaciones equivalen a una vida vivida y no contemplada. O como dice Thoreau en *Walden*: "Me fui a los bosques porque quería vivir deliberadamente; enfrentar solo los hechos esenciales de la vida y ver si podía aprender lo que ella tenía que enseñarme, y no que cuando estuviera por morir me diera cuenta de que no había vivido".[1] Si la vida te madura es porque le has dado la bienvenida y has admitido su alquimia, las transformaciones continuas que puede generar en la química de tu alma.

Una vez más te pido considerar la palabra *envejecer* no como estamos habituados a hacerlo, para definir el paso del tiempo, sino en los términos con los que nos referimos a ciertos vinos y quesos que "maduran" con el tiempo. Maduran y su madurez les da un valor especial. Los seres humanos también pueden madurar así, los cambios que suscita la experiencia los vuelven más reales, de sabor intenso. No obstante, para envejecer de este modo debemos permitir que la experiencia surta su efecto, cambie nuestra perspectiva y nos haga personas más conscientes y sofisticadas. Por ejemplo, explora tu soledad y conviértela en individualidad.

La falta de conciencia de los individuos es en sí inconsciente. No nos damos cuenta de que somos inconscientes sobre cosas realmente importantes. No nos damos cuenta de que con frecuencia pasamos nuestros días sin pensar en las cosas que deberíamos tener en cuenta y procesar. En nuestras actividades cotidianas reaccionamos en vez de reflexionar.

La capacidad para reflexionar bien y a fondo en la vida cotidiana es un logro. Esperas mejorar a medida que envejeces porque la experiencia te ha enseñado algunas cosas. Para reflexionar bien hay que estar cómodo con un grado de soledad porque hacerlo requiere silencio y soledad.

Lo que denominamos soledad bien podría ser el carácter de estar a solas con uno mismo, imperturbable y receptivo a tus pensamientos. En apariencia no estarás haciendo nada, pero internamente serás un hervidero de recuerdos e ideas. Se requiere tolerancia para esta soledad, acompañado de tus reflexiones. Esta práctica te puede hacer envejecer bien y dotarte de carácter.

Buenas condiciones para la reflexión

Resulta peculiar abogar por la reflexión. Hacerlo tendría que ser cuestión de rutina. Es evidente que para madurar hay que reflexionar. Sin embargo, vivimos en una sociedad sumamente extrovertida que interpreta la vida en cuestión de sucesos y objetos externos. Nuestra capacidad para la reflexión disminuye día a día. Antes decíamos que las noticias nos llegaban en fragmentos, cada vez más abreviadas, pero ahora parece que la gente ya ni siquiera puede digerir esos fragmentos.

La reflexión no tiene que realizarse en total silencio, puede hacerse durante conversaciones profundas y agradables, durante sesiones de relajamiento, lectura e incluso escuchando la televisión o un análisis en línea de sucesos mundiales y acontecimientos culturales. La reflexión no es igual que el entretenimiento, aunque a veces coinciden, como en una película reflexiva que invita a mirar al interior de uno mismo. En lo personal, las biografías y autobiografías me parecen buenas fuentes para reflexionar sobre la dirección que ha tomado mi vida y a dónde quiero ir después.

Digamos que la primera etapa de reflexión para una persona común es leer o escuchar la interpretación de alguien de ciertos sucesos. Escuchas o lees y te apropias de esas ideas a tu estilo. Tal vez no estés de acuerdo completamente con la opinión que se presenta, pero puedes quedarte con las ideas que te resulten útiles.

La segunda etapa de reflexión es la conversación. Te aseguras de hablar con quienes tengan ideas valiosas y con quienes disfrutes conversar. El placer es un ingrediente importante. De nuevo, no aceptas todo lo que esa persona presenta, pero en el intercambio aclaras tus propias ideas y te quedas con otras nuevas.

Una tercera etapa de reflexión es encontrar un modo efectivo para expresarte. Podría ser la escritura en sus diversas manifestaciones: diarios, poemas, ensayos, ficción. Podrías grabar videos o audios con tus ideas y mostrárselos a los demás, o no.

Puedes perfeccionar tus ideas a medida que elabores tu escritura o discurso, incluso con los métodos más ordinarios. Una carta a un amigo, a un ser querido o a un familiar puede prestarse para la reflexión. Si quieres consultar un modelo, busca las cartas de escritores célebres como Emily Dickinson o Virginia Woolf. Estas dos escritoras se tomaron el género epistolar con seriedad. Para ellas se prestaba para la reflexión.

Desde hace ya tres años he escrito un tuit todas las mañanas. Estos mensajes breves menores a 140 caracteres dirigidos a cinco mil seguidores me han permitido reflexionar sobre distintos temas al comenzar cada día. Esta práctica ha sido gratuita y satisfactoria.

Quisiera repetir: la reflexión es esencial. Ten en mente la célebre cita de Sócrates que corresponde a su juicio: "Una vida que no se cuestiona no merece la pena ser vivida". O más cercano a la cita griega original: "La vida que no se revisa no es para los seres humanos". Dejémonos incitar a pensar sobre lo que nos ha pasado. Tal vez éste es el sentido de los fracasos y contratiempos de la vida. En palabras de Keats: "¿No veis lo necesario que es un mundo de dolor y de problemas para formar una inteligencia y convertirla en un alma?".[2] ¿Acaso el dolor ayuda, o es la reflexión que procede de la revisión?

Una de las claves en este libro es la idea sencilla de que envejeces bien, en el sentido positivo y deseable de la palabra, cuando ciertos sucesos te han golpeado y te transformas, aunque sea mesuradamente. Alcanzas tu potencial. La vida te educa. Progresas en tu personalidad y carácter. Creces. Maduras.

La era de Burt Bacharach

Mientras escribía este libro e impartía un curso para un programa ambientalista, en el Viridis Graduate Institute, creado y administrado por mi viejo amigo Lori Pye, una de las alumnas me contó que era amiga del célebre compositor Burt Bacharach y que a Burt le gustaría hablar conmigo sobre el envejecimiento. Tenía ochenta y seis años.

Antes de relatar mi conversación con él, permíteme contarte que Burt es reconocido en todo el mundo por las canciones que escribió, muchas con su compañero letrista Hal David: "Close to You", "Alfie", "What the World Needs Now", "Arthur's Theme" y el musical *Promises, Promises*. En 2012 recibió el premio Gershwin que otorga la Biblioteca del Congreso en la Casa Blanca. Asimismo, le han otorgado tres Premios de la Academia y seis Grammy.

Hablamos por teléfono y la conversación me desconcertó de principio a fin. Primero le llamé y estaba ocupado. Me pidió que lo volviera a llamar. Llamé de nuevo y él contestó. Me dijo: "¿Cuáles son tus preguntas?". Yo quería conversar, pero sabía que Burt me incluía en su larga lista de entrevistadores. Conozco el oficio. Desde hace treinta años me han entrevistado desconocidos, aunque seguro no tanto como a Burt.

Pensé que sería difícil. ¿Cómo entablar una conversación profunda? Sin embargo, en su próxima frase empezó a hablar abiertamente, con aire pensativo, sobre sí mismo y las cosas que le importan. Tenía una vida exitosa, pero con muchos desafíos. Me contó que de joven estaba muy involucrado en su música y por lo tanto no estuvo disponible para la gente como debió haberlo estado. Era claro que había cambiado. Algo le había sucedido. Habló con cariño de su exesposa, Angie Dickinson, de su esposa Jane, sus hijos, Christopher y Oliver, y su hija

Raleigh. Recordó con tristeza a su hija Nikki, quien padeció Asperger cuando se sabía muy poco del síndrome y con el tiempo se suicidó.

Estaba hablando con un hombre cuya vida le había otorgado un talento excepcional y éxitos maravillosos, así como dolor y pérdida. Escuché ambas emociones en su voz y me sorprendió la apertura y transparencia de sus sentimientos. Tenía un buen motivo para sentirse solo y creí identificarlo en su voz. Pero no era una persona solitaria. No se identificaba con su soledad. Era una parte de él que se podía percibir de inmediato, pero no lo definía integralmente.

La soledad ofrece una lección importante. Es parte de la vida y se puede respetar y abordar. Pero no tiene por qué tener el control No tienes que ser un viejo solitario. Puedes ser una persona de edad avanzada que a veces se siente sola. La diferencia es inmensa.

En buena parte de los temas psicológicos es mejor aceptar la emoción o condición y otorgarle un lugar en tu vida. La represión en cualquiera de sus manifestaciones no funciona. Al hablar con Burt Bacharach sentí una madurez en las emociones, y en eso consiste el envejecimiento en su mejor faceta. Albergaba muchos sentimientos, algunos nostálgicos y otros dolorosos, unos más positivos y optimistas. En el trasfondo de todo esto identifiqué una satisfacción profunda por su creatividad y logros.

El carácter reflexivo de la actitud de Burt a sus ochenta y seis años es otro ingrediente fundamental. No está permitiendo que la edad le ponga fin a su vida creativa. Todavía da conciertos, escribe música y tiene un régimen diario que incluye ejercicio físico.

Burt nos demuestra que en la juventud puedes estar completamente concentrado en alguna actividad al grado de cometer errores en tus relaciones y tener motivos para albergar remordimientos. Pero a medida que maduras puedes llegar al punto en el que el remordimiento no anula tu optimismo y tu felicidad. De hecho, le da a la felicidad un toque de dolor y nostalgia que la profundiza. La felicidad es una meta digna, pero muchas otras emociones, algunas dolorosas, tienen que penetrar en ella y hacerla más compleja.

La asombrosa creatividad de Burt a sus ochenta y seis años demuestra otro remedio para la soledad. Tal vez queramos retirarnos de la vida porque parece que en la vejez es lo habitual, porque no queremos que nos consideren viejos o porque nuestras habilidades ya no son tan sólidas como antes. Existen muchos buenos motivos para decidir no vivir, pero normalmente se originan del miedo. No quieres que te consideren débil. Si eres capaz de vivir vigorosamente, la soledad no será un problema en tu caso.

La cura para la soledad

Desde niño he tenido la necesidad de estar solo. Tal vez la situación ideal para mí fue la vida monástica, tenía una habitación privada a la que nadie podía entrar y tiempo para estar a solas y en silencio. Pero buena parte de mi vida también he tenido pareja. Tengo veinticinco años de casado y debo lidiar con mi necesidad de estar solo. De lo contrario, sufro lo opuesto a la soledad. No sé si ese padecimiento tiene nombre.

Pero para mi sorpresa, como amante de la soledad, cuando mi esposa y mis hijos no están, me siento solo. De antemano, tengo muchas ganas de estar solo y lo disfruto varios días, pero entonces se cuela cierta soledad. La valoro porque es una forma de saber que soy un ser humano, soy normal. Puedo sentirme solo. No soy autosuficiente. También me recuerda no darle demasiado valor a lo que a veces anhelo, esa preciada soledad. Tal vez un día me encuentre solo y descubra las honduras de la soledad.

¿Qué tal si asumimos que la soledad no se limita al número de personas en tu entorno, a tus relaciones? ¿Qué tal si la soledad que sientes es por ti? Por la persona que eras y aquellos que formaban parte de tu vida. Por los proyectos en los que participaste y por la vida laboral que siempre deseaste que terminara y que ahora extrañas. La soledad es una emoción que tiene que ver con convertirse en una persona singular y aprender que, en última instancia, estás solo, pese a las muchas personas que comparten tu planeta, tu ciudad, tu casa.

Las relaciones personales pueden ser una distracción del hecho existencial de que no puedes darle tu vida a nadie más. Si te relacionas con alguien para curar tu soledad, entonces esa relación es una manipulación narcisista en la que utilizas a alguien para resolver tu problema. Aunque suene extraño, no creo que la causa de la soledad sea no estar rodeado de personas, y no se cura desarrollando nuevas relaciones personales.

En una columna en *Publishers Weekly*, Olivia Laing reflexiona sobre libros que abordan el tema de la soledad: "El aspecto extraño, casi mágico de estos libros es que al examinar la soledad también ofrecen un antídoto contra ella. Por su naturaleza, la soledad es una experiencia profundamente aislante. Pero si una novela o autobiografía logra trazar sus regiones heladas, entonces puede aliviar un poco el dolor agudo de sentirse aislado, apartado del resto del mundo".[3]

Una novela puede aliviar la soledad. No a una persona ni a una multitud. En su libro *The Lonely City*, Laing afirma que la imaginación puede resistir el dolor de la soledad. De nuevo, la imaginación, no la gente. Ésta podría ser la clave para abordar con eficacia la soledad en la vejez. A la gente mayor podría hacerle falta imaginación, más que relaciones personales, tal como una persona que vive en una ciudad repleta de gente puede sentirse sola y necesitada de algo que no sea más gente.

Pero ¿cómo puede ser? ¿No es acaso evidente que las personas que se sienten solas necesitan familiares, amigos y la sociedad? Pensemos en el síndrome de la ciudad solitaria: gente rodeada de gente y completamente sola en su experiencia cotidiana. Quizá las personas solitarias deban imaginar la soledad de otro modo. En segundo lugar, quizá les haga falta la conexión personal que las llena de vida. No es muy probable que un grupo de personas solitarias resuelva el problema de la soledad. En tercer lugar, tal vez necesiten una conexión íntima con ellas mismas. Eres parte de un grupo solitario. Lo que necesitas es ingresar en una comunidad donde no te sientas solo.

Quiero ahondar en esto, pero primero tengamos en cuenta que la soledad puede ser un aislamiento de uno mismo o de cierto aspecto del alma. Con frecuencia el escritor de relatos John Cheever es puesto como ejemplo de la soledad, pero cuando escuchas su historia te das cuenta de que no aceptar su homosexualidad lo hizo sentirse solo y añorar su verdadero yo. Si no aceptas una parte evidente de tu naturaleza es comprensible que te sientas solo y rodearte de muchas personas no resolverá el problema.

Quienes viven en una ciudad llena de gente se sentirían menos solitarios si entablaran una amistad con la ciudad. No todas nuestras relaciones son humanas, la intimidad que establecemos con nuestros hogares, vecindarios y todas esas cosas que dan vida a una ciudad podrían atemperar la soledad porque nos hacen sentir vivos. No sólo la compañía alivia la soledad, todo cuanto dé vida. En otras palabras, el mundo tiene alma, *anima mundi*, y nos puede dar lazos gracias a los cuales valga la pena vivir. Es todo lo que está en juego cuando lidiamos con la soledad, no sólo la compañía.

Tal vez llegue un momento en el que ya no puedas salir tanto a la ciudad como habitúas, pero incluso entonces cuidadores, amigos y parientes pueden tener en cuenta lo importante que es tener una experiencia, aunque sea mínima, en la ciudad, aunque sea mirando por la ventana y llevándote comidas especiales. Si vives en un pueblo o en el campo, la situación es similar, sólo las experiencias serán distintas.

No sugiero menospreciar a las personas, sus amistades o a la comunidad. Por supuesto que ellas también pueden darnos vitalidad. Pero entonces es recíproco y tenemos que estar vivos para empezar. Como ya dije antes, no funciona recurrir a las personas como única fuente de vitalidad para combatir la soledad. Al contrario, sería una receta para la soledad. Una persona solitaria en una multitud no se siente menos sola.

Hay quienes parecen sentirse solos porque no pueden aceptar que están envejeciendo. Desearían ser más jóvenes y a veces incluso intentan aparentar otra edad. Puedes dotarle un espíritu juvenil a la vejez, como describí en el primer capítulo, pero negar tu edad es crear una división interna, y ésa es una de las fuentes de la soledad profunda. Tal vez sea difícil enmendar esta fuente de soledad porque la mayoría no establece una relación entre negar la edad y la soledad.

Permíteme recordarte la paradoja. Si aceptas que una persona no es un sólido bloque unificado, sino que tiene distintos aspectos o incluso personalidades —politeísmo psicológico, como lo denomina Hillman— entonces puedes perseguir la juventud y aceptar la vejez al mismo tiempo. Puedes hacer dos cosas a la vez. De hecho, así evitas separar la vejez de la juventud.

La mejor estrategia para hacerle frente a la soledad es buscar la vitalidad incluso en las cosas más pequeñas. Esto quiere decir mantener viva tu curiosidad, asombro, espíritu de aventura, amor por aprender, carácter creativo, interés en las personas, excentricidad y estilo de vida contemplativo. Puedes hacer todas estas cosas incluso con una capacidad limitada. Mi amigo John Van Ness está haciendo un video sobre la demencia de su esposa en el que muestra cómo, pese a un desafío de esa magnitud, un individuo puede hacer descubrimientos importantes y mantenerse conectado con la vida. El hecho que esté filmando este video a sus ochenta y seis años le suma a su capacidad de persuasión.

La comunidad espejo

Para contrarrestar la soledad es crucial asegurarse de no estar bloqueando una parte de tu ser. La comunidad en tu entorno se refleja en tus distintas naturalezas. Me pondré como ejemplo.

Cuando me pregunto cuál de mis identidades quiere ser parte de mi comunidad interior, me resulta difícil discernir. Aunque debo intentarlo. Recuerdo haber tenido sueños recurrentes de esconderme durante un tiroteo. En un sueño, llegaba la policía, sometía a una mujer que se había puesto histérica y llevaba un rato disparando. Me sorprendía darme cuenta de que el policía era un hombre común que podía lidiar con la mujer demente.

El sueño me hace pensar en mi propia locura y tendencia histérica, así como en mi resistencia a resolver la crisis. En mis sueños, parece que las armas me asustan. Me pregunto si es por el hombre viril a quien he rechazado. Durante toda mi vida he admirado al hombre sereno, de voz suave, la clase de persona que encarnaba cuando era monje. También me ha costado trabajo tener una vida pública activa e involucrarme en actividades comunitarias. Puedo dar pláticas y publicar libros que se leen en todo el mundo, pero se me dificulta involucrarme en temas públicos. Me pregunto si debo acoger a esta figura. Si comienzo a sentirme solo, sin duda empezaré a ir en esa dirección.

Te puedes preguntar, como yo, ¿quién quiere ser parte de tu comunidad interior, un yo que se ha encontrado con resistencia o que se ha sentido desatendido? Probablemente tengas pistas. ¿Temes a algún carácter interior? ¿Le rehúyes a la intimidad, el amor, la creatividad, la ira y el poder? Quizás una personalidad que encarna estas cualidades podría ser parte de tu constitución, de tu comunidad interior.

A medida que envejeces es muy probable que te percates de las oportunidades que has eludido durante años. Con frecuencia la gente mayor evoca las oportunidades que dejó pasar. Ahora entenderás que esas ocasiones perdidas se deben a que te negaste a expandir tu ser. Normalmente puedes intentarlo en la vejez, ser más receptivo y así prosperar. La vejez no tiene por qué equivaler a la disminución de tu ser, sino a un sentido de identidad creciente. Otro tónico para la soledad.

Si te sientes solo, no te dejes caer en la soledad. Opta por la diversidad y la grandeza desde dentro, por la complejidad, para así involucrarte con el mundo que necesita tu complejidad.

QUINTA PARTE

LA ESPIRITUALIDAD DEL ENVEJECIMIENTO

Demuestras que incluso en la vejez eres infatigable; sobre todo cuando defiendes con contundencia lo correcto, pareces rejuvenecer.

NICOLÁS DE CUSA

13. Amistad y comunidad

> Es frecuente que en los cuerpos de varios amigos se ve
> una sola alma.
>
> MARSILIO FICINO, carta a Almanno Donati

Mi esposa relata la anécdota del funeral de su padre, Joe. Acudió un antiguo amigo de su época en el ejército y cuando concluyó el funeral, se dirigió al cementerio y compró una parcela a un lado de la de Joe. Parece que lo abrumaron sentimientos amistosos y quería volverlos intemporales. A mi esposa le sorprendió la profundidad de su sentimiento. Sin embargo, la amistad es una de las pasiones más arraigadas que le dan sentido a la vida desde el corazón.

La anécdota también nos recuerda cuán importante es la amistad a medida que nos hacemos mayores. A veces parece más relevante que los vínculos familiares y sin duda las amistades son mucho más estables que otro tipo de relaciones. También son significativas para las personas mayores, en parte por la tendencia hacia la soledad que ya abordamos y en parte porque no es sencillo afrontar los desafíos de envejecer sin alguien cercano.

La amistad y hacer alma

Voy a enlistar algunas ventajas de la amistad:

1. Es fácil conservar la individualidad, aunque formes parte de una relación cercana.
2. Se centra en abrirle el alma a una persona, no en que sea tu pareja.
3. El lado emocional suele ser sosegado en comparación con relaciones románticas y familiares.
4. Es más sencillo desarrollar amistades en el transcurso de tu vida que tener cerca a familiares y parejas.
5. Una amistad no cambia con la misma frecuencia que otro tipo de relaciones.
6. Una amistad es cercana, aunque guarda la suficiente distancia para lograr un buen equilibrio entre individualidad y mutualidad.
7. Los amigos no acostumbran a verse con tanta frecuencia, por tanto la cercanía no se siente como una carga.
8. La amistad supone longevidad, de tal modo que las que se entablen en la juventud pueden durar toda la vida.
9. La estructura de la amistad es flexible, así que no experimenta cambios públicos difíciles como el divorcio o la adopción.
10. En la amistad puedes amar sin asfixiar ni controlar.

La amistad tiene sus límites y problemas, pero en buena parte es libre y menos complicada que otro tipo de relaciones. Por tanto, es buena para las personas mayores. Desde luego no hay relación humana que siempre sea sencilla. Una de las habilidades que todos debemos aprender es cómo mantener una relación con otra persona complicada. Porque todos somos complicados.

En nuestra interpretación de envejecer o mejorar con la edad, la amistad es un catalizador. Si bien el matrimonio, la paternidad y las relaciones sentimentales suelen ser formas tempestuosas e intensas de madurar, la amistad hace lo mismo durante un periodo más extenso y menos disruptivo.

Una de las amistades más extraordinarias en la historia de Estados Unidos fue la relación extensa y productiva de Susan B. Anthony y Elizabeth Cady Stanton. Se conocieron en 1851 y trabajaron cercanamente hasta que Anthony murió en 1902, a los ochenta y seis años. Anthony era la estratega y organizadora, y Stanton la escritora e imaginativa. Stanton estaba casada y tenía siete hijos, mientras tanto Anthony era soltera. Aunque tenían temperamentos muy diferentes y no estaban de acuerdo en ideas elementales, juntas cambiaron la vida de las mujeres en Estados Unidos.

"Nos conocimos hace cincuenta y un años y desde entonces no nos hemos detenido un solo día, hemos despertado al mundo para que reconozca los derechos de las mujeres", escribió Susan B. Anthony a su amiga en 1902, el año de la muerte de Elizabeth. Habían alimentado su amistad por más de cincuenta años "despertando al mundo" y valorando el cariño que se tenían.

La antropóloga Edith Turner dice que al compartir una causa común se desencadena un sentido de comunidad sincero; lo mismo podría decirse de la amistad. Los amigos no sólo comparten momentos de placer, también pueden trabajar juntos para hacer de éste un mundo mejor. Con frecuencia tienen un objetivo trascendental.

Stanton siempre quiso trabajar para mejorar la vida de las mujeres y los afroamericanos, desafiando sobre todo las creencias religiosas que, creía, los distraían. Anthony tenía miedo de que ser tan incluyente repeliera a muchas mujeres de su meta de lograr el sufragio femenino. Stanton era liberal y Anthony conservadora. No obstante, lograron apoyarse mutuamente durante un esfuerzo eficaz que duró cincuenta años para cambiar las ideas y los valores de la sociedad. En la vejez, Anthony afirmó que se arrepentía de no haber aprovechado la oportunidad de invitar a Stanton a vivir con ella de forma permanente.

Ésta es una historia de envejecer juntos, ayudarse a afrontar la vida, sobre todo cada una aceptando la invitación para marcar una diferencia real en la vida de los demás. Su relación demuestra que el envejecimiento no se limita a hacerse mayor, sino a aceptar la misión propia de hacer algo por el mundo. Stanton y Anthony fueron como facetas de un solo centro neurálgico. En el transcurso de los años, su amistad las llevó al punto de ser modelos de equidad social, en general, y grandeza femenina, en particular.

También podríamos imaginar envejecer así, cambiando el mundo. El ejemplo de Stanton y Anthony nos enseña a estar al pendiente de oportunidades de amistad que podrían dar sentido a nuestra vida y nos sostengan con los años.

Se podría decir que a medida que las dos mujeres envejecieron, su amistad se intensificó o creció, maduraron y se convirtieron en líderes y maestras de valores públicos. La amistad envejece, en el mejor sentido de la palabra. Te ayuda a madurar, a salir de tu ensimismamiento, ver hacia fuera, a las necesidades del mundo.

Date cuenta también lo diferentes que eran. Sobre todo ahora, cuando necesitamos concebir la amistad al margen de diferencias políticas, raciales, religiosas o espirituales.

Cómo navegar una relación

Tanto la amistad como la vida en comunidad exigen sofisticación para gestionar los problemas, inevitables incluso en una
buena relación. La intimidad puede ser un aspecto importante de la vida, pero no es sencillo. Cuando menciono que estoy
trabajando con el tema del envejecimiento, invariablemente
me piden abordar las dificultades de ser parte de una familia, un matrimonio y una comunidad de retiro en la vejez. Me
preguntan: ¿Por qué la gente de edad avanzada es tan difícil?

Antes de abordar los problemas específicos de la gente
mayor, considera las dificultades que tienen las personas de
todas las edades. Matrimonios, familias, negocios: en todas
las comunidades humanas encontramos diferencias entre ideales y realidades. Imaginamos que las personas disfrutan estas
asociaciones, sin embargo en todas ellas encontramos dificultades. Éstas son algunas razones por las que es difícil tener relaciones armoniosas:

1. A los seres humanos nos inspiran las emociones ines-
   tables, no los motivos razonables. Los seres humanos
   somos *Homo sapiens*, seres inteligentes, razonables y
   conscientes. Pero, de hecho, todos somos inconscientes. Es muy habitual no saber por qué actuamos como
   lo hacemos y decimos lo que decimos. Sería mucho
   mejor esperar reaccionar de forma irracional y disfrutar el acto racional ocasional.

2. Todos somos criaturas misteriosas de profundidad in-
   finita y nunca podremos conocernos del todo ni comprender nuestros motivos. Es probable que en tus
   interacciones asumas que la otra persona entiende lo
   que está pasando, pero de hecho sus sentimientos son

igual de misteriosos para ella que para ti. De nuevo, sería mejor asumir que la otra persona no se conoce mejor de lo que tú la conoces.

3. Buena parte de nuestra conducta es una expresión de experiencias pasadas y, con frecuencia, provienen de la infancia muy temprana. La infancia y las experiencias vitales no vienen y van. Suceden y las conservamos. Las historias de la infancia y la familia siguen siendo temas importantes en nuestra identidad. El problema es que no sabemos que están en el trasfondo de nuestras interacciones adultas. No las vemos hasta que alguien más nos las señala.

4. Muchos patrones del pasado están en bruto y siguen influyéndonos sin haber cambiado. Quienes han acudido a terapia han tenido una buena oportunidad para procesar las experiencias pasadas y ese trabajo les ayuda a entenderlas para liberarse relativamente de sus complicaciones. Desde luego la terapia formal no es la única forma de procesar el pasado, pero puede ser eficaz.

5. La vida humana no es racional ni controlada sino *daimónica*. Esto quiere decir que tenemos necesidades que se manifiestan de la nada y se apoderan de nosotros. Hacemos cosas que normalmente no haríamos y decimos cosas sin pensarlo. Muchos filósofos y psicólogos han descrito el *daimón* como un deseo misterioso pero potente de amor, ira, expresión creativa e incluso violencia. C. G. Jung empleó el complejo término para describir impulsos abrumadores que todos tenemos y que obstruyen una vida racional y controlada.

Éstas son algunas "verdades" sobre la condición humana que influyen en las relaciones, y que con frecuencia dificultan la comunicación clara y directa. A medida que envejecemos, nos concentramos menos en los retos que supone vivir, contribuir al mundo y sentir toda la fuerza de la vida daimónica. Los complejos no desaparecen, pero tal vez se vuelven menos difíciles. Quizás al envejecer ya no tienes tanta energía para lidiar con ellos. La ira y la nostalgia que guardamos perseveran como nunca antes.

En otra sección de este libro abordo la importancia de la ira durante el envejecimiento, pero en este contexto quiero señalar que para mantener una amistad y una comunidad no hay que caer en la tentación de "resolver" una situación mediante la agresión pasiva. Por ejemplo, en una conversación se suscitan malentendidos. No sabes cómo salir de la situación y concluyes: "Pues bien, como veo que no tengo nada que hacer aquí, me voy". Es habitual escuchar estos diálogos en comunidades de personas de edad avanzada. Es agresión pasiva pura, lo cual quiere decir que intentas sacar tus frustraciones e ira sin que así lo parezca. Declarar tu intención de marcharte es una forma de venganza. Pero en vez de involucrar a los presentes en tu ira, lo disfrazas como si fuera lo contrario. En cualquier caso, infliges tu ira en los involucrados, pero la segunda opción se enmascara tanto que las personas a quienes ofende tu ira no saben cómo responder.

El anciano puede sentirse aliviado cuando descarga su emoción, sin embargo es sólo temporalmente y no resuelve nada. La agresión pasiva es una señal de un desarrollo emocional inmaduro. Debes aprender a no perder la cabeza, demostrar tu enojo y llegar a un acuerdo. De nuevo, ser directo y claro resuelve muchos problemas.

Esta agresión pasiva insatisfactoria demuestra que la gente mayor no siempre ha "madurado". No ha aprendido a expresarse ni a ser clara con sus amistades. Al final, el problema no es la ira de la gente mayor, sino la ira que no ha madurado. No es un asunto de la vejez, sino de madurez.

La importancia de ser vistos

Otro problema de las relaciones personales, en general, que se intensifica en la vejez, es la lucha por ser alguien. Una razón por la cual a muchos les fascinan los famosos es porque han perdido contacto con su propio valor. Les dan importancia a aquellos porque carecen de autoestima. Por lo mismo, menosprecian a los demás. De nuevo, el problema no es que crean que sus amigos sean deficientes. Lo creen de ellos mismos.

Los celos y la envidia son un problema común en las comunidades de ancianos y es comprensible. Cuando un individuo ha perdido su trabajo o sus capacidades físicas, incluso mínimamente, la tentación de sentir celos es mayor. Esto se debe a que los celos y la envidia provienen de la necesidad de sentir que uno vale. Para una persona de edad avanzada puede ser doloroso que otra persona en su comunidad obtenga reconocimiento o alguna ventaja, porque de inmediato alimenta esa necesidad apremiante de ser especial, de volver a ser la persona valiosa que solía ser.

La necesidad de ser especial parecerá infantil porque los niños tienen una similar, aunque su situación es muy distinta. Freud la denominó "narcisismo primario", la necesidad de ser reconocido, tan natural en los primeros años de vida. Más adelante es un rasgo más neurótico: un adulto no debería seguir haciendo berrinche para que se le reconozca o acepte. No obstante, la gente mayor padece un "narcisismo senil" debido a la pérdida de respeto y oportunidades para ser reconocida o premiada. No solemos darnos cuenta de lo importante que es para cualquiera ser visto y valorado. Afirmar el valor de una persona mayor con lenguaje preciso y positivo podría ayudar a muchos a crear los cimientos de buenas relaciones. También podría ser una solución seria a la ira y el malhumor.

Las personas mayores están habituadas a contar anécdotas de su pasado para que el mundo sepa quiénes fueron y qué lograron. Sería bueno que los cuidadores entendieran esta necesidad y escucharan con interés estos relatos. En estos días lo hago de vez en cuando. Mi carrera como escritor llegó a la cima hacia el principio y mis libros exitosos se publicaron cuando los jóvenes de hoy eran niños y bebés. Procuro dominar mi deseo para contarle a todos sobre el pasado, pero de vez en cuando menciono cuántas personas acudían a mis lecturas. Como persona mayor, entiendo lo valioso que puede ser el reconocimiento, aunque también sé lo molesto que puede ser alardear del pasado.

Reconocer el éxito de otra persona es parte de toda amistad. Aunque te parezca que los elogios no son necesarios, ofrécelos de todas formas. Si existe una regla universal sobre la psicología humana es que las personas siempre necesitan y valoran el reconocimiento. Esta necesidad poco tiene que ver con la emoción. Está relacionada con los cimientos del yo. Cuando te sientes valorado, se refuerza aquello que te da estabilidad como persona.

Celos y envidia

Los celos y la envidia son síntomas de que algo anda mal. Un síntoma es una señal. Estas emociones problemáticas pueden indicar que necesitas una conciencia de ti mismo mucho más sólida. Por ejemplo, ¿cómo mantienes la dignidad cuando ya no tienes un empleo? Podrías hacer lo que discutimos y contar anécdotas sobre tus años gloriosos. Sin embargo, los relatos no son suficientes y a veces la familia se cansa de las mismas historias de siempre, lo cual podría fomentar lástima en vez de reconocimiento.

Los celos producen dolor porque alguien a quien quieres o aprecias está dedicando su atención a alguien más y no a ti. La envidia suscita dolor porque alguien más tiene algo que quieres. Piensa en estas dos sencillas definiciones: no tienen mucho sentido porque no tiene nada de malo que alguien más tenga buena suerte o cosas hermosas, y no querrías decidir a qué amigos o pareja eligen tus amigos, a menos que te creas merecedor de ello. El dolor en ambas emociones se centra más en "mí" que en el objeto de afecto. Los celos —creer que lo mereces todo y si no lo tienes, alguien con intenciones maléficas te lo ha arrebatado— son una emoción que sugiere especial superioridad moral. El masoquismo —el placer y necesidad de sentir dolor— que implican los celos, el cual se exhibe en los esfuerzos que hace un individuo por encontrar evidencia de la traición, demuestra el ego inmenso que implica este sentimiento. Si seguimos este síntoma, veremos que la persona celosa o envidiosa necesita recibir amor y atención o cosas deseables. El masoquista no se ama y no siente que merece una relación personal o ciertas posesiones. La solución es ser una persona digna de amor y buena suerte. Cuando recibas amor y atención, los celos y la envidia desaparecerán o disminuirán.

Cómo amarse a uno mismo

Me gustaría ser más específico sobre qué significa amarse a uno mismo y a la vida. La mayoría se cría con muchas críticas y pruebas. Comprensiblemente, los padres quieren que sus hijos aprendan a comportarse en un mundo complejo de relaciones sensibles, por lo que intentan dominar el salvajismo de sus hijos. Naturalmente también, disciplinan a sus hijos como los disciplinaron a ellos. Los padres conservan muchas suposiciones inconscientes e irreflexivas sobre controlar la espontaneidad de un niño, lo cual desde luego puede ser problemático.

Por tanto, la mayoría llevamos voces de alerta, crítica y control que con frecuencia están acompañadas de prejuicios personales: "Eres un niño malo. No obedeces". Los maestros pueden ser igual de inconscientes cuando critican a sus alumnos con la misma severidad en vez de guiarlos. Y así la mayoría crecemos con voces que nos juzgan. No es fácil amarse a uno mismo, de hecho, es mucho más sencillo considerarse deficiente y sumamente imperfecto.

Incluso en la vejez hay que contradecir a estas voces críticas y ser noble con uno mismo, perdonar errores del pasado y comprender por qué hiciste cosas que tal vez ahora te avergüencen. No son grabadoras que se apagan sino imágenes permanentes siempre disponibles. Dificultan amarse a uno mismo y progresar en la vida.

No obstante, estas voces críticas se pueden debilitar si las analizas y recuerdas el contexto en el que aparecieron por vez primera. Puedes contar anécdotas sobre ellas a personas de tu confianza. Cuando le pones rostro y una historia a las voces juzgadoras que escuchas en la mente, las despojas de cierto poder. Y cuando ubicas la fuente de los sentimientos de condena y crítica que escuchas en tu interior, incluso cuando haces tu mejor esfuerzo, te distancias de ellas y esto te proporciona cierto alivio. Repite estos descubrimientos y es probable que el problema desaparezca.

En terapia suelo escuchar relatos de hombres y mujeres a quienes sus padres gritaron y regañaron sin piedad, que actuaban inconscientemente o bien creían hacer lo correcto al hablarles con tal severidad a sus hijos. Dedicamos bastante tiempo, semana tras semana, a repasar los recuerdos de la infancia o adolescencia. Tomamos nota de la relación adulta del paciente con sus padres, con frecuencia con la misma dinámica. Los patrones de siempre son persistentes y tenaces. Se sienten tan naturales y habituales que es difícil imaginar la vida sin ellos. Algunas personas no pueden quererse porque toda su vida han sido juzgadas por figuras adultas importantes. Para procurar salir adelante en esta situación no busco entenderla ni explicarla. Recurro a mis propios sentimientos y me propongo amar el alma de una persona en toda su complejidad. Hablo desde un lugar de amor y aceptación, para contrarrestar años de negatividad.

Un amigo o familiar podría hacer lo mismo. Él o ella podrían encontrar el amor genuino que alberga en el corazón y expresarlo sin exageración ni insinceridad. Es posible amar el alma más profunda de alguien incluso si algunos aspectos de su comportamiento te molestan. En lo personal, me gusta recordar que el alma de un individuo yace en lo más profundo de su ser, mucho más que cualquier otro comportamiento. Quiénes son y cómo se comportan son dos cosas distintas.

Communitas

Para reinterpretar la idea de comunidad, los antropólogos recurren a la palabra en latín, *communitas*. Debido a que tengo una sólida formación en latín, a mí también me gusta emplear la palabra, pero con mi propia interpretación.

En primer lugar, una comunidad no es un grupo de personas con ideas similares ni con un objetivo en común. Una comunidad verdadera es una reunión de individuos autónomos. Si no puedes decir lo que piensas, entonces no eres parte de una comunidad sino integrante de un colectivo o incluso una multitud. La alegría de pertenecer a una comunidad no debe acatarse a la mentalidad del grupo sino al placer de convivir con gente que posee valores sublimes, que quiere compartir sus talentos, que ama a la humanidad, la comunidad por excelencia que acoge a los otros.

El reputado psicoanalista D. W. Winnicott argumentó que la conformidad es la enemiga de la felicidad. Se refería a los niños, pero el principio es pertinente para los adultos también. Sus propias palabras son contundentes: "La conformidad implica un sentido de futilidad para el individuo y se relaciona con la idea de que nada importa y que la vida no vale la pena".[1]

Tal vez no lo hayas considerado que obedecer las reglas, exigencias o expectativas de alguien más te chupa la vida. Quienes trabajan con niños y ancianos querrán tenerlo en mente. Cuando les pides que acaten tus reglas —y es algo frecuente— corres el riesgo de despojarlos de la alegría que les produce el simple hecho de ser auténticos, su verdadero yo. La conformidad es el enemigo silente de la comunidad, silente porque en general somos inconscientes de su poder destructivo.

Communitas, a partir de mi interpretación, se refiere a un grupo de personas tan variadas —multifacéticas, diversas, libres y articuladas— que pueden ser abiertas con los demás. En otras palabras, *communitas* es una inclinación hacia la vida que no está limitada por una conciencia rígida y ansiosa de uno mismo. *Communitas* comienza en el individuo y se vive en los demás. La comunidad está en tu interior y por tanto es relativamente fácil compartir con otros de forma que todos pueden expresar su individualidad. Sabes de primera mano lo importante que es que te consideren como un individuo, con tus propias ideas y gustos.

Communitas tiene una orientación hacia fuera. Su expresión es un brazo extendido listo para dar la mano o abrazar un cuerpo. Es la conciencia total de las distintas formas en que la vida se manifiesta y no busca la seguridad de la monotonía o la conformidad.

Las personas mayores están listas para convivir con los demás. Han salido del yo hacia el otro y ahora están más dispuestas a estar con los demás. Pero como siempre, si no han madurado, si sólo han sumado años, la vida social les parecerá incómoda. Están demasiado ensimismadas y el caparazón de la individualidad aún no se rompe, sin ello no pueden ser receptivas ante un mundo tan vasto.

Una vez tuve una paciente en la sesentena, Eleanor, quien, como muchos de mis pacientes, también era terapeuta. Desde la primera sesión, casi desde que entró por la puerta, me di cuenta de que nunca había madurado. A estas alturas ya no me sorprende la cantidad de personas que asesoran a otras y que todavía no han enfrentado la vida. Debe haber un mecanismo psicológico sutil que incita a las personas protegidas a guiar a quienes se encuentran en dificultades. En todo caso, casi no confiaba en mí ni en el proceso. Parecía negarse al cambio y a mirarse con honestidad.

Por cierto, no me excluyo de esta tendencia de los terapeutas que resuelven el material de su propia vida. Son las cosas oscuras con las que todos tenemos que lidiar. Se puede convertir en un problema serio, pero normalmente sólo le da matices a una carrera que por lo demás es eficaz.

Eleanor acudía a terapia semana tras semana y yo me preguntaba por qué. Era incapaz de abrirse para considerar

un punto de vista nuevo. Sus opiniones sobre valores culturales distaban mucho de las mías, pero siempre tomo estas diferencias como un reto personal. Procuro que mis propias ideas
sobre la cultura no se interpongan. Hice lo posible por conectar con ella. Esperé lo mejor y deseé que siguiera acudiendo a
terapia hasta que se relajaran algunas de sus ansiedades.

Semana tras semana hablamos, sin embargo nunca sentí que la burbuja que la protegía se rompiera. Seguí esperando
que sucediera algo y, por supuesto, empleaba todas mis capacidades para ayudarle a expresar lo que su tristeza ocultaba.
Un día me contó que se iría a un retiro para mujeres profesio-
nistas y fue la última vez que la vi.

Se trataba de una persona solitaria que únicamente se
había relacionado con hombres bastante cuestionables. Uno
la había amenazado y, sin embargo, no rompió con él. "No tengo alternativa", dijo. Ella anhelaba hacer comunidad, pero era
incapaz de abrirse con otras personas. Quería decirle a todo
el mundo cómo vivir.

Quiero que quede claro que envejecer con alma no es
automático. En palabras de Joseph Campbell, un individuo se
puede negar a emprender una aventura, puede decir que no
a la oportunidad de seguir adelante con la vida. Desde luego esta negativa suele responder a un miedo arraigado en un
trasfondo de represión y crítica. Jung se quejaba de que nuestro pensamiento psicológico suele omitir la historia, pese a
que nuestra identidad emerge de muchas generaciones. Lidiamos con la materia prima de la vida de familias que bata-
llan con sus bloqueos y complejos propios.

Por ejemplo, en la actualidad muchas familias viven afron-
tando la tragedia del Holocausto, como si hubiera sucedido
ayer. Es comprensible que familias enteras sufran el terror inimaginable de una experiencia que fue cotidiana para abuelos,

tíos, tías y primos. Esa historia deja una marca en las generaciones siguientes. En mi propia familia he visto cómo una actitud moralmente escrupulosa que incidió en un momento particular de la historia irlandesa surte efecto en nosotros y aún persiste en mi psique.

Dichos acontecimientos inspiran tanto miedo como valor, pero es comprensible que a los descendientes de dicha época les siga costando trabajo encomendarse a la vida. Recuerdo una tarde en Florida cuando visitaba al doctor Joel Elkes y a su esposa, Sally. Casi toda la familia de Joel fue aniquilada en el Holocausto y en el transcurso de su larga vida sintió el dolor de este hecho. Él y su esposa fundaron una biblioteca del Holocausto y ahí pasé mi tarde con él. Me sentí en un templo, un espacio sagrado. A medida que sentimos el terror sagrado en las historias relatadas en esos libros, Joel se sumió en una meditación extensa y profunda.

No juzgo a Eleanor. Quizá necesite más tiempo para aprender a confiar en la vida para amar y ser amada. Mientras tanto, muchas de sus acciones y decisiones reflejan el estancamiento que nace del miedo. Espero que un día pueda vivir en vez de construir barreras en torno suyo. Espero que mi esperanza le sirva de algo. La terapia no es una actividad mecánica que funciona o no. Es la relación misteriosa de personas con la vida. Es mucho más mutua de lo que parece, pues los propios terapeutas trabajan su materia prima con sus pacientes, y dos vidas se cruzan y siguen adelante.

Envejecer en comunidad

A medida que envejecemos la conciencia de uno mismo se expande y el corazón se abre. Aprender que somos compasivos y capaces de conectar con los demás expone una parte de nosotros que pudo haber estado oculta, al menos parcialmente. Aprender cómo estar en comunidad nos define mejor como individuos. Nos brinda oportunidades de actuar conforme a nuestros valores y mostrar nuestra individualidad. La retroalimentación que recibimos es muy preciada. Nuestro potencial interior sale al mundo y cobra realidad al convivir con la gente.

Quienes cuidan a los ancianos estarán familiarizados con esta complicada regla según la cual la individualidad se consigue estando en comunidad. Se darán cuenta de que las personas de edad avanzada están listas para vivir en comunidad, no se trata de una necesidad patética. A medida que las personas envejecen, el sentido de *communitas* despierta en su corazón y difiere del anhelo social de los jóvenes. En la juventud nos produce felicidad encontrar una identidad adulta a partir de modelos en la comunidad. En la vejez, un individuo encuentra una identidad más amplia y consuelo entre otros, una decisión de la vida adulta que ha requerido mucha energía en el transcurso de los años. En la juventud, la comunidad concibe una identidad, mientras que, en la vejez, la comunidad prepara al yo para abrirse al alma.

En mi carrera como terapeuta he notado una y otra vez que la gente mayor sueña con ciertas épocas de su vida, con ello manifiestan su necesidad de reflexionar y abordar esa época. Hablamos de lo que pasó entonces, revisando los problemas e identificando cómo se despliegan en el presente. Después puede haber un cambio notorio a otro momento del pasado. Siguiendo el movimiento autónomo de los sueños, seguimos la historia de vida poco a poco.

En cada caso, el individuo lidia con una comunidad distinta y las personas en dicha etapa tienen papeles importantes. Pareciera que hay una comunidad que existe en los sueños y que afecta a la comunidad presente de la vida real. El mundo interior refleja el exterior y viceversa. Descubrimos que la comunidad en cuestión puede ser tanto interior como exterior.

La persona mayor necesita contar anécdotas de las diversas familias o grupos que ha conocido en el transcurso de los años y quienes han aportado a su historia de vida. Todas estas historias crean una imagen de la vida en capas, distinta de la lineal que solemos imaginar. La narración es una forma de poner en orden, un paso necesario, sobre todo en la vejez, y es parte de la alquimia de una vida, del ordenamiento de sucesos y personalidades.

Mirar un álbum de fotografías puede suscitar este proceso. Contemplas a personas que se reúnen en un periodo especial de tu vida y se activan tus pensamientos a medida que recorres tus recuerdos. Te percatas de cuántas comunidades han sido parte de tu experiencia y, con agudeza, entiendes cómo te hicieron quien eres. En tu comunidad identificas una historia de tu vida.

En la habitación de casa en donde escribo, en una pared cuelga una fotografía antigua de una tía abuela que vivió en Auburn, Nueva York. Lleva puesto un vestido hermoso y mira al espectador. El marco de la fotografía es muy peculiar: la imagen está rodeada de flores descoloridas y el cristal bordeado con una cadena de metal negra. Cuelga desde donde puedo verla a diario, me recuerda la comunidad familiar de mi infancia —ella murió en los años cincuenta— y el amor que en ella sentí.

En el transcurso de una vida, somos parte de distintas comunidades y, como la mayoría de los recuerdos, no vienen y van, se acumulan. Los tenemos siempre a la mano y en cualquier momento podemos recordarlos, cuando sucede algo que los evoca. Al contemplar la fotografía de mi tía abuela en

ese marco antiguo recuerdo el rostro de mi abuelo. Reconozco una relación entre lo que sucede en la vida y lo que sucedió
cuando era parte de esta comunidad. Descubro un contexto
más profundo, arquetípico, que colorea mi experiencia.

Nekyia es la palabra empleada en la *Odisea* para describir
la experiencia de Odiseo cuando se sentó y conversó con los
muertos cuando salieron uno a uno del inframundo. En un
encuentro conmovedor con su madre, ésta le cuenta cómo
murió mientras él se encontraba en su larga travesía de vuelta a casa después de la guerra: "Fue la nostalgia, la pena de tu
ausencia, ilustre Odiseo, y el recuerdo de tus virtudes, los que
me arrebataron la dulce vida".[2]

La diosa Circe había informado a Odiseo que para completar su odisea y poder llegar a casa debía encontrarse con
los muertos, en particular con Tiresias. "Te mostrará tu ruta,
te dirá cómo has de verificar tu retorno, cómo cruzarás el mar
fecundo en peces."[3]

Esta fascinante imagen mítica demuestra que cualquiera
de nosotros puede estar ante la presencia de los muertos y vivir una vida con más alma. Podemos sacarle provecho a los recuerdos de quienes han partido antes que nosotros, todos ellos
miembros de comunidades que aún existen en el fondo de la
imaginación. Nos pueden informar las etapas de nuestro viaje
y cómo encontrar la sensación de hogar, deseada mas evasiva.

Una fotografía puede prestarse para tal *nekyia*, al igual que
un relato del pasado o un objeto relacionado con los muertos.
Casi todos los días recuerdo a mi madre, mi padre y amigos
cercanos que han fallecido, pienso en ellos y en su vida. Este
tipo de reflexión es una especie de *nekyia* que mantiene cerca
a los muertos, tal como hizo Odiseo, como parte de una iniciación vital y profunda y, por tanto, una forma de envejecimiento potente.

La vejez podría interpretarse como un regreso al hogar, la llegada a un lugar al que perteneces, en donde tu travesía heroica, en la que has creado una vida e individualidad, llega a su culminación.

Mi amigo John Moriarty empleaba una serie de palabras hermosas y evocadoras cuando la mayoría de escritores utilizaría solo una. En su libro autobiográfico *Nostos* (*Vuelta a casa*), afirma: "A pesar nuestro, se sigue abriendo camino una gloriosa sensación de posibilidad final. A pesar nuestro, el *nostos* se cierne sobre nosotros".[4] Escribe esto en una sección en la que sugiere ir más allá de la mente, nuestro destino a medida que envejecemos.

La mayoría de nuestra vida procuramos resumir el significado de nuestra experiencia y explicar nuestros problemas mediante el lenguaje racional, sobre todo hoy en día con el lenguaje de la psicología. Pero John recomienda llegar a un punto más allá de la mente, más allá de la explicación racional. Bien puede ser un punto de reposo, sentarse a reflexionar, una expresión sin palabras de quiénes somos, en quiénes nos hemos convertido. Relacionarse con los muertos es una buena forma de adquirir ese conocimiento místico.

No tenemos que saber cómo funciona la relación con los muertos, pero queda claro que es el camino que conduce a lo eterno, por lo menos una forma de no perder de vista lo que yace en el más allá. Es paradójico que esa visión trascendente nos hace más humanos. En parte, envejecer consiste en volvernos más humanos, apreciar el potencial humano eficaz en cada uno.

Cada uno tenemos nuestra manera personal, guiada por la tradición, de mantenernos cerca de los muertos. La mía es contando anécdotas de parientes y amigos cuando se presenta la ocasión. Sé que al relatar sus historias les rindo homenaje.

Mostrar respeto por quienes han partido conlleva un aspecto humano en esencia.

Hace poco estaba impartiendo un taller sobre envejecer con alma y mostré al grupo algunas fotos de mis ancestros. Tenía una foto de mi abuelo remando en un barquito en el lago Michigan. Mi tía Betty y yo estábamos con él. Después le mostré al grupo el recorte de periódico de 1944 que describía el accidente que ya relaté, cuando a mis cuatro años mi abuelo murió evitando que me ahogara.

Luego les enseñé a mi padre y a mi madre en su boda y otra imagen de mi padre en la plenitud de su vida, como profesor, y, por último, en su centésima fiesta de cumpleaños.

No acostumbro a hacer pública la vida de mis familiares que han muerto, sin embargo, quería demostrar que les rindo homenaje simplemente al relatar sus historias y mostrar sus fotografías. Es una actividad con alma que puede profundizar tu sensibilidad y contribuir a tu madurez. Son tus guías y modelos.

También hago lo posible por continuar con el trabajo de mis antecesores, e incluso cuando cito a un autor como Jung o Emily Dickinson no sólo busco una autoridad o una buena idea: pido a los muertos que nos nutran con su sabiduría, la cual hoy está contenida en libros y monumentos. Cultivar rituales de respeto hacia los muertos es otra buena forma de envejecer. No es algo que se le ocurre de manera natural a los jóvenes. Pero a medida que nos hacemos mayores, valoremos la vida de nuestros antecesores.

Honrar a los muertos no tiene por qué ser algo mórbido. Puede ser un acto alegre que celebre algún atributo positivo que hemos identificado en alguien que conocimos o a quien leímos. Cuando cito un fragmento de uno de mis ancestros cercanos, permito que hable una vez más. Lo conjuro, tal como hizo Odiseo en el punto culminante de su mítico viaje a casa.

Comunicarse con los muertos nos proporciona un horizonte vital mucho más amplio y garantiza un conocimiento de la muerte en un momento en el que nos acercamos al fin de nuestra vida. Aunque nos desagrade hablar de envejecer, se trata de un movimiento lleno de vida hacia el final de nuestros días. Así son las cosas. En la juventud creemos que todo gira en torno a nacer y comenzar la vida, pero pronto desarrollamos la conciencia de que la vida también tiene que ver con retirarse.

Un sentimiento de comunidad con todos los seres, humanos y no humanos, vivos y muertos, nos proporciona una imagen real de la vida, en qué consiste. Si negamos que la muerte es parte de la vida entonces no podremos madurar y éste es un gran problema de nuestra era y para nosotros como individuos.

De niño y como católico me hablaron de la "comunión de los santos", la cual yo interpretaba como la comunidad de personajes sagrados que encontraron la inspiración para vivir una vida de amor y asistencia, la vida que Jesús predicó y encarnó. Desde mi punto de vista, una persona puede encontrar inspiración para vivir así en infinidad de lugares, por ejemplo, a través de las enseñanzas budistas o la sabiduría de muchos maestros humanistas cuyo enfoque no es religioso. Esta comunidad de individuos plenos y amorosos incluye a los muertos. Pienso mucho en mi abuelo sacrificando su vida por la mía. Este acto lo convirtió en uno de los modelos sagrados.

Cuando envejecemos y buscamos un último sentimiento de plenitud, ayuda ser parte de una comunidad amorosa y generosa. La generosidad de mi abuelo me inspira, espero que en un momento así de crucial yo sea igual de generoso. Uno de los grandes misterios de la vida es que no la podemos abordar solos. Para encarnar lo mejor de nosotros mismos necesitamos a los demás, también encarnando lo mejor de ellos.

14. El ángel de la vejez

> Todos los presentes tienen sus temores y sus preocupaciones, recen con el alma, sean nuestros ángeles sin saberlo.
>
> Bendición escocesa

Cuanto más mayor te haces, los asuntos del mundo te preocupan menos. Te tornas reflexivo y más cercano al asombro. Ya no te interesa tanto desarrollar tu identidad, una carrera profesional o ser alguien. Te abres naturalmente a una vida espiritual y a preguntas importantes, con sentido. Desde luego éste no es el caso de todos. Para desarrollar una espiritualidad férrea en la vejez tienes que haber reflexionado sobre tu vida mucho tiempo. Tienes que haber envejecido espiritualmente.

La enfermedad, más común a medida que envejecemos, también es catalizadora del asombro y las preguntas más profundas. Cuando la obra de tu vida también está cambiando, se dirige hacia algún tipo de retiro, te planteas preguntas más profundas que quizás en tu juventud nunca consideraste. Al madurar, te crecen alas. Te elevas. En una expansión natural de tu visión, te vuelves más espiritual.

Algunas personas mayores deciden seguir practicando la religión con la que se criaron o que adoptaron más tarde. Así que hoy se habla del "encanecimiento de las iglesias", la tendencia de la afiliación de miembros de edad avanzada de muchas religiones. No es el caso de algunas religiones que atraen a los jóvenes.

En esta época particular podemos decir que, con frecuencia, una espiritualidad antigua está vinculada a una tradición religiosa, pero como cada vez hay menos iglesias, la situación no se sostendrá mucho más a menos que la religión formal tenga un resurgimiento. Ahora es momento de explorar otro estilo de vida espiritual para la gente mayor, uno que la nutra verdaderamente, le brinde esperanza y fortaleza.

En todo caso es importante que las familias y cuidadores sepan que, para las personas de cierta edad, la religión formal lo es todo. Los más jóvenes creerán que están más al día, que son más listos, más cultos, y quizá no tengan paciencia con el apego de las personas mayores a una religión arcaica. Como alguien que ha estudiado tradiciones religiosas muy diversas y se cree a la vanguardia de la nueva espiritualidad, puedo confirmar que, para muchos, el enfoque tradicional es eficaz y digno. Espero que las personas mayores en los hospitales, centros de retiro y en casa con su familia tengan la libertad y el apoyo para profesar su práctica espiritual favorita, entre ellas su religión familiar y formal.

Una generación diferente está envejeciendo, no son quienes llenaban las iglesias, son buscadores y experimentadores. Ellos también necesitan recursos y apoyo en su vida espiritual en sus años maduros. Son igual de sinceros y dedicados al aspecto espiritual de su vida, aunque sus formas sean diferentes, más dispersas y personales.

Todo lo que escribí en mi libro reciente, *En busca de una religión personal*, es pertinente para quienes envejecen en esta época desafiante. Está bien ser un buscador y experimentar. Se puede encontrar sustento espiritual en la naturaleza, la asistencia, la literatura, las artes, la meditación y el yoga, así como en otras actividades menos obvias. Las condiciones para unir tus propias enseñanzas y prácticas espirituales de forma única y eficaz son idóneas.

En su libro sobre religión, *Ordinarily Sacred*, Lynda Sexson lo expresa en términos hermosos: "La religión no es una categoría discreta dentro de la experiencia humana, es un atributo que penetra la experiencia integral". La religión en el sentido más profundo de la palabra no es independiente de la vida o del mundo. Sucede en todas partes y a cualquier hora, sobre todo cuando no estamos pensando en ella. La percibes cuando tus sentimientos y pensamientos se desplazan debajo de la superficie, a una oscuridad positiva y colorida, los misterios que siempre radican en la profundidad de todo lo que experimentamos.

Como modelos de esta nueva aventura espiritual suelo citar a Henry David Thoreau, Emily Dickinson y Ralph Waldo Emerson, todos ellos escritores de Nueva Inglaterra que respondieron a un mundo cambiante en términos similares a los nuestros. Indagaron a profundidad, se expresaron con gran belleza y nos ofrecen ideas fértiles para cultivar una vida espiritual fuera de las estructuras formales de la religión tradicional. Al mismo tiempo valoraron las tradiciones y se inspiraron en muchas de ellas.

Permite que el espíritu llegue con naturalidad

Un cuento de Gabriel García Márquez describe con belleza y simbolismo el aspecto espiritual único de la vejez. Se llama "Un señor muy viejo con unas alas enormes". Es la historia fantástica de un anciano con unas alas enormes, sucias, apestosas y con plaga, un ángel gerontológico. Nadie sabe qué hacer con él y lo tratan con desprecio. Tras mucho tiempo de negligencia y malos tratos, un día utiliza sus alas recientemente mejoradas y se marcha volando.

La historia tiene muchos detalles y se presta para muchas lecturas. Para mí, el anciano encarna la vejez, incomprendida y mal gestionada. El intruso misterioso es mitad humano mitad ángel, capaz de emprender el vuelo incluso si al mismo tiempo está plagado de imperfecciones. La gente no lo entiende y le rehúye.

La idea de que somos humanos y ángeles en la misma medida es centenaria. Para mí tiene sentido porque de hecho sufrimos los estragos de un cuerpo propenso a contraer enfermedades y a descomponerse, también porque tenemos huecos emocionales, fallos y, en general, nuestras mentes no son muy perspicaces. No obstante, una parte de nuestro ser anhela saber y trascender nuestra ignorancia y limitaciones humanas. Pese a los defectos de nuestras mentes y cuerpos, somos capaces de cosas espléndidas.

Hemos creado arte y música trascendental, y a través de la filosofía y la teología hemos elevado nuestro pensamiento. En ese sentido, tenemos alas, aunque sea en sentido figurado. Cuando Carl Sagan envió la música de Bach al universo, trasladó la obra de un ángel de la mente. Pero todos tenemos alas de este tipo y somos propensos a contraer enfermedades y a colapsar. En la vejez quizá pasemos por alto estas alas o consideremos que se han debilitado o infestado. Como en el cuento, necesitamos darles tiempo para que curen y así volar, incluso en la vejez. Debemos entender que a medida que envejecemos, nuestras alas pueden cobrar vida y permitirnos volar.

Una espiritualidad para la vejez

La espiritualidad no es un escape de la vida o de uno mismo, aunque a veces parece usarse de ese modo. En la vejez comienza el momento más intenso de la vida, a modo de reflexión: dónde hemos estado y qué hemos hecho. Sentimientos de satisfacción y remordimiento nos invaden en la misma medida cuando meditamos que ciertos sucesos y nuestra respuesta a ellos nos han hecho quienes somos. Quienes somos ahora es el producto final, o casi. Tenemos muchos remordimientos, expectativas o motivos para alabarnos. Normalmente todas estas emociones tan variadas entran en juego cuando reflexionamos sobre nuestra vida. Por tanto, contar nuestras historias, resolver algunos asuntos inconclusos como relaciones deterioradas o proyectos sin terminar, y ponerle los últimos retoques a un yo original son las bases de una vida espiritual.

Es frecuente que se crea que la espiritualidad es una forma de escapar del mundo y, como resultado, tiene un toque irreal e irrelevante. Sería útil saber que el alma y el espíritu, la psicología como trabajo del alma y la espiritualidad como trascendencia, van de la mano. Uno sin el otro nunca funciona.

Cuando hablo de trascendencia no me refiero a creer en un ser supremo ni en un mundo sobrenatural, sino a nuestros propios esfuerzos por ser todo lo que podemos aspirar a ser, progresar siempre y desarrollar una conciencia de uno mismo mejor y más completa. Comenzamos con una vida personal limitada, descubrimos que el amor y la intimidad son la primera expansión del ser, formamos parte de distintas comunidades e incluso tal vez desarrollemos una conciencia del mundo y de una comunidad universal. Podemos ir más allá, imaginar realidades que aún no hemos visto ni probado.

No es tan importante creer en Dios o en la vida después de la muerte, es más importante ser capaces de imaginar una inteligencia en el centro de las cosas y albergar la idea de una vida después de ésta. O bien, puedes intentar ser lo más honesto posible y no encontrar evidencia de que exista la vida después de la muerte. Tu propia honestidad podría ser una expresión de trascendencia. Te niegas a albergar creencias infundadas.

En un ruidoso lugar para desayunar en Peterborough, en el que las personas se reúnen para comer y platicar en la misma medida, Liz Thomas me confesó: "No creo en la vida después de la muerte. Moriré y seré parte de los átomos y las moléculas del cosmos". Parecía contenta cuando dijo esto. Mientras tanto, yo pensaba: "Prefiero dejar este tema sin resolver. Me gusta conservar lo desconocido. Quiero mantener mi ignorancia y no declarar qué pasa después de la muerte, si es que pasa algo". Al mismo tiempo, sentí que ambos, cada uno con nuestras firmes convicciones, hacíamos todo lo posible por ser francos y abiertos y, por tanto, nuestra opinión nos alegraba.

La espiritualidad es un esfuerzo por expandirse en el plano intelectual y emocional. Sin embargo, las religiones nos enseñan a no quedarnos únicamente con una filosofía literal, materialista y egoísta de la vida. Nos dan motivos para tomar en cuenta con total seriedad lo invisible y lo misterioso. Por ejemplo, tratan al amor como una realidad y se refieren a él de forma alegórica, como si fuera una persona. Lo nombra Eros o Afrodita o el Espíritu Santo. Cuando escuchamos estos nombres nos imaginamos que son criaturas en el cosmos, que vuelan como insectos, y no realidades simbólicas que merecen nuestra atención. Entonces somos como las personas del cuento de García Márquez, desdeñamos al ángel porque hemos perdido la valoración del ámbito espiritual.

A medida que envejecemos es posible desprenderse del materialismo de nuestros tiempos y pensar por uno mismo. No tienes que creer en nada, la convicción no cuesta nada. Pero puedes ser receptivo. Puedes vivir en un universo infinitamente significativo. Para tener una visión limitada de la realidad no tienen que persuadirte sibaritas modernos. Puedes dejar volar la imaginación.

A veces considero que la vida contemporánea está contenida en un grueso círculo. Dentro de los dominios de este círculo todos asumen que la ciencia tiene todas las respuestas y la última palabra sobre qué es real. Si podemos ver un objeto con nuestras herramientas sumamente desarrolladas, entonces es real. Si no podemos, es una ilusión.

La vida espiritual comienza saliéndose del círculo, liberándose de las restricciones de su visión. Se puede seguir siendo inteligente y prudente, pero libre para contemplar más posibilidades. Tal vez tienes alma y esa alma sea inmortal, aunque ahora no puedas comprender cómo.

Para mí, la espiritualidad no es un objeto ni un objetivo. Es un proceso que nunca termina mediante el cual expandes tu mente, imaginación y enfoque vital. Tu ética y sentido de justicia siempre pueden sensibilizarse más. Tu capacidad de dar y apoyar siempre puede aumentar. Siempre puedes hacer más profundas tu inteligencia y sabiduría orientándolas a las cosas importantes.

Trascender implica superar tus límites. En ese sentido, "Dios" es una palabra inspiradora, no un objetivo, no un objeto, ni siquiera una realidad fija. Dios es real, aunque no tienes que emplear la palabra en tanto que Dios es una imagen de expansión ilimitada de la mente y el corazón. Cuando nuestra imaginación se expande, también lo hace el mundo en el que vivimos. Ni hay nada "ahí afuera" que no clasifiquemos a partir de nuestra imaginación, por tanto, la educación de la imaginación es ilimitada.

Cuando envejeces, si no enriqueces los conocimientos vitales que adquiriste en la juventud, no progresas. Esto no es espiritualidad. Te estancas en una creencia. La espiritualidad es dinámica y existencial, no se trata de una idea sino de un proceso. Por consiguiente, en la madurez eres una versión expandida de tu yo de otra época. En este sentido, la espiritualidad no tiene que ver con las creencias sino con quién eres y cómo vives. Si te involucras con el mundo y la vida en su amplitud entonces tu espiritualidad está viva. Esto supone un cambio constante, expansión. Un proceso infinito en el que tu ser evoluciona.

Otro obstáculo para esta especie de espiritualidad es la inconsciencia. Es fácil seguir a los demás y anhelar las metas que todos parecen perseguir: ganancias financieras, éxito profesional, bienes, prestigio, comodidad. Aceptar cualquier cosa que los medios divulguen. Tal vez no pienses por ti mismo. Si tienes pensamientos firmes, probablemente necesites desvincularte de los valores promedio de tu entorno. Será necesario que te apartes, despedirte de la comodidad, correr riesgos y pensar por ti mismo.

¿Puedes encarnar tus valores de comunidad, asistencia y evolución social? ¿O quieres permanecer en silencio, sumiso frente a la filosofía de los tiempos? Si tal es el caso, no te engañes: tus creencias o prácticas personales (ya sea meditar o ir a la iglesia) no te hacen espiritual. La vida es integral. O eres parte de la evolución de la comunidad humana o estás estancado en la inconsciencia de un mundo cuya batuta la llevan los medios de comunicación.

En la vejez, esta colisión de valores se convierte en una crisis. No queda mucho tiempo para vivir una vida con sentido y redimir los errores del pasado. Sin embargo, puedes hacerlo con una visión espiritual recargada. Puedes tomarte en serio la misión de adquirir una perspectiva más amplia de la vida. Puedes dedicar más tiempo a aprender sobre tradiciones espirituales para luego ponerlas en práctica.

Una educación espiritual para la vejez

No es preciso reinventar la rueda. Las tradiciones religiosa y espiritual del mundo están repletas de arte, poesía y enseñanzas magníficas. Sus frutos son inagotables y estos textos se pueden encontrar en cualquier librería y en línea. Léelos y estúdialos, tómatelos en serio y empléalos como base para tu propia aventura espiritual.

No temas parecer superficial por probar de todo. Esa crítica tiene poco fundamento. Las tradiciones suelen aconsejar un enfoque similar. Todas son distintas y no recomiendo intentar apegarse a una sola. Inicia con tu educación espiritual. Con ella, tu vejez tendrá infinitamente más sentido y te inspirará a emprender acciones que amplíen tu vida.

Éstos son los ejemplos puntuales:

1. *Tao Te Ching*. Sugiero comenzar tu educación espiritual con este hermoso texto chino que fomenta la naturalidad y la ausencia del esfuerzo. Recomienda: "Deja que las cosas sigan su curso".

2. *Odisea*. Es una historia sagrada de la iniciación vital de un hombre mientras emprende un viaje de regreso a su hogar. La palabra clave es *nostos* o vuelta al hogar, relacionada con nostalgia, "añoranza" en su sentido original. No se refiere a la nostalgia habitual que se experimenta al estar en un internado o en un viaje, sino

al anhelo de al fin sentirse cómodo en el mundo, como en casa. Se relatan encuentros con misterios profundos como la enfermedad y el amor, así como con la muerte. Es un viaje del alma cuyo punto final es descubrir quién eres.

3. Génesis. Las historias de creación de todo el mundo pueden ser parte importante de tu vida espiritual. Ayudan a imaginar tanto el mundo natural en su origen y su desarrollo como tu propio mundo. El Génesis es una hermosa historia de los comienzos, no obstante, durante siglos se le ha dado una lectura demasiado literal. Encuentra una buena traducción reciente y comentada e incluye una historia de la creación en tu biblioteca espiritual. Una de mis favoritas es de la tribu hopi, en el libro *Finding the Center*, de Dennis Tedlock.

4. *Mente zen, mente de principiante*. Shunryu Suzuki introdujo el budismo zen en el Área de la Bahía del norte de California en 1959 y después compartió sus enseñanzas en el Centro Zen de San Francisco. Este libro es una antología estelar de sus conferencias. En conjunto presenta una filosofía zen libre de dogmas y sobre todo catárticas para un estilo de vida espiritual. Es un fragmento importante de los recursos tradicionales que han moldeado mi vida espiritual y lo recomiendo ampliamente.

5. Durante años, me he apoyado en distintas colecciones de poesía espiritual. Entre ellas: *The Drunken Universe: An Anthology of Persian Sufi Poetry*; *Women in Praise of the Sacred*, compilada por la sumamente perceptiva poeta estadunidense Jane Hirshfield, así como la poesía de Emily Dickinson y D. H. Lawrence, dos poetas con orientación espiritual.

6. Diversos rabinos han expandido y enriquecido mi propia espiritualidad y a medida que envejezco los valoro aún más. La obra tardía de Abraham Heschel es intemporal e inteligente y los diversos libros del rabino Lawrence Kushner hacen la espiritualidad judía vital y relevante. El rabino Harold Kushner también ha sido mi consejero y apoyo durante años. Sus libros abordan temas difíciles con sabiduría y lenguaje sencillo.

7. La primera vez que leí *Black Elk Speaks* de John G. Neihardt fue en los setenta y su riqueza me sigue asombrando. También a menudo consulto *Love's Body* de Norman O. Brown. Profundiza cómo se abordan las imágenes y enseñanzas espirituales.

8. C. G. Jung y James Hillman siempre están a mi lado. Veo todo a través de sus ojos, siempre mantienen un vínculo entre el alma y el espíritu.

He omitido muchas fuentes extraordinarias, pero éste es solo el comienzo de tu educación en el ámbito espiritual.

A medida que envejecen, muchas personas se proponen leer lo que han pospuesto durante años y aunque en sus listas de lecturas figuran materiales interesantes, no son los esenciales. Mi propuesta es empezar con lo verdaderamente importante. Si no estás familiarizado con la gran literatura espiritual entonces no tienes más remedio que sentar estas bases. Cómo abordes tu vejez dependerá de ello.

Con respecto a los textos y las traducciones, a la mayoría le gustan las traducciones antiguas y familiares de la Biblia y otros textos sagrados. No obstante, para otros, estas traducciones e incluso algunas más modernas, suponen una barrera entre el lector y el mensaje del texto. En lo personal me gusta la versión en inglés del *Tao Te Ching* o de los evangelios que sea precisa y actualizada, pero que también se plasme en un inglés preciso, fluido, moderno y poético. He traducido todos los evangelios del Nuevo Testamento del griego, de modo que sé qué puede hacerse con una buena traducción. Puedes ayudar al lector a entender el texto original al investigar el significado de las palabras y expresando el original en una lengua vernácula que sea accesible.

Los textos antiguos necesitan contexto y explicaciones. Encuentra una edición anotada que te invite a apreciar la profundidad del original. Después lee meditativamente y reléelo varias veces. Es imposible conocer un texto espiritual si sólo lo has leído una vez. Si bien en el pasado se interpretaron las palabras clásicas de las tradiciones espirituales de manera literal y moralizadora, no tienes que hacer lo mismo. Una ventaja de envejecer es que te sientes con mayor libertad de romper las reglas y hacer las cosas a tu manera, aunque con madurez. No es el caso de una persona más joven que aún no experimenta su iniciación y rompe las reglas por ignorancia o impetuosidad.

Desarrollar agudeza es más importante que conocer la verdad y lo correcto. Cuando afrontas una decisión vital, el texto te acompaña en la mente para orientarte. Por ejemplo, siempre tengo presente esta línea del *Tao Te Ching*: "Lo sometido será superado. Lo inclinado será enderezado. Lo vacío será lleno". Estas sencillas líneas definen mi forma de vivir y de abordar mi terapia.

El tao, el curso de la vida, es como un río que fluye entre sus orillas. Si me ocurre algo malo, como una enfermedad, no debe generarme ansiedad ni preocupación. En mi cabeza y en mi corazón escucho las palabras: "Lo inclinado será enderezado". No tengo que darme por vencido de manera literal, pero tampoco tengo que combatir mi destino a toda costa. Encuentro fortaleza al ceder.

La belleza y la verdad de la literatura religiosa y espiritual, los rituales, las canciones, el arte y la arquitectura del mundo son tan ricas que hay suficientes para guiarte e inspirarte en varias vidas. Sin embargo, con frecuencia la gente pone obstáculos y se resiste a recibir lo que las religiones tienen que ofrecer. Las examinan como se hace en la modernidad: ¿los hechos que demuestran son precisos?, ¿cuál es más precisa?, ¿cuáles son las pruebas?

Estas preguntas no son las indicadas. El sustento de la vida espiritual es una poética especial. El sentido de la vida no cabe en un hecho trivial. Requiere imágenes especiales que nos invitan a reflexionar profundamente. Las imágenes espirituales evocan ideas y pensamientos que nos animan a desarrollar agudeza, y esa búsqueda es para toda la vida, gradual. Por eso es tan importante en la vejez dedicar tiempo a leer historias y contemplar imágenes tradicionales. Esperas haber logrado algo en tu vida y eres capaz de albergar buenas ideas y hacer un ejercicio reflexivo. En la vejez deberías tener más práctica y estar en la cumbre de tu agudeza, la cual podrás poner en práctica en toda clase de situaciones. No preguntas pasivamente qué es lo correcto. Evitas tomar partido y optas por la reflexión a fondo.

Quisiera hacer hincapié: no abordes ninguna enseñanza espiritual con la postura habitual de tener que decidir si está basada en los hechos. La mayoría del material en la literatura espiritual consiste en esa poesía única que le habla directamente a tu vida. El propósito de explorarla y estudiarla es descubrir su mensaje espiritual, no su contenido fáctico. La interpretación literal es una especie de inmadurez espiritual, es una incapacidad de examinar y percibir las distintas dimensiones de una declaración poética. Incluso la historia desde un ángulo es una clase de poesía.

En las mejores circunstancias, el envejecimiento implica ser mucho menos literal sobre la vida en general. Aprendes que todo lo que sucede tiene matices. Muchos elementos del pasado están presentes en este proceso. El significado de un suceso puede ser paradójico, irónico y alusivo. Esto es, podría evocar historias que ya has escuchado o experiencias que ya has vivido. Como terapeuta, en muchas ocasiones mi labor es ayudar a las personas a valorar los matices de una sola experiencia.

En general nuestro enfoque religioso es ingenuo. Aportamos sofisticación a la ciencia y la cultura, pero tendemos a ver la religión en términos simplistas. En las noticias encontramos historias sobre personas que siguen buscando el arca de Noé en Turquía. Se trata del síndrome de Sherlock Holmes. Queda claro que Holmes es un personaje ficticio, sin embargo, visitamos su casa en la calle Baker en Londres y nos maravillamos porque "vivió" ahí. Creo que es hermoso tener un lugar para honrar a un personaje ficticio, pero no lo confundimos con una figura histórica. En la religión se suscita esta confusión constantemente.

En la era de la neurociencia y la inteligencia artificial, muchos creen que no hay espacio para la vida espiritual. Son demasiado sofisticados para ello. No la necesitan. En este sentido, el materialismo del siglo XXI es como una religión, un credo que no admite otros puntos de vista. Es ansioso y celoso y, por tanto, la gente intenta vivir en el ámbito robótico del laicismo puro.

No obstante, este nuevo materialismo no admite un estilo de vida humano. Enfatiza el narcisismo y el egoísmo, los famosos prosperan y los demás son simples espectadores, resignados a llevar vidas limitadas. Debemos sacar nuestras alas, aunque no estén tan limpias ni sean tan perfectas como las de un águila. Necesitamos altura, espacio y ligereza.

Espiritualidad personal en la vejez

Si bien las tradiciones espirituales de la Antigüedad brindan los fundamentos para la vida espiritual en la vejez, son sólo la base. Un individuo puede hacer muchas cosas para crear una práctica espiritual original, rica y con sentido.

Ésta es una lista de prácticas que cualquiera puede hacer además de ir a la iglesia o a modo de espiritualidad básica:

1. Vive una vida más contemplativa. Pon atención a las señales que te da tu salud y tu condición física. A medida que disminuyan tu movilidad y fuerza, aunque sea ligeramente, entra en sintonía con tu envejecimiento y vive con mayor serenidad. Puedes adoptar una personalidad y estilo de vida más tranquilos y reflexivos. Esto no se logra inconscientemente, modifica tu vida, sigue el modelo de la vida de un monje. Adopta el estilo contemplativo como práctica y filosofía de vida. Uno de los problemas de envejecer es que nos sentimos limitados por la naturaleza y las condiciones físicas. Pero puedes tomar las riendas de tu vida al aumentar el aspecto espiritual de tu identidad.

2. Explora diferentes métodos de meditación. Muchos se quejan de que intentan meditar y no pueden seguir el programa que han emprendido. Se aburren o son incapaces de seguir fielmente las técnicas que han aprendido. Cuando escucho estas quejas siempre me pregunto por qué las personas son tan pasivas en lo que se refiere a la espiritualidad y, segundo, por qué tienen una idea tan acotada de lo que implica la meditación.

   Puedes meditar de mil maneras. Lo principal es mirar al interior, ya sea de uno mismo o del mundo que te rodea. Es sencillo. Encuentra un lugar tranquilo en cualquier parte. Acomódate. Programa sentarte un rato. No tiene que ser mucho tiempo. Intenta centrarte en tu respiración, en el mismo acto de sentarte, en la música, el arte o la naturaleza. O simplemente siéntate y no permitas que tus pensamientos te distraigan demasiado. Pero no intentes deshacerte de todas las distracciones. Esto es peor que las propias distracciones. Siente cómo te tranquilizas y te concentras.

3. Camina en la naturaleza. El mundo natural es un portal para lo intemporal y lo infinito. Nunca podremos entenderla del todo, así que para nosotros es un puente hacia lo infinito. No tienes que ser solemne. Disfruta la caminata, pero realízala con la intención de adentrarte en las profundidades del mundo natural. Permite que te invada el asombro, plantea preguntas importantes, observa de cerca.

4. Lleva un registro de tus sueños. He tenido mucha experiencia trabajando con los sueños de la gente mayor. Brindan una perspectiva que con frecuencia amplía e incluso contradice las suposiciones de un individuo. Amplían tu mente y te brindan perspectiva. Desde luego para sacarle provecho a los sueños ayuda saber cómo interpretar las imágenes, una habilidad que no se suele estudiar en la época actual. He explorado técnicas para interpretar los sueños en otros libros, pero el campo requeriría un libro dedicado solo a ello.

La interpretación de los sueños es parte de la vida espiritual porque es una práctica regular que te mantiene en contacto con las dimensiones misteriosas de tu experiencia. Los sueños te llevan más allá de tu conciencia ya que ofrecen agudeza y estimulan la imaginación. Complementan la inteligencia del mundo ordinario.

Debido a que los sueños brindan un sentido de otredad, incluso otras identidades y un misterioso colapso del tiempo, desempeñan un papel relevante en la vida espiritual, la profundizan y la acercan al alma.

5. Ayuda al prójimo. Nuestro capítulo sobre cómo ser un mayor ofrece una probada de cómo ser una persona mayor que ayuda a los demás. También es bueno entender la asistencia como un aspecto esencial de la vida espiritual. En el corazón de cualquiera de las grandes tradiciones radican la ética y el apoyo. Un ejemplo perfecto es la vida de Jesús, quien dedicó sus días enseñando y curando. En los evangelios encontrarás muchas referencias sobre la oración, mas no directamente sobre la meditación. La asistencia es lo primordial.

En la vida de Buda hay una mezcla de meditación y asistencia y en el *Tao Te Ching* se hace hincapié en el liderazgo que no es heroico ni autoritario. Las enseñanzas de Mahoma ponen mucho énfasis en asistir a quien lo necesita.

Incluso los maestros espirituales que no son institucionales, como Emerson y Thoreau, se involucraron en la vida política de sus tiempos, como combatir la esclavitud. Thoreau y su familia ayudaron a esclavos a escapar a Canadá. Aunque al principio Emerson se mostraba reacio, se convirtió en un miembro activo en la política en general y dictó varios discursos contundentes en contra de la esclavitud.

Sin la asistencia y la acción, los valores se limitan a la teoría y la abstracción. Tal vez tengan intelecto, mas no cuerpo. Los estudios de la ética dirían que un valor no es un valor hasta que se pruebe con acciones.

6. Estudia las mejores ideas espirituales. Durante siglos, el estudio ha sido parte central de la vida espiritual. Hoy ya no se habla mucho de ello, tampoco de la importancia de la inteligencia espiritual. Sin embargo, el punto más débil de la espiritualidad contemporánea no es el compromiso, ni la práctica ni el trabajo con los maestros. Falta la inteligencia que se deriva del estudio dedicado. La historia del monacato es ante todo de libros, escuelas y movimientos intelectuales. Es momento de recuperar esa parte de la espiritualidad que se centra en el estudio.

Al envejecer, el apetito por las ideas bien podría aumentar y te puedes involucrar en el estudio con total seriedad sin preocuparte, en buena parte, por tu condición física. Sí, la memoria puede ser un problema para algunos, pero la mayoría tenemos oportunidad de descubrir la alegría de una sólida educación autodidacta en temas espirituales.

Uno de los problemas que identifico en este ámbito es que no es sencillo discernir cuáles son las enseñanzas y las fuentes sólidas y quiénes son los mejores maestros. Con frecuencia la gente me dice que busca inspiración. Quiere un maestro que la emocione. Y de ésos sobran. No sé qué decir: para mí es evidente que las ideas firmes son más importantes que la emoción pasajera y sin fundamento.

Cuando escribo un libro como éste, consulto la obra exigente de Jung y Hillman, leo textos clásicos en sus versiones originales en griego y latín y busco posturas antiguas sobre ideas contemporáneas. Quiero conocer la historia de una idea, no sólo su manifestación actual. Ese estudio profundiza mi comprensión de una idea clave, como la fe o el perdón. No quiero leer a escritores contemporáneos que no estudian y escriben ocurrencias.

Mis escritores espirituales favoritos son irlandeses: Mark Patrick Hederman y John Moriarty. Otros como Joan Chittister y David Whyte pasan tiempo en Irlanda. Todos son académicos que bajan de sus torres de marfil para hablar con la gente común. Confío en John Wellwood, Jane Hirshfield y John Tarrant, y los rabinos Rabbi Harold Kushner y Lawrence Kushner me han formado. Entre los escritores de psicología contemporáneos figuran Nor Hall, Robert Sardello, Patricia Berry, Rafael López-Pedraza, Mary Watkins, Adolf Guggenbühl-Craig, Ginette Paris y Michael Kearney.

La espiritualidad dentro y en el mundo

La espiritualidad comienza valorando el alma del mundo y de todos los seres. Tiene la capacidad de ver más allá de las superficies del corazón de las cosas e identificarse con profunda empatía con la experiencia y las necesidades de otros seres. La espiritualidad tiene que ver con la trascendencia, no con un Dios en las nubes, sino con un progreso constante que supera una individualidad limitada y un mundo pequeño. Supone expandir la mente para imaginar cosas que no aprendiste en tu infancia, al punto en el que siempre estés en el estadio de descubrimiento y asombro. No puedes ser espiritual si no estás en constante actitud de asombro. Las tradiciones, las prácticas, los maestros y los talleres pueden ayudarte, pero en última instancia, para crear un estilo de vida espiritual único, estás solo. Nadie lo puede hacer por ti. Quizá te tome toda una vida, para que en la vejez al fin sientas la espiritualidad que has modelado tras muchos experimentos y tal vez algunos errores. Los errores pueden ser útiles para señalar la forma correcta de hacer las cosas.

Ser espiritualmente sofisticado y aventurero es una parte esencial de envejecer, sin duda de envejecer con alma. Este proceso puede suponer algo difícil: dar la espalda a los valores de tu época, en la que una filosofía del materialismo constituye la mayoría de los "logros" científicos, tecnológicos y culturales, en la que incluso la religión supone mucho materialismo. Los ancianos parecen ser mucho más libres que los jóvenes, como para elegir no participar en una sociedad sin alma. Pueden ser excéntricos y desfasados sin muchas consecuencias. Pueden aprovechar su posición y también ser excéntricos espiritualmente, ignorar el materialismo que adopta la forma de un comercio excesivo, la veneración de la ciencia, la cuantificación de la vida y la educación como entrenamiento en habilidades vendibles, en vez de la maduración integral de un individuo.

Como persona mayor, disfruto no gastar mucho dinero en mí, reparar las cosas en vez de sustituirlas y evitar recurrir a estudios cuantitativos en mi obra, pese a que mis editores me piden cifras. Me despidieron de un empleo universitario en parte porque mi cátedra incluía el alma del mundo, no sólo la vida física, o tal vez porque permití que Eros se involucrara en mi labor docente. Eros y el alma son pareja. Prefiero escribir una oración equilibrada que citar un estudio cuantificado.

El cuento de García Márquez sobre el anciano con alas enormes relata que la gente rechazaba las alas viejas y decrépitas del hombre después de haber intentado obtener dinero presentándolo como una curiosidad. Habitualmente así es como tratamos a los ancianos y tal vez por eso nos preocupa envejecer. Hemos ridiculizado a los mayores y sabemos qué nos espera.

Un cuento de hadas relata la historia de una familia joven, una madre, un padre y un niño que viven con un padre
mayor o un abuelo. Todos comen cómodamente en la mesa,
pero le dan al anciano un tazón de madera. Un día el padre
descubre a su hijo trabajando con esmero. "¿Qué haces?", le
pregunta. "Estoy haciendo un tazón para ti, para cuando envejezcas", responde el niño. Sobra decir que esa noche en la cena
el abuelo se sienta con ellos y comparte su vajilla elegante.

Es una ecuación bastante simple: si hoy honras a los mayores, es muy probable que te sientas bien en la vejez. Pero si
cedes ante tu desprecio neurótico por los ancianos, te espera
una vejez dolorosa.

Una tarde fría de noviembre, Liz Thomas y yo nos sen-
tamos en Nonie's, uno de nuestros lugares favoritos en Peterborough, New Hampshire. "Lo que sucede con la vejez es que
la gente te ve, pero no te mira. Estás ahí de pie y hablan con la
persona más joven que te acompaña. No existes", me dijo.

En su autobiografía *Essays After Eighty*, Donald Hall
cuenta algunas anécdotas sobre el trato infantil o invisible, o
ambos, que a veces reciben los ancianos. "Cuando una mujer
escribe al periódico para dar el visto bueno de algo que he
hecho, me llama 'un caballero encantador'. Quiere alabarme...
pero más bien me pone en una caja en donde me puede acari-
ciar la cabeza y hacerme ronronear."[1]

Date cuenta de las alas de los ancianos que se desdoblan
de forma invisible, aunque palpable. Se trata de su espíritu, el
cual les permitirá elevarse con el paso del tiempo. Han vivido
año tras año y su vida los ha transformado. En menor medida
son seres humanos comunes y en mayor medida, seres ange-
licales, pese a su malhumor y sus quejas. Su malhumor no les
permite descansar cómodamente en el mundo sin alma que
los rodea.

Deberíamos honrar a cualquiera, sin importar la edad, que ha dicho sí a la vida, ha encontrado su identidad y cuya visión y logros están por encima de la norma. Asimismo, deberíamos honrarnos a nosotros mismos, reconocer cuándo nos equivocamos y cuándo salimos de nuestra zona de confort para aceptar las oportunidades que nos da la vida. Envejecer implica convertirse en, trascender, superar nuestro potencial.

15. Vivir y morir

Los seres humanos vamos a la deriva en un universo de misterios. Hay tantas cosas que desconocemos en parte o por completo. No sólo cosas nimias, sino las cosas más importantes. ¿En dónde estuvimos antes de nacer? ¿Cómo podemos nacer biológicamente y adquirir una vida de emociones tan profundas? ¿Cómo es posible que nos embarquemos en una búsqueda de sentido tan exigente y seria y salir de un cuerpo humano tras haber sido concebidos por una unión física y apasionada entre dos personas comunes? ¿Por qué estamos aquí? ¿Qué debemos hacer? Y tal vez el misterio más grande de todos: ¿qué pasa después de la muerte?

¿Cómo nos preparamos para morir? ¿Cómo le damos sentido a la mortalidad? ¿Cómo comprendemos la nada después de la muerte? ¿Deberíamos creer las enseñanzas sobre la reencarnación, la dicha celestial, el juicio eterno, la muerte y la reunión con nuestros seres queridos? ¿El amor es eterno?

Uno de los significados y las experiencias centrales del envejecimiento es la sensación de acercarse a la muerte. Sin importar tu edad, de pronto puedes ser consciente de tu mortalidad y te pueden asaltar el asombro, el miedo y el terror. De modo que es preciso preguntarse: ¿hay una forma inteligente y positiva de pensar sobre la brevedad de la vida y la muerte?

Si desde cierto punto de vista el envejecimiento es, en esencia, el acercamiento al fin entonces debemos afrontar

esta situación universal y quizás en nuestros propios términos. ¿En quién confiar? ¿En quién puedes confiar para buscar
respuestas o al menos orientación de cara al final?

Un día mi padre me llamó por teléfono para decirme que
había leído mi libro sobre Jesús y tenía una duda: ¿a qué me
refería al decir que para Jesús el cielo era un estado en esta
vida cuando el principio del amor se hubiera arraigado por
completo? "¿Crees que no hay cielo después de la muerte?",
me preguntó bastante preocupado. Tenía noventa y tantos y
ya pensaba en la muerte.

Sabía que la fe de mi padre en el evangelio era sólida y
profunda, aunque se sentía con libertad de cuestionar las enseñanzas morales de la Iglesia.

"No, quiero decir que Jesús no se refería al cielo en nuestros términos, sino al tipo de vida para la humanidad que él
había concebido. No estoy sugiriendo que no haya cielo después de la muerte." Sabía que a mi padre lo habían educado
para creer en la vida después de la muerte en términos de felicidad y sin duda no conozco un enfoque mejor. Tal vez lo ex-
presé en otros términos, pero no estaba dispuesto a poner en
duda las creencias de mi padre hacia el final de su vida.

Creo que debemos estar abiertos a distintas posibilidades y al mismo tiempo encontrar inspiración y consuelo en las
enseñanzas de diversas religiones. La reencarnación y el cielo
tienen mucho sentido y, al mismo tiempo, parecen improbables. En todo caso es complicado encontrar una solución real
a este misterio en un mundo dividido entre el materialismo
científico y las ilusiones de las religiones.

Como en el caso de muchos temas cruciales en la vida
humana, primero tenemos que salir del círculo de las creencias culturales. Nuestra denominada cultura laica acepta muchas creencias y devoción a propósito de ciertas posturas sobre

los temas importantes. Es probable que primero tengas que liberarte de algunas ilusiones en tu historia espiritual, pero también distanciarte de la religión de la cultura contemporánea, en especial de la ciencia y sus limitadas creencias.

Cuando te hayas liberado del materialismo de la cultura y las ilusiones de la religión, podrás comenzar a examinar la cuestión de la muerte. A partir de tu nueva receptividad y espíritu de análisis inteligente quizá se te ocurran ideas propias sobre la muerte y la vida después de la muerte. Tus imágenes pueden ser provisionales. Podrás reconocer: "No sé, no conozco todas las respuestas, pero después de reflexionarlo, podría ser...".

Podrías vivir con la esperanza de reunirte con familiares y amigos cercanos y aspirar a un tipo de continuación de tu vida terrenal. Esta esperanza es real, para muchos es un consuelo e inspiración. O bien podrías ser más realista y sencillamente reconocer que no tienes idea de qué pase después de la muerte y hacer las paces con dicha ignorancia. Sin embargo, decir que no hay nada después de la muerte es una declaración de fe seudorreligiosa. No es receptiva y no brinda esperanza alguna.

Ya he mencionado la declaración que me hizo James Hillman en un momento cariñoso: "Soy materialista con respecto a la muerte. Creo que es el fin". Me sorprendió que este hombre inteligente que había escrito tanto sobre temas eternos —el alma, el espíritu, la religión— y que había sugerido que siempre debíamos ir más allá de la literalidad, de repente adoptara una postura materialista, que es, en esencia, bastante literal. Sé que procuraba eludir el sentimentalismo en sus opiniones, pero aun así creía que había desarrollado un enfoque sofisticado de la muerte, tal como lo había hecho de la vida. Es uno de los pocos temas en los que no coincidimos.

No obstante —no me malinterpretes, no soy un creyente ingenuo—, no quiero albergar demasiada esperanza ni hacerme ilusiones para no afrontar la realidad de lo que implica ser humano. En todo debemos empezar reconociendo lo que es y movernos a partir de ahí.

Voy a dejar claro un punto elemental: podemos reconocer nuestra ignorancia sobre la muerte y la vida después de la muerte, mantener la mente abierta y, al mismo tiempo, encontrar consuelo y orientación en enseñanzas tradicionales como la reencarnación y el cielo. No obstante, debemos recordar: "De esto no estoy seguro, pero quiero creer en la reencarnación y el cielo. Toda la vida he creído en el cielo. Tiene sentido" o bien: "Creo que la reencarnación es una forma hermosa de darle sentido a la vida y a la muerte".

Envejecimiento y muerte para toda la vida

Así como el envejecimiento es un proceso que comienza antes de nacer, la muerte también requiere toda la vida. Para algunos la mediana edad es un punto de inflexión. Prefiero considerar toda la vida como un proceso simultáneo de vida y muerte. Se va cuesta arriba y cuesta abajo a la vez, es decir, siempre se puede lidiar con la vida de ambas formas. Se puede vivir y morir todos los días, toda la vida.

No es una perspectiva negativa. Simplemente es. Y si vives y mueres así, nunca te deprimirá la muerte porque la has experimentado toda la vida. ¿Cómo enfrentar el proceso mortal en el transcurso de tu vida?

Todas las muertes pequeñas

Una forma de enfrentarlo es aceptando las "muertes pequeñas" que la vida conlleva: pérdidas, fracasos, ignorancia, contratiempos, enfermedad, depresiones. De algún modo, estas
experiencias son antivida. Detienen o impiden el proceso con-
tinuo de la vida. Sobre todo en nuestra sociedad es común
adoptar una postura heroica con respecto a estas experiencias. Intentamos eludirlas, conquistarlas, superarlas y, con el
tiempo, tener una vida en la que no figuren.

Otro enfoque es recibir estas experiencias sin rendirnos
ante ellas, incorporarlas a la mezcla de sucesos que conforman la vida. No tienes que negarlas ni actuar con heroísmo.

Mencionaré un ejemplo de mi práctica profesional. Una
mujer en la cincuentena acudió a mí muy ansiosa porque su
matrimonio estaba fracasando. Tanto ella como su esposo tenían relaciones extramaritales, una señal de que su relación
colapsaba. Parecía esperar que yo la ayudara a rescatar el matrimonio y al hablar conmigo asumía que yo haría todo lo posible para lograrlo.

Me di cuenta de que la situación era muy complicada.
Además, no consideré útil hacer todo lo posible por salvar
su unión. Tal vez era momento de separarse. No lo sabía. No
creo que mi labor sea salvar matrimonios sino atender las almas de las personas que estén casadas o a punto de separarse. A veces, desde ese punto de vista, una separación es buena.

Más aún, el fracaso del matrimonio era una prueba de la
muerte, un final serio. Si en este sentido se avecinaba la muerte, no quería ser quien lo negara y ponerme del lado de la vida.
Me daba la impresión de que, si me aliaba con ella para proteger el matrimonio a toda costa, podría acelerar su fin. Era
probable que su relación debía pasar por el túnel de la muerte

por su propio bien. Sin duda refutar la corrupción del matrimonio empeoraría las cosas.

Así que no apoyé su aniquilamiento, pero tampoco me entusiasmó su conservación. Me mantuve neutral, es mi postura acostumbrada. Mi paciente no estaba del todo contenta conmigo porque esperaba que me indignara y la apoyara a salvar su matrimonio. No obstante, por algún motivo mi neutralidad no le molestó tanto. Siguió acudiendo a terapia y siguió de cerca mi respuesta.

Con el tiempo las cosas salieron bastante bien y el matrimonio sobrevivió. Aunque no se lo revelé explícitamente, en mi mente apoyé tanto la vida como la muerte, tanto la supervivencia como la separación del matrimonio. Adopté una perspectiva más amplia y sentí que esta mujer pasaba por una crisis o iniciación que tenía implicaciones serias. Si apostaba por la muerte de su matrimonio, terminaría apostando por su propia muerte.

Su muerte había salido a la superficie y debía tener cuidado de no asumir el papel de héroe para intentar combatirla. Debía hacer las paces con ella y seguir viviendo como una persona familiarizada con la muerte, sin temerle y tampoco estar heroicamente en su contra. Mediante esta experiencia renacería como una persona más profunda, genuina, útil para sus amigos e hijos, no superficial, no a la defensiva. Esta profundidad no se ve con frecuencia porque la cultura es en esencia heroica, desafía a la muerte.

En el curso de una vida, la muerte nos visita con frecuencia, disfrazada de conclusiones y fracasos. Envejecer bien supone incorporar la muerte en el proceso vigoroso de tu vida. Al morir en el sentido amplio de la palabra acentúas tu individualidad. No obstante, esta muerte metafórica es una preparación real para el fin de tu vida. Envejeces bien cuando estás tan familiarizado con las dinámicas de morir que no te asustas con las señales de la muerte literal, como la enfermedad y el paso de los años. Incluso tal vez le des la bienvenida a la vejez y a la sensación íntima de la muerte que susurra en tus oídos. Como la muerte ha sido parte de tu vida, entiendes que acercarse a la muerte puede intensificar la vida.

La vitalidad y la longevidad

La vida supone mayor intensidad que longevidad. Si tienes muchos, muchos años de una vida falta de interés, ¿de qué sirve? Si tienes pocos años de vitalidad y cordialidad, es más probable que sientas que en realidad has vivido. No es importante la cantidad sino la calidad.

Cuando era profesor universitario proyectaba un cortometraje acerca de Elisabeth Kübler-Ross. En el contexto de un simposio de posgrado, ella había entrevistado a un paciente con cáncer terminal. El hombre, bastante joven, parecía haber aceptado la muerte. Los alumnos de posgrado creyeron que estaba negando la muerte. Pero Kübler-Ross pensaba otra cosa.

El hombre contó una anécdota sobre un accidente que sufrió cuando trabajaba en una granja, aunque todo había salido bien. Ahora que enfrentaba el cáncer, había recordado esa experiencia que, para Kübler-Ross, lo había preparado a morir. En especial, al relatar su historia ahora, demostraba que su relación con la muerte era cordial. Al hombre joven le parecía que había vivido una buena vida. No le parecía una tragedia absoluta que el cáncer la interrumpiera.

No parecía preocuparle la longevidad tanto como la vitalidad, y su punto de vista suponía una gran diferencia. Su historia se me grabó hace treinta años y cuando debo encarar alguna enfermedad o presenciar la muerte de algún amigo, lo recuerdo, así como su punto de vista extraordinario. No diría que fue valiente, sino que albergaba la plenitud de la vida. Era capaz de vivir tanto con lo bueno como con lo malo.

Estar cerca de personas que están a punto de morir nos ayuda a morir y a vivir. La vida y la muerte son tan cercanas que una sostiene a la otra. Cuando mi amigo John Moriarty yacía en un hospital dublinés a causa del cáncer, lo visité un par de semanas antes de su muerte. Había experimentado una iniciación deprimente y aterradora cuando recibió su diagnóstico y aprendió a aceptarlo. En mi visita se le veía estupendo. Percibí un brillo que lo rodeaba y sentí su vitalidad, aunque el cáncer lo había demacrado.

Cuando estaba por salir de su habitación de hospital después de una o dos horas de conversación intensa, me pidió mis bendiciones y yo las suyas. Oficiamos un breve ritual en latín que nos dio a los dos la paz que necesitábamos. Recuerdo esa bendición y su brillo, ambos me dieron más valor para afrontar mis propias muertes en preparación de la más importante.

El bien, el mal, Dios y la muerte

En muchos sentidos, la muerte es una de las cosas más personales que hacemos. Si somos afortunados tendremos tiempo para reflexionar y evaluar nuestra vida. Emprendemos una nueva aventura y nadie puede acompañarnos. Desde luego, puede ayudarnos tener a nuestros seres queridos cerca para hacer la transición, quienes nos pueden apoyar para que este acto importante sea una expresión de quiénes somos y cómo hemos vivido. De ser posible, es una buena idea pedir específicamente la ayuda que queremos recibir.

Morir puede ser una experiencia espiritual, incluso si según la cultura contemporánea es una experiencia médica. El siempre provocador Ivan Illich, filósofo y antiguo sacerdote, afirmaba que no quería morir de alguna enfermedad, quería morir por la muerte. Quizá requiera cierto esfuerzo mantener esta idea en mente. Con todos los problemas médicos que suelen girar en torno de la muerte, aún podemos respetarla como una experiencia espiritual. Si la concibes como un tema exclusivamente médico, sucumbirás al materialismo persistente. La muerte se convierte en la descomposición de los órganos y no en un momento singular en la vida del alma.

A veces la gente se pregunta: ¿El alma enferma? ¿El alma muere? Sí, el alma tiene un papel importante, crucial, en estas transiciones tan decisivas. Cuando a James Hillman le dijeron que su cáncer era incurable, me contó que lo sintió como un "golpe a la psique".

¿Por qué no un golpe al sistema o al yo? Porque el alma es el elemento más personal de nuestro ser y, al mismo tiempo, es otro. El alma es más "yo" que cualquier conciencia del "yo". Pero también es más que eso. Se puede sentir un golpe en el alma, tan profundo y fundamental que supera cualquier cosa con la que te puedas identificar.

¿Entonces cómo morir con alma?

Si es posible, no mueres solo. Puedes hacer el esfuerzo por estar más cercano a tu familia y amigos. Puedes hacer lo posible por reparar relaciones fracturadas. Aprovechar para no eludir confrontaciones necesarias. Emplear las palabras como nunca lo has hecho antes para precisar tus sentimientos, sobre todo si son sentimientos amorosos y amistosos.

De ser posible, mueres como quieres morir, teniendo en cuenta lo que tus seres queridos quieren para ti. Eres generoso, pero también estás al mando; eres el líder, pero también escuchas. Como Moriarty dice en *Nostos*: debes ir más allá de la mente e incluso de ti mismo. Además: "La sabiduría no se encuentra en las ideas claras y precisas". Yo añadiría: vivir sin eludir el sabor de la muerte es superar la sensación clara de uno mismo. Habitas el exterior y el interior. Eres todas esas cosas y todas esas personas, así como tú mismo.

Para diseñar el proceso de tu muerte es muy probable que tengas que iniciarlo con mucha antelación, de modo que es recomendable preparar y planear durante años, desde la primera vez que sientas la posibilidad de la muerte. Piensa qué es importante para ti. Traduce tus ideas y perspectiva sobre la muerte en algunos detalles del proceso.

Toma decisiones sobre la participación médica con anticipación y contempla en serio un testamento en vida. Comunica a los demás cómo quieres que te traten en el proceso de tu muerte y cómo quieres que cuiden de tu cuerpo. Anota detalles importantes como el cuidado espiritual que te gustaría recibir, elige a los defensores que te ayudarán a hablar con los profesionales que te atenderán, sobre todo con los médicos. Tal vez conozcas a médicos y enfermeras a quienes te gustaría tener cerca.

¿Te gustaría escuchar música durante los tratamientos y tu recuperación? ¿Te gustaría tener cerca ciertos objetos? ¿Necesitarás soledad y compañía? ¿Hay arte visual que te consolaría e inspiraría? ¿Fotografías o grabaciones? ¿Ropa o productos de aseo personal? Quizás es buen momento para recurrir a la aromaterapia y a la musicoterapia. ¿Te ayudaría tener audífonos aislantes? ¿Quieres ver películas o escuchar música?

En esencia, la muerte es un proceso espiritual. Tal vez querrás aumentar las prácticas espirituales que has realizado durante toda tu vida, incluso las que has descuidado. Puede ser momento de bajar la guardia sobre cuál tiene la razón desde el sentido teológico y qué prácticas van mejor conti-go. Podrías ser más abierto ante prácticas que has abandona-do cuando has intentado perfeccionar tus creencias y apegos.

En lo personal, empecé a cargar con el rosario de mi ma-dre en mis viajes, no porque haya recuperado una práctica de mi infancia sino porque contiene la fuerte espiritualidad de mi madre, una práctica que no he seguido en décadas. Entiendo que conservar su rosario cerca de mí tiene cierta magia, y está bien. Espero tener varios objetos espirituales de mis padres cuando me acerque a la muerte. Pese a todas las diferencias en cuanto a creencias y estilo, son mis modelos.

Cuando los filósofos mueren

Platón es célebre por haber dicho que la reflexión de los filó-sofos los prepara para la muerte. Se centran en el alma y no el cuerpo, de modo que, durante la muerte, cuando el alma se separa del cuerpo se sentirán cómodos y no tendrán miedo. Esta idea tan citada tiene implicaciones interesantes, y si se toma con la suficiente profundidad puede ayudarnos a morir.

He recalcado el valor de reflexionar sobre nuestras expe-riencias. Así se convierten en recuerdos importantes, incluso en enseñanzas que nos acompañan en nuestra búsqueda de una buena vida. La labor principal del filósofo es reflexionar, con-vertir ideas en percepciones agudas, así como prepararse para una vida mejor. El pensamiento de algunos filósofos es tan abs-tracto que al lector le supone un esfuerzo considerable relacio-nar las ideas y la vida. Pero en general, la filosofía nos distancia de un análisis práctico simplista y da espacio a nuestras ideas.

A cada uno le beneficiaría la reflexión profunda y com-pleta de nuestra experiencia, lograr que nuestro pensamiento sea menos literal y práctico, acercarnos a los temas del alma, que no son independientes de la vida y, sin embargo, tienen la distancia suficiente como para aportar un punto de vista a las experiencias. El materialista, quien piensa sólo en las decisiones prácticas y la cuantificación de la experiencia, lo pierde todo al pensar en la muerte. Pero el filósofo es capaz de superar lo literal y valorar, de distintas formas, que la muerte no es el fin. Para Moriarty: "No es necesario ser intelectual para ser filósofo".

Por tanto, si te interesa envejecer con alma, no te limites a leer libros prácticos y técnicos, lee humanidades, ficción y no ficción, que eleve y profundice tus pensamientos. La buena literatura es parte de una práctica espiritual. Con demasiada frecuencia limitamos lo que consideramos sagrado. Complemento los textos clásicos sagrados con Wallace Stevens, D. H. Lawrence y Emily Dickinson.

La literatura, la música y la pintura, por mencionar algunas artes, nutren el alma y te ayudan a cambiar de enfoque y centrarte en temas arquetípicos y eternos, los cimientos de la vida. Te preparan para la muerte, el encuentro absoluto con lo eterno, sin importar tus creencias.

Esta sugerencia de incorporar el arte de calidad a tu vida se relaciona con mi idea previa de que una persona que le da importancia al alma no enfrenta la muerte con actitud materialista. No tiene que encontrar una solución para la muerte, no tiene que fingir que la entiende en su totalidad, en cambio, puede confiar en la vida y albergar esperanza con una postura con final abierto.

Esta esperanza supone una diferencia rotunda. Cabe mencionar que esperanza y expectativa no son lo mismo. La esperanza es una perspectiva positiva teñida de alegría que no exige resultado alguno, simplemente confía en la bondad de la vida. No hace falta discutir con nadie tus creencias sobre la muerte, tales discusiones son inútiles. En cambio, podrías conversar sobre tus sentimientos sobre la vida, en el aspecto filosófico y espiritual. Esto te podría dar ideas sobre la muerte. No tienes por qué llegar a conclusiones rotundas.

El poeta astrólogo

Una de las bendiciones de mi vida fue mi amistad con Alice O. Howell, astróloga junguiana y poeta. Alice gozaba de una imaginación vívida y un don para el lenguaje. Estaba enamorada de las islas británicas, sobre todo de Iona, en Escocia. Tenía diversos ritos caseros, entre ellos la "comunión escocesa", que consistía en despedirse con una ronda de whisky Talisker servido en vasitos y varios abrazos. Otra de sus prácticas personales era hablar con frecuencia de su "Día de Aberduffy", el día de su muerte. Lo mencionó habitualmente en los treinta años que la conocí. Nunca se mantuvo lejos de su muerte, y una de las enseñanzas que me heredó fue esta práctica: mantenerse cerca del fin incluso si se vive el presente con entusiasmo.

Desde luego todos tenemos nuestro Día de Aberduffy, y es igual de importante que nuestro cumpleaños. A Alice no le preocupaba ni deprimía, más bien reflexionaba con su habitual ánimo con el que afrontaba la vida. No recomiendo celebrar nuestro último día toda la vida, sino tenerlo en mente y pensar en él como una transición, otro rito de iniciación.

Cuando empleo la palabra *transición* no me refiero a la vida del otro lado. No sé si algo nos espera; de lo que sí estoy seguro es de que podemos vivir con la esperanza de la vida eterna. La esperanza es algo peculiar. Como dijo Emily Dickinson, es esa cosa con alas. Implica no saber qué se avecina, desear que las cosas funcionen como las imaginamos. La esperanza tiene un final abierto y supongo que es lo que Dickinson tenía en mente.

Entre sus palabras sabias, Alice O. Howell dejó éstas para la posteridad:

> Suelta aquello
> a lo que te aferrarías
> sólo las semillas que caen
> crecen.

Conclusión

Permite que las cosas sigan su curso

> El miedo a la muerte proviene del miedo a la vida. Un hombre que vive plenamente está preparado para morir en cualquier momento.
>
> MARK TWAIN

Al final, la forma más eficaz de enfrentar el envejecimiento es ser exactamente quien eres. No intentes eludir el envejecimiento imaginando otro escenario. No pienses que los más jóvenes que tú están mejor. No anheles recuperar tu juventud. No niegues los aspectos negativos del envejecimiento. Sé exactamente quien eres y exactamente la edad que tienes.

Ser quien eres funciona en todos los aspectos de la vida. Como me sucede a mí, puedes desear tener mayor talento para la música. Puedes desear haberte casado con esa persona cariñosa que conociste en la escuela y no con tu pareja actual. Puedes desear haber nacido hace veinte años para ser más joven. Todos estos deseos son fantasías inútiles mediante las cuales eludes la realidad. No puedes vivir e iniciar el proceso de convertirte en un individuo verdadero a menos que primero seas quien eres.

Este principio es pertinente también para la enfermedad. En las diversas conversaciones que tuve sobre el envejecimiento mientras escribía este libro, uno de los miedos más

frecuentes que albergan quienes apenas comienzan a sentirse viejos es el de enfermar. La enfermedad es algo desconocido que puede llegar en cualquier momento y cambiar la vida.

Sin embargo, la enfermedad es parte de la vida y sentirse
vivo requiere aceptar todo lo que la vida ofrece, incluida la enfermedad. Es una realidad. Te toca a ti, no a alguien más. La
enfermedad es tuya y te convierte en quien eres en la misma
medida que tus logros lo hacen. No te queda más que recibirla como la "voluntad de Dios", tu destino o incluso la oportunidad para sumar una pieza más a tu carácter.

Cuando acompañé a mi buen amigo James Hillman en
su lecho de muerte en casa, mientras las enfermeras lo visita-
ban y hacían sus deberes, nunca lo escuché quejarse. Nunca
confesó desear eludir ese desafío. Nunca se expresó mal sobre los médicos que lo atendieron. Por lo menos yo no escuché comentarios negativos. Quizá necesitaba descargar estas
emociones con los demás. No lo sé.

Cuando me senté en el borde de la cama de un hospital
de Dublín con mi amigo John Moriarty, minutos después de
que se enterara que el tratamiento final para el cáncer que lo
aquejaba no había funcionado, no se quejó ni expresó desear
otro destino. Le había tomado más de un año hacer las paces
con su enfermedad, y ya estaba en la posición de que era parte de su vida. Simplemente era.

Tu destino es parte de tu identidad y envejecer es destino de todos. También define quiénes somos. La gente quiere saber tu edad para conocer más sobre ti. Para estar vivos
de verdad debemos vivir nuestra vida y asumir nuestra edad.

Cómo revelar tu edad

Asumir tu edad implica contar a los demás cuántos años tienes. Quizá la gente te calcule menos y tú les sigas la corriente. Quizá tengas la tentación de decir la verdad. Quizá te pierdas la oportunidad de ser exactamente quien eres. No es una idea abstracta. La haces realidad pronunciándola. Hoy tengo que decir fuerte y claro: "Tengo setenta y seis años".

Tal vez la gente te calcule menos años. Si les aclaras tu edad quizá muestren menos interés en ti sencillamente por un prejuicio social generalizado contra la vejez. Pero es quien eres. Formas parte de una categoría que hoy no es muy valorada. Si eres capaz de reconocerlo, entonces los demás no podrán manipularte con tus temores. No se puede chantajear a alguien que no teme al chantaje.

Puedes procurar cambiar el estigma social de la edad, pero incluso para eso tienes que ser quien eres y no permitir que tu pelea contra la discriminación por edad se convierta en una defensa personal contra tu propia edad. Puedes hacer muchas cosas a la vez: resistir la discriminación, intentar sentirte más joven y asumir tu edad.

Aceptas las condiciones exactas de tu situación, entre ellas tu edad, sin albergar deseos ni arrepentimientos que nublen la situación. Te propones asumir tu edad con todas sus dificultades, sin regodearte, hundirte, resignarte o darte por vencido. Éstas son formas negativas para eludir las circunstancias. En cambio, encuentras maneras de asumir tu vida tal como es.

El punto en el centro

Necesitas una actitud que no implique negar ni rendirse, ni un poco. Un punto medio frío y vacío desde el cual reconozcas —casi sin emociones— lo que está sucediendo. Cuando llegues a este punto, y esto puede tomar mucho tiempo, entonces puedes asumir formas más emocionales y creativas. El descubrimiento de un punto fijo es un logro necesario y un principio. Por ejemplo, en mi caso, basta con decir: "Tengo setenta y seis años". Aunque a veces me sienta de cuarenta, en este momento clave debo olvidar los cuarenta y reconocer mis años. Deseo ser más joven y esos deseos son importantes en la vida de mi fantasía. Pero en este momento de aceptación, lo olvido.

Centrarse en la realidad y no en una fantasía no se hace en un solo momento, es algo permanente y es parte de la espiritualidad de envejecer. En *Mente zen: mente de principiante*, el maestro Zen Shunryu Suzuki expresa esta idea con particular claridad: "La verdad proviene de la nada, momento tras momento. La nada siempre está presente y de ella proviene todo". Lo denomina naturalidad o "mente suave y flexible".

A mi modo de entenderlo, eres natural cuando basas tu experiencia en esta postura central desde la cual aceptas tu situación por lo que es. No la adornas con explicaciones ni la defiendes. No dices: "Tengo setenta y seis, pero me siento más joven". Dices: "Tengo setenta y seis". No es fácil. Cuando la gente habla sobre la edad, observa cómo esquivan la realidad, los matices que emplean al reconocer su edad.

Hay quien dice: "Tengo cincuenta, pero hoy eso es ser joven". Sí, es relativamente joven, pero asume tu edad sin más. Alguien más dice: "Voy a cumplir treinta, estoy en la plenitud de mi vida". Sí, amigo, pero también estás envejeciendo.

"Acabo de cumplir sesenta y cinco y me estoy haciendo pedazos [risas]". Sí, pero Freud diría que ese chiste es una defensa,
una forma nerviosa de mantener la edad a raya.

El *Tao Te Ching* dice:

La vida transcurre permitiendo que las cosas sigan su curso.
No transcurre si hay interferencia.

Permite que el envejecimiento siga su curso. No interfieras,
incluso si tus intenciones son buenas. Con frecuencia las buenas intenciones son las distracciones más efectivas. Nuestra
interferencia bien intencionada obstaculiza el transcurso natural de la vida. Si la vida no transcurre, como un río o arroyo,
está bloqueada y reina el caos. El problema más frecuente que
identifico entre mis pacientes en terapia es que se resisten al
flujo de la vida, mi definición exacta de la palabra *neurosis*.

En el tema del envejecimiento me siento atrapado entre
dos puntos de vista: debes ser honesto y reconocer que es terrible envejecer o haz todo lo posible por sentirte joven y no
sucumbir ante la vejez. Ninguna de estas posturas es flexible,
ninguna es natural ni vacía.

Es mejor tomar la ruta zen y taoísta y aceptar la edad sin
pensar en ella. Entonces el centro de tu mundo del envejecimiento es como un punto vacío: "Tengo setenta y seis. Y se
acabó". Mantén ese punto en su lugar y después sigue adelante, piensa cómo mantener tu juventud sin rendirte ante la
vejez. Entonces podrás albergar tus pensamientos envidiosos
en torno a los jóvenes y disfrutar tus deseos sutiles. El punto
conservará tu libertad y satisfacción.

Esta pintura de Kwang Jean Park, artista coreano, ha
adornado nuestra casa durante varios años, retrata el punto
al que me refiero:

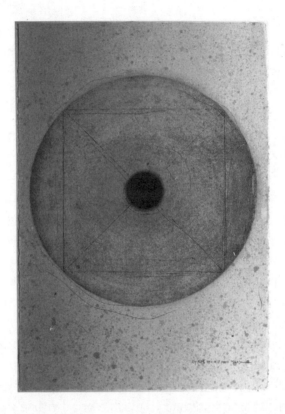

Llamémosle "el zen del envejecimiento". En el transcurso de la vida queremos envejecer sin esforzarnos por entender
este proceso o facilitarlo. A cada paso somos quienes somos.

Este principio te orientará: si reconoces tu edad y no le
pones atención a todos los temores y tentaciones que condicionan tus sentimientos con respecto a envejecer, tendrás
la libertad de conservar tu juventud. Mantener la edad y la
juventud es el secreto más profundo de envejecer bien. No
favorezcas uno por encima del otro. Si no reconoces total y
exactamente quién eres, si no lo asumes como punto de inicio, punto cero, entonces terminarás compensándolo con
intentos raros para mantenerte joven. Voy a repetirlo: conservar la juventud exige que asumas tu edad sin vacilar.

En la pintura de Kwang Jean Park observa que el punto está dentro de un cuadrado, una imagen de la vida concreta. Y hay líneas que conectan las esquinas del cuadrado, nuestra vida, al punto zen que representa la nada y la naturalidad en el fondo de tu proceso de envejecimiento. La pintura invita a estar vacío y lleno, centrado en la profundidad del no hacer que reside en el corazón de la vida y activo en las distintas maneras en la que vivimos bajo la presión de la vida. También notarás que el punto está en el momento del envejecimiento en el que te encuentras hoy, en este minuto. Mientras respetes este punto y hables en su nombre, todos los problemas del envejecimiento encontrarán su solución.

Durante décadas, he procurado vivir bajo el principio de la naturalidad zen, sé que uno no debe intentarlo. Pero también he incluido en mi propia filosofía la idea de que todas nuestras fantasías son valiosas, lo que consideramos bueno y malo. Si tememos envejecer, entonces iniciamos con el punto zen que puede marcar nuestro miedo y luego proceder a afrontar todas las dificultades que supone el envejecimiento. Podemos encarar las historias sobre envejecer que nos contamos y que contamos a los demás, los recuerdos que atesoramos de amigos y parientes en la vejez, nuestras ideas sobre el tiempo y la identidad.

No permitas que este punto pase inadvertido: si el temor a envejecer o morir es el punto al centro de nuestras emociones que nos provoca envejecer, entonces es el principio de una solución. No niegues tu miedo ni incomodidad. Comienza con ello. Quizás el elemento sombrío, que con frecuencia yace en el centro de nuestras vidas, sea el punto de inicio necesario e incluso el meollo de nuestro progreso. No le pongas demasiada atención a esa oscuridad, no te regodees en ella, no te encariñes con tu miedo. Reconócelo y después supéralo.

Compórtate según tu edad

En la setentena, uno de los temas que tengo en mente cuando soy consciente de que estoy envejeciendo es cierta tristeza porque no puedo planear a futuro como lo hacía antes. Mis amigos más jóvenes se proponen metas para dentro de veinte años y sé que ya no puedo hacerlo. Me doy cuenta de lo mucho que toma publicar un libro, y me frustra porque siento que no tengo tiempo que perder. Mis pensamientos se tropiezan con el fin de los años que me quedan y normalmente me parece que viviré hasta una edad avanzada.

Estos pensamientos me exigen ajustar mi concepción del tiempo para lograr un equilibrio con mi edad actual. De nuevo, el punto. Tal vez me permito albergar las fantasías anhelantes de querer ser joven y contar con tiempo, porque tienen un objetivo. Pero incluso en medio de esos pensamientos escapistas puedo hacer cambios a mi forma de ser y de pensar. Ahora me puedo sentir cómodo con el tiempo que me queda, y que es limitado. O puedo hacer lo que sugiere Jung: pensar que mi vida transcurrirá siglos y seguir haciendo lo que hago. Al final, pienso que las dos soluciones tienen resultados similares.

Recuerdo un dicho hermoso, críptico y triste de la extraordinaria artista Louise Bourgeois, quien vivió y trabajó hasta los noventa y ocho años. En su último año escribió:

> No quiero librarme
> de esta carga que nunca
> me permitirá ser libre

El sentido de limitación y carga no tiene por qué impedirte ser libre para vivir y expresarte creativamente. La limitación es una especie de libertad. Eso siento hoy que escribo con mayor libertad y menos temor a las críticas, a diferencia de cuando tenía cincuenta. Adoro a mi yo de cuarenta, pero no era tan libre como lo soy ahora. Ni de cerca.

Louise Bourgeois no sucumbió al hábito moderno de rechazar el psicoanálisis clásico y despreciar a Freud. En el transcurso de su vida hasta su vejez se zambulló constantemente en los recuerdos de su infancia para inspirarse y tomar material para procesar. En este sentido es un buen modelo. A medida que envejecemos podemos adquirir nuevas perspectivas sobre nuestra infancia y juventud si las analizamos, si nos habituamos a trabajar con los materiales básicos. Los recuerdos de infancia, con todos sus detalles, son la materia prima a partir de la que podemos convertirnos en adultos maduros y en ancianos más maduros. Esos recuerdos de infancia pueden intensificarse y adquirir mayor relevancia a medida que envejecemos, pero exigen una reflexión intensa y ordenamiento. El punto no es entenderte intelectualmente sino materializar tu materia prima, incluso en la edad avanzada.

No te regodees en los recuerdos tristes del pasado, tampoco te castigues con arrepentimientos ni te flageles por no haberlo hecho mejor. Permite que el hoyo zen de tu nada actual absorba estos recuerdos. En el vacío que has logrado para tu vejez, los recuerdos de tu vida pierden su capacidad de hacer daño y su peso. La ligereza de tu decisión de simplemente ser los absorbe.

Muchos, si no es que todos, cargamos con cosas de la infancia, las llevamos de un trabajo al otro, de una relación a la otra, de una década a la otra. No necesitamos librarnos de esta carga, sino disfrutarla, ordenarla, a medida que concebimos una personalidad y estilo de vida más habitables a partir de este material que trabajamos constantemente.

He conocido a muchos hombres y mujeres cuyos recuerdos de acontecimientos estremecedores y abuso verbal devastador de su infancia los abruma por completo. Uno se pregunta si algún día se librarán de la carga. Aquí es donde las palabras de Bourgeois son pertinentes: desea no librarte nunca de la carga que constituye tu vida particular. Es tu material, es preciado porque es sólo tuyo, incluso si es amargo.

Aquí tenemos otro aspecto del punto zen: no es sólo vacío y natural, es el núcleo de nuestra identidad. Ahora bien, a Hillman, a cuya obra suelo recurrir, no le gustaba hablar de una identidad nuclear. Quería que fuera variada, múltiple. En cambio, prefiero incluir tanto la multiplicidad de la psique como el concepto de núcleo o centro. Procuro que esta imagen del núcleo no me impida valorar la psique policéntrica.

Esto nos conduce a otra imagen clave del *Tao Te Ching*:

> Treinta radios convergen en el centro de una rueda,
> y ese espacio vacío permite al carro funcionar.

Aquí, los radios son como el cuadrado y el círculo en la pintura y el centro es el punto. Se requieren tanto la vida como el vacío para prosperar. Necesitas todos tus pensamientos y esfuerzos para ser joven, pero funcionan sólo si tienes un centro vacío.

Una mujer joven, Kay, me cuenta que tuvo una infancia difícil, por decir lo menos. Sus padres estaban fuera de control e hicieron innumerables cosas por minar la autoestima y valía de la chica. Nada de lo que hacía estaba bien. Ahora en su adultez tiene esos mensajes grabados y no ha podido cumplir ninguna de sus metas.

—Ahora a finales de mis cincuenta, no tengo esperanzas de tener una vida propia. Terminaré con un arrepentimiento terrible.

Para Hillman, el trauma es una imagen, no un simple hecho de la historia. Nos acompaña y la imagen es la carga que llevamos, lo que nos quita la esperanza.

Conozco a Kay desde hace muchos años, conozco su tormento y su inteligencia psicológica y espiritual. Sufre emocionalmente, pero su espiritualidad es mucho más avanzada comparada con la mayoría. No me preocupa demasiado, aunque me encantaría ayudarla para que dejara de sufrir. A pesar de que al espectador pasajero le podría parecer lastimera, ha desarrollado una identidad extraordinaria a partir de recuerdos dolorosos. Me pregunto si tiene el valor de acudir al cero, al punto, al sitio natural y blando donde no hace falta cambiar ni sanar. Paradójicamente, la mayoría buscamos sanar en la dirección equivocada. Buscamos sanar fuera de nosotros mismos y no dentro.

La edad es un factor en el sufrimiento de Kay. Ahora se pregunta si tiene tiempo para resolver los componentes trágicos de su vida. El hecho es que lleva años haciéndolo. Su alma y espíritu se encuentran en un estado excelente, pero su vida no les ha seguido el ritmo. Espero que en el futuro pueda resolver esa parte de la historia, y confío que lo hará. Es resuelta, persistente e inteligente; sin estas virtudes no sé cómo podría sanar.

Una tarea importante durante la vejez es completar el círculo del tiempo y el flujo de la vida. A veces este círculo se denomina *urobouros*, es como una serpiente que se muerde la cola. Para Jung, ésta era la naturaleza del proceso alquímico, la labor de toda una vida para concebir un alma a partir de todo lo que heredamos y la experiencia. Nos mordemos la propia cola. La infancia regresa para entrar por la boca abierta de la serpiente. Solucionamos el problema de envejecer regresando de nueva cuenta a los primeros días, meses y años de la vida.

Mi fin es mi comienzo. El secreto de la vida radica en la imagen a la que los alquimistas y herméticos recurrían con frecuencia: la serpiente en un bello círculo, con la boca abierta para recibir su propia cola. El principio siempre está presente, al igual que cada momento de la vida entre entonces y ahora, tanto como recuerdo como un elemento presente en la construcción de la identidad. Entonces el punto es estar en contacto con la juventud, así como mantener el vínculo con cada momento de nuestra vida, sobre todo con aquellos que parecen haber forjado nuestra identidad.

Envejece bien mediante complejos disociativos que curan

Una mujer joven acude a terapia. Suzanne no está satisfecha con su trabajo. No se ha consolidado y es infeliz acudiendo a la escuela donde trabaja como terapeuta y profesora. Al principio me impresiona lo bien que se conoce, su aplomo. Me pregunto de dónde proviene esta mujer tan serena. Es hermoso mirarla y estar en su presencia.

En nuestra segunda sesión percibo tonalidades más discordantes en su historia. Está completamente insatisfecha con su vida y ahora identifico muchos cabos sueltos de emociones dispersas y planes para su futuro. No es tan estable como había creído.

Suzanne va a cumplir cincuenta y la edad le pesa, siente que debe hacer un cambio, aunque tiene pocas pistas de qué dirección tomar. Aparenta menor edad y me pregunto qué clase de juventud tiñe su personalidad. Tal vez esté estancada en algún punto de su historia personal o tal vez su juventud vive en ella, en su beneficio. Hay un tema constante que parecerá simple pero que creo puede ser la clave de su felicidad. No puede decepcionar, criticar, herir ni decir "no" a nadie. Debe ser dulce y comprensiva. Abordamos su dulzura, la cual tiene poca profundidad. Me cuenta que en ocasiones se le salen palabras severas y lastima a las personas. Se sorprenden de que esta mujer de voz suave pueda ser tan despiadada de repente.

Le menciono que así suele suceder: la dulzura no es real, persiste en la periferia de la vida emocional, está presente de forma automática incluso compulsiva, y en el otro extremo, aparece la severidad, que también está fuera de control. Esta disociación indica un complejo emocional, una situación en la que Suzanne no tiene control sobre la alegría de su vida ni sobre su autoridad personal. Como resultado, está a merced de ambas.

Después sucede algo interesante, si bien no crucial. Mientras se va, le digo: "No me sorprendería para nada que pronto me traigas un sueño relacionado con el baño".

En la siguiente sesión está asombrada, me pregunta cómo supe que soñaría con un baño. Reconoce que se siente avergonzada y me cuenta el sueño fecal que he escuchado de muchas personas divididas entre su dulzura superficial y su severidad fuera de control. Normalmente el individuo está en el escusado cuando el agua se derrama y el soñador tiene que recoger algo de valor que yace entre el agua sucia. En este sueño Suzanne entra en contacto con excremento y se siente sucia y avergonzada. No quiere que la vean.

Este sueño es un sueño de iniciación, un punto de inflexión en el que al soñador se le exige entrar en contacto con su lado desordenado, incluso repulsivo: los intentos de Suzanne de negarse y ser una persona más fuerte. Siento que si pudiera comenzar el proceso de asumir todo su potencial, cambiaría. Su dulzura superficial se transformaría en gracia y benevolencia sólida y su severidad sería su capacidad para decir que no cuando sea necesario. El baño es el sitio perfecto para su transformación.

Esta iniciación se lleva a cabo en el contexto del envejecimiento, cuando está por cumplir cincuenta y siente las primeras señales de la menopausia. Es el momento ideal para experimentar un pasaje vital y emerger como una persona más integral. El sueño de Suzanne, por repugnante que sea, me da esperanzas de que de ahora en adelante comenzará a madurar. Si no se transforma, entonces sólo sumará años. Pero tengo fe en que tiene ganas de vivir y espero que se convierta en una persona más sabia y eficaz.

En el transcurso de los meses posteriores, Suzanne sí implementó cambios extraordinarios en su vida. Entonces percibo una misteriosa alquimia que transforma su forma de relacionarse. Dejó un trabajo inútil y encontró otro que aprovechaba mejor sus talentos y correspondía mejor con su temperamento. Se abrió al mundo escribiendo e impartiendo clases con originalidad. A medida que puso en funcionamiento estos cambios, modificó su tono. Aún tenía una reserva de dulzura innecesario que debía convertir en el oro de una mujer sabia y realista, pero en eso estaba.

Envejecer con alma requiere enfrentar ciertos conflictos de toda la vida, tomar la materia prima de la infelicidad y transformarla en el material refinado que compone un carácter más profundo y la conciencia de uno mismo. Quizá requieras un periodo de autoevaluación y valentía para realizar cambios.

Cuando Suzanne y yo discutimos su sueño, evocó imágenes de sus padres. Identificó algunas de las raíces de su conflicto. Entendió que en su vida estaba resolviendo algunos de los problemas que su madre no había solucionado y la impaciencia de su padre. Revisó sus múltiples decisiones y esperanzas y se dio cuenta de que requerían anclaje. Desde mi punto de vista Suzanne está madurando, en el sentido de convertirse en un individuo real; está reconciliando su alma profunda, intemporal, con su personalidad y estilo de vida.

Envejecer es un desafío, pero no es una actividad automática. Atraviesas pasajes, de un estado al otro. Te conviertes en alguien. De cara a un reto eliges brincar el obstáculo en vez de eludirlo. Tomas la decisión de emprender el proceso y participar de manera activa.

Con frecuencia, el proceso implica reencontrarte con tu juventud sin adornos. Tal vez sea el momento de despedirte de interpretaciones dichas a medias y recuerdos velados, hora de poner todo a la vista, perdonar, absorber y ponerle fin. La cabeza se come la cola y la serpiente se alimenta de su otra punta que cierra el círculo en la rotación del tiempo.

El envejecimiento es un proceso descarnado que implica transformar recuerdos en bruto y rasgos de personalidad hasta moldear un ser transformado. Ya no estás en bruto. Tus conflictos se han convertido en rasgos de carácter y aspectos de tu estilo de vida. Entiende la palabra *envejecer* desde otra perspectiva, no significa sumar años sino convertirte en una persona real, cumplir tu destino mientras reflexionas sobre tus experiencias vitales.

No propongo vivir el momento presente. Es una idea distinta. Sugiero reconocer exactamente quién eres y cuántos años tienes, a título personal y a los demás. El número de años. Después puedes profundizar tu envejecimiento a partir de ahí. En las tradiciones antiguas del mundo, el alma comienza con el aliento, en donde te encuentras, en donde estás. Sin títulos. Sin "peros" o "si" defensivos. Se vuelve más complejo, pero siempre en relación con ser quien eres. Puedes percibir tu juventud y cultivarla. Puedes desear un pasado diferente y esperar un futuro distinto, sólo si eres fiel a tu edad. Asumir tu edad te salva de la neurosis de intentar verte menor.

El secreto es distinguir con claridad entre lo que deseas y lo que es. Desear puede ser negar quien eres. Te puede distanciar de ti mismo, de tu alma. Muchos desperdician ventajas positivas de la vejez, deseando lo contrario.

No obstante, los deseos sí tienen lugar. Desear ser más joven puede expresar tu amor por la vida, tus ganas de que la vida no termine nunca o por lo menos no acercarte tanto al fin. Debes distinguir entre un deseo neurótico, una negación y un deseo hermoso, un amor por la vida. Detrás de la tristeza que muchos sentimos a medida que envejecemos radica nuestro amor por la vida. Creo que es bueno aceptar la muerte y su certeza, pero también creo que es bueno luchar por la vida y no rendirse tan fácilmente.

Sí, terminamos con la máxima paradoja: envejeces mejor asumiendo tu edad, con la melancolía apropiada y, al mismo tiempo, eligiendo vivir sin edad, intemporalmente, con la mayor alegría posible. Para esto debes entender que no eres tu cuerpo, no eres la suma de tus experiencias y el tiempo no te restringe tanto como crees. Tienes alma, el río de vitalidad desde el que fluye tu vida, un afluente de un alma del mundo mucho más grande. Tu alma está presente en cada momento de la experiencia en el tiempo, pero también es intemporal. Debes aprender a vivir a partir de ambos sitios. Para Ficino: "El alma radica en parte en el tiempo y en parte en la eternidad". Vivir en relación con la parte eterna es el reto del individuo moderno, tecnológico, motivado por el calendario, y es la mejor manera de envejecer con ecuanimidad y placer.

Notas

INTRODUCCIÓN

1 Ralph Waldo Emerson, *Ensayos*, traducción de Javier Alcoriza, Madrid, Cátedra, 2014.

PRIMERA PARTE. RITOS DE INICIACIÓN

1 C. G. Jung, *Recuerdos, sueños y pensamientos*, traducción de María Rosa Borras, Barcelona, Seix Barral, 2001, p. 418.

I. LA PRIMERA MUESTRA DEL ENVEJECIMIENTO

1 Manfred Diehl, Hans-Werner Wahl, Allyson F. Brothers, Martina Gabrian, "Subjective Aging and Awareness of Aging: Toward a New Understanding of the Aging Self", *Annual Review of Gerontology & Geriatrics*, vol. 35, núm. 1, abril de 2015), pp. 1-28.

2. CUERPOS VIEJOS, ALMAS NUEVAS

1 Brent Schlender y Rick Tetzeli, *El libro de Steve Jobs*, Barcelona, Malpaso Ediciones, 2015 [traducción del fragmento de Aridela Trejo].
2 C. G. Jung. *Recuerdos, sueños y pensamientos*, traducción de María Rosa Borras, Barcelona, Seix Barral, 2001, p. 208.

3. LOS PASAJES DE LA VIDA

1 C. G. Jung. *Recuerdos, sueños y pensamientos*, traducción de María Rosa Borras, Barcelona, Seix Barral, 2001, p. 18.
2 Ralph Waldo Emerson, *Ensayos*, traducción de Javier Alcoriza, Madrid, Cátedra, 2014.
3 Henry David Thoreau, *Walden*, traducción de Ignacio Quirarte, México, Universidad Nacional Autónoma de México, 1996, p. 109.

SEGUNDA PARTE. CONVERTIRSE EN UNA PERSONA MÁS SABIA CON LA EDAD

1 José Gaos, *Antología filosófica. La filosofía griega*, México, La Casa de España en México, 1941.

4. MELANCOLÍA: UN CAMINO A LA FELICIDAD

1 James Hillman, *La fuerza del carácter y la larga vida*, Madrid, Debate, 2000 [traducción del fragmento de Aridela Trejo].
2 *Golf Magazine*, enero de 2007, p. 25.

5. PROCESAR LAS EXPERIENCIAS VITALES

1 Michael Pollan, *The Botany Desire*, Nueva York, Random House, 2001.

6. LA MADUREZ DE LA SEXUALIDAD

1 Joseph Campbell, *El héroe de las mil caras: psicoanálisis del mito*, traducción de Luisa Josefina Hernández, México, Fondo de Cultura Económica, 1959, p. 11.

TERCERA PARTE. IMAGINAR EL ENVEJECIMIENTO DE OTRA FORMA

7. LA ENFERMEDAD COMO INICIACIÓN

1 James Hillman, "Abandoning the Child", en *Loose Ends*. Zúrich, Spring Publications, 1975, p. 28.
2 Thomas M. French, *Psychoanalytic Interpretations*, Chicago, Quadrangle Books, 1970, p. 46.

8. CASCARRABIAS AMABLE

1 "[G. Stanley] Hall respalda la consagrada noción de que, en sus palabras, en la vejez hay 'menor intensidad emocional', además de una reducción progresiva de la pasión sexual que comienza con la senectud (26). [...] En general, a lo largo de *Senescence*, Hall avala la opinión de que la intensidad de los sentimientos y emociones disminuye con el transcurso de los años y que ésta es una de las condiciones de la sabiduría." Kathleen Woodward, "Against Wisdom: The Social Politics of Anger and Aging", *Cultural Critique*, núm. 51, 2002, pp. 186-218.
2 James Hillman, *La fuerza de carácter y la larga vida*, Madrid, Debate, 2000 [traducción del fragmento de Aridela Trejo].

9. JUEGA, TRABAJA, RETÍRATE

1 John Lahr, "Hooker Heaven," *Esquire*, junio-julio de 2016, pp. 89-140.
2 Gloria Steinem, *Doing Sixty and Seventy*, San Francisco, Elders Academy Press, 2006.

CUARTA PARTE. SÉ RECEPTIVO ANTE EL FUTURO

10. SENTIRSE SATISFECHO EN LA VEJEZ

1 Peggy Freydberg, *Poems from the Pond*, edición de Laurie David, Los Ángeles, Hybrid Nation, 2015.

2 John O'Donahue, *Anam Cara: Spiritual Wisdom from the Celtic World*, Londres, Bantam Books, 1999, p. 31.

3 James Hillman, *Anima: An Anatomy of a Personified Notion*, Dallas, Spring Publications, 1985, pp. 181-83.

II. LEGADO: EL FUTURO DEL EXPERIMENTO DE TU VIDA

1 Anne Truitt, *Prospect*, Nueva York, Scribner, 1996, p. 216.

2 Henry David Thoreau, *Walden*, traducción de Ignacio Quirarte, México, Universidad Nacional Autónoma de México, 1996, p. 108.

3 John Keats, *Cartas*, traducción de Mario Lucarda, Barcelona, Icaria, 1982.

12. TRANSFORMAR LA SOLEDAD

1 Olivia Laing, "10 Books About Loneliness", *Publishers Weekly Tip Sheet*, 26 de febrero de 2016, http://www.publishersweekly.com/pw/by-topic/industry-news/tip-sheet/article/69506-10-books-about-loneliness.html.

QUINTA PARTE. LA ESPIRITUALIDAD DEL ENVEJECIMIENTO

13. AMISTAD Y COMUNIDAD

1 D. W. Winnicott, *Playing and Reality*, Nueva York, Routledge, 1971, p. 65.

2 Homero, *Odisea*, traducción de Emilio Gascó Contell, México, Ediciones Ateneo, 1964, p. 147.

3 Homero, *Odisea*, traducción de Emilio Gascó Contell, México, Ediciones Ateneo, 1964, p. 141.

4 John Moriarty, *Nostos*, Dublín, Lilliput Press, 2001, p. 682.

14. EL ÁNGEL DE LA VEJEZ

1 Donald Hall, *Essays After Eighty*. Nueva York, Houghton Mifflin Harcourt, 2014, p. 8.

Índice analítico

fuentes de la, 167-170, 174-180
relación entre la vitalidad y la, 172-174
soluciones a la, 171-173, 178-180

Jefferson, Thomas, 120
Jenni, Donald Martin, 30
Jesús, 45, 104, 282, 300, 307
Joyce, James, 118, 119, 204, 206
Joyce, Lucia, 204
Joyce, Nora, 204
juego
    como
        actividad con alma, 186-200
        aspecto de la carrera profesional, 184-190, 194, 198, 199
    posterior al retiro, 188-200
Jung, C. G., 226-228, 281, 294, 302
    alquimia, 112, 113, 122, 123, 331
    ánimus, 218
    coexistencia de la juventud y la vejez, 61-63
    complejos, 266
    individuación, 41, 276
    pasajes, 23, 26, 41, 44, 66
    sensación del tiempo, 223, 228, 328

Kama Sutra, 131
Kearney, Michael, 302
Keats, John, 41, 47, 249
Kübler-Ross, Elisabeth, 312, 313
Kushner, Harold, 294, 302
Kushner, Lawrence, 294, 302

Lahr, John, 199
Laing, Olivia, 253, 254
Laing, R. D., 174
Lao Tse (filósofo chino), 23
Lawrence, D. H., 137, 204, 293, 317
Leader, Darian, 164

Esta obra se imprimió y encuadernó
en el mes de abril de 2018,
en los talleres de Impregráfica Digital, S.A. de C.V.,
Calle España 385, Col. San Nicolás Tolentino,
C.P. 09850, Iztapalapa, Ciudad de México.